国家自然科学基金青年项目（71802033）

可持续性
人力资源开发与管理：
积极心理学的力量

余　璇　董甜甜　张明涛　杜红平／著

西南财经大学出版社

四川·成都

图书在版编目(CIP)数据

可持续性人力资源开发与管理:积极心理学的力量/余璇等著.—成都:
西南财经大学出版社,2022.12
ISBN 978-7-5504-4635-9

Ⅰ.①可… Ⅱ.①余… Ⅲ.①人力资源开发②人力资源管理
Ⅳ.①F241②F243

中国版本图书馆 CIP 数据核字(2020)第 218019 号

可持续性人力资源开发与管理:积极心理学的力量

KECHIXUXING RENLI ZIYUAN KAIFA YU GUANLI:JIJI XINLIXUE DE LILIANG

余璇 董甜甜 张明涛 杜红平 著

责任编辑:雷静
责任校对:高小田
封面设计:墨创文化
责任印制:朱曼丽

出版发行	西南财经大学出版社(四川省成都市光华村街 55 号)
网　　址	http://cbs.swufe.edu.cn
电子邮件	bookcj@swufe.edu.cn
邮政编码	610074
电　　话	028-87353785
照　　排	四川胜翔数码印务设计有限公司
印　　刷	四川煤田地质制图印务有限责任公司
成品尺寸	170mm×240mm
印　　张	19.75
字　　数	353 千字
版　　次	2022 年 12 月第 1 版
印　　次	2022 年 12 月第 1 次印刷
书　　号	ISBN 978-7-5504-4635-9
定　　价	98.00 元

　　本书受到中国博士后科学基金第 67 批面上资助项目"可持续性人力资源管理：影响因素与作用效果的追踪研究"（2020M673191）、国家自然科学基金青年项目"虚拟团队高质量联结的形成及对团队和个体创造力的影响：一项跨层次追踪研究"（71802033）、国家社会科学重大项目"创新驱动下中国企业人力资源管理多模式比较与策略选择研究"（17ZDA057）、2019 年度重庆高校人文社科研究项目"领导由垂直到共享：虚拟团队共享型领导的形成及作用研究"（19JD041）、国家自然科学基金面上项目"基于个体优势的工作重塑——中国情境下的概念建构、干预效应与作用机制"（71872023）、2019 共青团中央"青少年发展研究"研究课题"积极心理学视域下青少年恢复体验形成及作用的追踪调查研究"（19ZD028）、重庆工商大学研究生创新型科研项目"恢复体验的影响因素与作用后果：基于大学生的一项追踪调查"（yjscxx2019-101-96）、重庆市教育科学规划课题"大学生品格优势对个体产出的影响及其管理对策研究"（2019-GX-123）、重庆市高等教育学会高等教育科学研究课题"立德树人背景下大学生品格优势的效能发挥及保障机制研究"（CQGJ19B40）、2019 年校级教育教学改革研究项目"管理类本科'全程多维递进'品格优势管理工程的探索与实践"（2019102）、国家留学基金委、重庆市教育科学"十三五"规划项目"反结构组织仪式对教师建言行为的影响机制研究"（2018-GX-344）和重庆工商大学科研团队项目（QYGLTD201807）的资助。

前言

　　积极心理学是20世纪90年代在美国兴起的一个新的心理学研究领域。与传统心理学主要关注消极和病态心理不同，积极心理学是利用心理学目前已经比较完善和有效的实验方法与测量手段来看待正常人性，关注人类美德、力量等积极品质，研究人积极的情绪体验、积极的认知过程、积极的人格特征及创造力和人才培养等，成为心理学的一种新思潮。

　　积极心理学的研究领域涉及有价值的体验，如满足和满意（对过去而言）、充盈和快乐（对现在而言）、希望和乐观（对未来而言）。积极心理学在个体层面上涉及积极的人格特性，如爱与召唤能力、勇气、灵性、人际交往技巧、审美观、韧性、宽容心、创造性、对未来的憧憬、洞察力、天才和智慧；在群体层面上涉及公民道德和推动个体更好发展的社会机能，如责任、教养、利他、礼貌、适应、容忍力和职业道德，以寻求人文关怀为宗旨，致力于谋取人类幸福和社会繁荣。也就是说，积极心理学以积极的价值观来解读人的心理，试图激发人类内在的积极力量和优秀品质，帮助个体最大限度地挖掘自己的潜力并过上美好的生活。

　　就目前积极心理学的研究来看，其研究内容主要集中在三个方面：主观水平上的积极体验研究；个人水平上的积极人格特质研究；群体水平上的积极社会环境研究。

　　第一，主观水平上的积极体验研究。积极情绪是积极心理学研究的一个主要方面，它主张研究个体对待过去、现在和将来所产生的积极体验。在对待过去方面，主要研究满足、满意等积极体验；在对待现在方面，主要研究充盈、快乐等积极体验；在对待将来方面，主要研究乐观和希望等积极体验。

第二，个人水平上的积极人格特质研究。积极人格特质是积极心理学得以建立的基础，因为积极心理学是以人类的自我管理、自我导向和有适应性的整体为前提理论假设的。积极心理学家认为，通过对个体各种现实能力和潜在能力加以激发和强化，并且这种激发和强化使某种现实能力或潜在能力变成一种习惯性的工作方式时，积极人格特质就形成了。

第三，群体水平上的积极社会环境研究。当个体周围的环境、家人和朋友为其提供最优的支持、同情和选择时，个体就最有可能健康成长和自我实现。相反，群体不考虑个体的独特观点，或者只有在个体符合一定的标准才给予其被爱的信息的话，那么这些个体就容易出现不健康的情感和行为模式。

在人力资源开发与管理活动中，积极心理学具有多方面的指导意义。本书从积极心理学的四个方面（积极人格、积极体验、积极关系和积极制度）全面探讨可持续性人力资源开发与管理的根本基础，以及其短期、中期和长期效应。

本书认为品格优势作为可持续性人力资源开发与管理的根本基础发挥着重要的作用。品格优势是积极心理学的核心力量，是一组能够使个人感到满足和充实的积极人格特质，也是提升个人身心健康与幸福感，缓解抑郁与压力的良好资源。因此，本书探讨了品格优势对学业投入、创造力、创业意向、生命意义感、志愿行为和工作投入的影响，希望通过研究来帮助大学生和领导者充分发挥品格优势、提升对未来事件的积极预期，让其有意识地将品格优势运用到日常生活和工作中。

在短期效应上，本书认为在"互联网+"时代背景下，差异化竞争格局强化了组织对持续创新的依赖，可持续性人力资源的开发与管理变得尤为重要，过度不合理的开发会使得人们陷入创造力资源透支的困境。暂时从学习和工作中解脱出来，然后寻求创造力恢复的体验——恢复体验，是突破这一困境的重要途径。因此，恢复体验为可持续性人力资源开发与管理提供了新的视角。因此，本书探讨了恢复体验的前因、后果及其调节效应。相关研究如怎样增强大学生应对学习要求和学业压力的能力，以提升学生的学业表现，成为高校可持续性人力资源开发与管理面临的重要问题。

在中期效应上，本书认为管理的 80% 是沟通，良好的沟通是高度信任的基础。与人沟通，语言文字只占 20%，剩下的 80% 来自你的肢体语言、眼神和气场。只有从你心中流淌出来的话语，才能流进人的心田。因此，敞开心扉、发自肺腑的交流才能触动人心。只有建立高质量关系，才能让团队成员间心与心的联结越建越牢。真正重要的不是我们之间谈了什么，而是那份真诚。唯有真诚才能打动团队成员，同时，他也会以真诚回报你。这样的心与心的联结使得彼此信任程度大幅提升。企业发展到一定程度，高质量关系则会成为"瓶颈"。因此，本书探讨了高质量关系的前因及后果。如何建立高质量的关系，以提高团队及个人的创造力、绩效等，也成为可持续性人力资源开发与管理的重点和难点。

在长期效应上，本书认为在当前新的经济形势下，企业内外部环境发生剧烈变化，企业之间的竞争归根到底是人力资源的竞争，新员工作为人力资源的生力军，是企业获得持续健康发展的重要力量。对企业来说，为了获得发展的主动权，其迫切希望新员工进入当前的组织后，能够在短时间内掌握岗位所需的知识和技能，并尽快了解和整合组织的运作模式，从而更好地发挥自己的个人才能，实现自己的价值，最终输出企业预期的绩效结果，为企业的发展提供持续的竞争力。因此，企业针对员工的组织社会化策略显得极为重要。此外，雇佣关系短期化、人力资本"重"利用"轻"开发、以裁员降低用工成本等管理实践成为组织应对激烈竞争的不二选择。这些措施在有效增强组织短期生命力的同时，却也带来诸多严重问题，如人力资源管理的经济合理性受到质疑，社会合理性开始受到关注。所以，企业积极实施有效的组织社会化策略是促进新员工更快融入组织的关键途径。同时，为更好地促进战略性新兴产业企业可持续发展，可持续性人力资源管理被纳入研究议程。因此，本书探讨了组织社会化策略、可持续性人力资源管理、人力资源管理强度和人力资源三支柱模式的作用效果。相关研究有利于企业通过实施有效的组织社会化策略增强员工对组织的组织承诺、留任意愿，也有利于企业为更好地促进战略性新兴产业的可持续发展，实施可持续性人力资源管理，提升人力资源管理强度，如对标华为和腾讯优化三支柱模型。

在本书写作过程中，不少"旋风"团队的成员们（李海虹、袁月、罗楠、贺彬、张洁、徐杰、朱世方、冉秋燕、张芸子、司佳乐、曹璐瑶、王俐桦、刘慧玥、康明珠、李豫、郑静、杨昊松、杨翠）做了大量细致、卓有成效的工作，尤其是海虹不辞辛劳地协助我统稿、校对。另外，董甜甜、张明涛、杜红平在相关篇章也做出了很多贡献，其中杜红平博士负责第三章的第二节、第三节和第四章的第三节、第四节、第六节等章节的撰写工作。我们在本书的写作过程中，也参考了不少国内外专家的观点和文献，在参考引用中如有疏漏之处还请谅解，在此一并表示感谢。

余璇

2022 年 6 月

目录

第一章 可持续性人力资源开发与管理的根本基础——积极人格之品格优势

第一节 品格优势对学业投入的影响：以乐观为中介变量

一、引言

2017 年，一项针对大学生逃课问题的调查显示，758 名大学生中 514 人都有逃课经历，即逃课率高达 67.81%[①]；文继群等（2019）在研究中发现仅有 14.07% 的学生从不逃课[②]。同时，研究表明大学生的挂科率竟也超过了 50%[③]。可见，我国大学生逃课、挂科等问题已非常严重，从侧面反映出大学生对学业的投入程度亟待提升，并且已有研究指出，当代大学生的学习投入度总体呈中等偏下水平[④][⑤]。学业投入不仅是学生兴趣、学业成就、学习留存率

---

① 蔡红红，姚利民，杜小丽. 大学生"逃课"的调查与分析[J]. 高教探索，2017（3）：78 -85.

② 文继群，庄大昌，郑意婷，等. 新时代背景下大学生逃课的现象分析[J]. 西部素质教育，20195（17）：174-176.

③ 李秋，于强. 从挂科情况分析大学学风现状及对策[J]. 西部素质教育，2018，4（4）：145-146.

④ 崔文琴. 当代大学生学习投入的现状及对策研究[J]. 高教探索，2012（6）：67-71，143.

⑤ 邢乃愈，于闯. 大学生积极心理品质对其学习投入的影响[J]. 吉林省经济管理干部学院学报，2016，30（5）：71-72.

强有力的预测指标①，还是衡量学校学习氛围和教学质量的重要指标②③，因此，如何提高大学生学业投入水平值得深入探讨。

弗雷德里克斯等（Fredricks et al.，2004）研究指出学业投入受到个体因素（包括人口统计学变量和个体特征变量）和环境因素（包括学校和家庭等变量）的影响④，其中，人格特质是个体特征变量中影响学业投入的关键性因素⑤。随着积极心理学的发展，积极人格特质受到广泛关注，品格优势作为一组极具代表性的积极人格特质⑥，众多学者（Peterson & Seligman，2004；Duan et al.，2012；田喜洲等，2018）都对其展开了研究。然而，现有文献中关于人格特质影响学业投入的研究主要讨论的是大五人格⑦⑧或某一特定人格⑨⑩（如坚毅人格等）与学业投入的关系，缺乏关于品格优势对学业投入的影响及其内在作用机制的研究。

基于此，本研究将立足于段文杰等基于中国背景提出的品格优势，来研究亲和力、生命力和意志力这三大类品格优势对大学生学业投入的影响差异及其"黑箱"机制，从而有利于高校、教师、家庭等相关责任主体识别不同种类的品格优势，并且对改善大学生学业投入现状提供有针对性的建议和对策。

本研究突破了以往大五人格及某一特定人格影响学业投入的研究局限，以品格优势为自变量，并聚焦亲和力、生命力、意志力三大类长处，探讨品格优

① RENNINGER K A，BACHRACH J E. Studying triggers for interest and engagement using observational methods[J]. Educational Psychologist，2015，50（1）：58-69.

② 张娜. 国内外学习投入及其学校影响因素研究综述[J]. 心理研究，2012，5（2）：83-92.

③ 刘在花. 中学生学习投入发展的现状与特点研究[J]. 中国特殊教育，2015，（6）：71-77，85.

④ FREDRICKS J A，BLUMENFELD P C，PARIS A H. School engagement：Potential of the concept，state of the evidence[J]. American Educational Research Association，2004，74（1）：59-109.

⑤ MARKS H M. Student engagement in instructional activity：Patterns in the elementary，middle and high school years[J]. American Educational Research Journal，2000，37（1）：153-184.

⑥ PARK N，PETERSON C. Positive psychology and character strengths：Application to strengths-based school counseling[J]. Professional School Counseling，2008，12（2）：85-92.

⑦ 沈娅歆. 中职生学习投入、大五人格与心理一致感的关系研究[D]. 西宁：青海师范大学，2016.

⑧ 罗利奥. 初中生人格特征、学习投入、社会支持的关系研究[C]. 全国心理学学术会议，2012.

⑨ 李珊. 大学生前瞻性人格与学习投入的相关研究[J]. 求知导刊，2016（8）：65.

⑩ 张信勇，卞小华，徐光兴. 大学生的学习投入与人格坚韧性的关系[J]. 心理研究，2008，1（6）：72-76.

势对大学生学业投入的影响，丰富和拓展了人格差异如何影响大学生学业投入的相关研究，探讨了乐观在品格优势与大学生学业投入之间所起到的中介效应，揭示了品格优势影响大学生学业投入的内在"黑箱"机制，同时，能为高校针对不同人格特质的大学生提升学业投入提供对策建议。高校可以借助测评工具等来识别学生优势，判断具有哪类（些）品格优势的学生更容易投入学业。学校在明确学生学业投入现状的基础上，采取相应的教育措施，例如，通过课程干预、针对性培训等方式来培养大学生的品格优势，进而提升学业投入；也有助于引导高校加强大学生乐观心态的培养。高校可以通过开设心理健康课程，举办文体活动，发挥教师及辅导员的咨询、指导作用等方式培养乐观的心态，帮助大学生充分发挥品格优势，增强对未来事件的积极预期，进而促进学业投入。

二、文献综述与研究假设

1. 品格优势文献综述

（1）品格优势的概念。

品格优势（character strengths）也可称为性格优势、性格优点，是积极心理学与组织行为学等研究领域关注的一个核心概念。麦卡洛和辛德（Mccullough & Synder，2000）认为品格优势是一种持续地使一个人的思考和行为有益于其本人和社会的心理过程与心理机制①。彼得森和塞利格曼（Peterson & Seligman，2004）在其著作《品格优势与美德分类手册》（*Character Strengths and Virtues：A Handbook and Classification*）中将品格优势定义为从个体的认知、情感和行为中表现出来的积极特质，是解释美德心理构成的过程或机制②。之后，许多学者（Niemiec，2014；王焕贞，江琦，侯璐璐，2017）基本都是延

---

① MCCULLOUGH M E，SNYDER C R. Classical sources of human strength：Revisiting an old home and building a new one[J]. Journal of Social and Clinical Psychology，2000，19（1）：1-10.

② PETERSON C，SELIGMAN M. Character strengths and virtues：A handbook and classification [M]. New York：Oxford University Press，2004：29-30.

用彼得森和塞利格曼（2004）下的定义①。

此外，关于品格优势的内涵，我们需要明确几下几点：①作为一组人格特质，品格优势对个人来说比较稳定，但在环境的影响下也会发生改变；②大多数人通常表现出3~7个显著优势（这些品格优势的重要程度排序靠前且运用频繁），代表个体性格中最突出的积极品质；③品格优势在不同情境中可以长期存在，因而偶尔发生的仁爱行为并不意味着该个体拥有美德②；④品格优势具有个体性、特质性、普世性、社会性、可测量性等12个特征③。

综上所述，品格优势是一组能够使个体感到满足与充实的积极人格特质。这类人格特质对个体的情感、态度、行为及社会组织等都能产生积极作用。虽然不同个体间客观存在或大或小的差异，但若能得到有效培养，个体还是能够充分发挥其品格优势，促使个体更好发展。

（2）品格优势的分类。

已有的品格优势分类中，认可度最高、适用范围最广的是彼得森和塞利格曼的研究成果。他们在涉及品格优势和美德的大量文献中发现了在各种文化中普遍存在并被公众广泛认可的六类核心美德（节制、勇气、仁慈、正义、智慧、超越），分别与表1-1中的24种品格优势相对应。

表1-1　品格优势的价值实践分类体系

美德分类	对应优势
节制（自持处世的优势，确保自己远离骄奢无度）	宽容宽恕、谦逊谦卑 谨慎审慎、自我管理
勇气（情感层面的优势，克服困难达成目标的意志）	勇敢无畏、坚持勤奋 正直诚实、生机活力
仁慈（人际层面的优势，建立亲密关系的品质）	社交智慧、善良慷慨、爱与被爱
正义（身为公民的优势，扮演好社会角色的品质）	公正平等、领导才能、公民行为

① 刘美玲，田喜洲，郭小东. 品格优势及其影响结果[J]. 心理科学进展，2018，26（12）：2180-2191.

② 田喜洲，杜婧，许浩，等. 个体优势研究述评与未来展望[J]. 重庆工商大学学报，2019，36（6）：42-57.

③ SELIGMAN M E，STEEN T A，PARK N，et al.. Positive psychology progress：Empirical validation of interventions[J]. The American Psychologist，2005，60（5）：410-421.

表1-1（续）

美德分类	对应优势
智慧（认知层面的优势，获得和运用知识的品质）	热爱学习、创造才能、思维判断洞察悟性、兴趣好奇
超越（自我实现的优势，寻求超乎个体的生命意义）	感恩感激、希望乐观、幽默风趣信仰灵性、欣赏美和卓越

资料来源：周雅，刘翔平. 大学生的品格优势及与主观幸福感的关系[J]. 心理发展与教育，2011，27（5）：536-542.

在针对不同群体的跨文化研究中，学者们提出了不同的品格优势分类，如五结构模型（情感、人际、智力、神学和约束力五大优势），四结构模型（人际、坚毅、活力和谨慎四大优势），三结构模型。其中，段文杰等（2012）兼顾中西文化的共通性和特殊性将24种品格优势分为亲和力、生命力和意志力三大类长处，提出了中国人的品格优势和美德的基本结构[1]，如表1-2所示。总而言之，关于品格优势的各种分类虽然模型结构不同，但都是在24种基本品格优势的基础上结合不同文化背景建构的。

表 1-2　三大类品格长处的对应优势

美德分类	对应优势
亲和力 （relationship）	善良、正直、宽恕、感恩、领导力 公平正义、爱与被爱、团队精神
生命力 （vitality）	热情、希望、勇敢、信仰、幽默 好奇、创造力、洞察力 社交智力、欣赏美与卓越
意志力 （conscientiousness）	谨慎、毅力、好学、谦虚 自我调节、批判性思维

（3）品格优势的测量。

结合上述品格优势的分类，对其进行测量的工具中最具代表性的主要是优势价值行动问卷（Values in Action Inventory of Strength，VIA-IS）和中文长处问卷（Chinese Virtues Questionnaire，CVQ-96）两类量表。优势价值行动问卷是彼得森和塞利格曼开发的一种用于成人的自我报告式问卷，共有24个分量

---

① DUAN W J, HO S M Y, YU B, et al.. Factor structure of the Chinese virtues questionnaire [J]. Research on Social Work Practice, 2012, 22 (6)：680-688.

表、240 个题项，采用 5 点李克特（Likert）量表形式计分，是最早且目前使用最多的版本。中文长处问卷是段文杰等基于中国文化背景在中文版 VIA-IS 的基础上开发的，共有 96 个题项，包括亲和力（32 项）、生命力（40 项）和意志力（24 项）三个分量表，具有较好的信效度。此外，研究者还开发了一系列适用于特定群体、情景、文化背景等的测量工具，如表 1-3 所示。

表 1-3 品格优势的测量工具

测量工具	编制者	普遍适应性
VIA-IS	Peterson& Seligman（2004）	普遍适应性
CVQ-96	Duan, Ho & Bai（2012）	中国群体
VIA-RTO	Peterson & Seligman（2004）	特定情境
VIA-Youth	Park & Peterson（2006）	10~17 岁青少年
BSS-12	Ho, Li & Duan（2016）	中国精神症状群体
CSRF	Ruch, Martinez-Marti, Proyer & Harzer（2014）	大规模的干预和纵向研究

资料来源：根据相关文献整理得来。

（4）品格优势的作用结果。

根据现有文献，研究者对品格优势作用结果的研究可分为个体和组织两方面。研究表明品格优势与组织中的工作绩效、领导力、团队角色及组织有效性等密切相关。本研究的研究内容不涉及组织层面，因此本研究主要论述品格优势对个体的作用。①影响个体的积极体验（生活满意度、生活意义等）：热情、感恩、希望等品格优势与生活满意度显著相关，信仰与生活意义密切相关[1]。②促进个体身心健康：研究发现具有好学、欣赏美和卓越等优势的个体能够有效应对抑郁、焦虑等心理障碍[2]；身体健康情况与热情、希望、感恩等品格优势呈正相关[3]。③提升员工创造力：研究表明所有的智慧和学识优势与

① PETERSON C, RUCH W, BEERMANN U, et al. . Strengths of character, orientations to happiness, and life satisfaction[J]. The Journal of Positive Psychology, 2007, 2（3）：149-156.

② PETERSON C, PARK N, SELIGMAN M E. Greater strengths of character and recovery from illness[J]. The Journal of Positive Psychology, 2006, 1（1）：17-26.

③ PROYER R T, GANDER F, WELLENZOHN S, et al. . What good are character strengths beyond subjective well-being? The contribution of the good character on self- reported health-oriented behavior, physical fitness, and the subjective health status［J］. The Journal of Positive Psychology, 2013, 8（3）：222-232.

员工创造力之间都存在正相关关系，例如，好奇心与员工创造力高度相关①。④提高工作效率：研究发现在工作中加强个人品格优势的运用能使工作效率提高的程度增加②。

2. 品格优势对大学生学业投入的影响

品格优势是从个体的认知、情感和行为中表现出来的一组积极特质，包括亲和力、生命力和意志力三大类长处。学业投入表现为个体在学习过程中获得的心理体验，而人格特质是影响个体学习心理体验的重要因素③。同时，李敏等（2017）研究表明护理大专生的品格优势对其学习投入具有正向影响④。由此，本研究推测作为积极人格特质的品格优势会对大学生学业投入产生正向影响。以下将从亲和力、生命力、意志力三大优势分别进行论述。

（1）亲和力对大学生学业投入的影响。

亲和力是指个体能够在人际关系中灵活、适当地管理自我及感知他人的情感和动机，并能给交往双方带来积极体验的优势⑤。亲和力强的个体更加注重人与人之间的联结，与他人、集体融洽相处，因此更倾向于在人际交往中展现出善良、合作、感恩等积极特质，有助于个体妥善处理好与他人的人际关系⑥。大量研究表明良好的人际关系对学业投入有显著正向影响⑦⑧。此外，亲和力包括善良、正直、感恩、宽恕、领导力、团队精神、公平正义、爱与被爱等品格优势。以"感恩、正直、领导力"为例，已有研究证实"感恩"有

① AVEY J B，LUTHANS F，HANNAH S T，et al.. Impact of employees' character strengths of wisdom on stress and creative performance［J］. Human Resource Management Journal，2011，22（2）：165-181.

② HARZER C，RUCH W. Your strengths are calling：Preliminary results of a web-based strengths intervention to increase calling［J］. Journal of Happiness Studies，2016，17（6）：1-20.

③ 王文佩. 社会支持对经历留守高中生学习投入的影响——人格类型的调节作用［D］.信阳：信阳师范学院，2019.

④ 李敏，汤雅婷，刘文沃，等. 护理大专生品格优势与学习投入度关系研究［J］.校园心理，2017，15（1）：25-28.

⑤ 李婷婷. 品格优势对情感幸福感的影响［D］.长春：东北师范大学，2016.

⑥ 李婷婷，刘晓明. 品格优势、应激生活事件与中学生情感幸福感的关系［J］.中国心理卫生杂志，2016，30（7）：527-533.

⑦ 余涵. 高中生学习主观幸福感与人际关系、学习投入的关系研究［D］.重庆：重庆师范大学，2013.

⑧ BARCHIA K，BUSSEY K. The psychological impact of peer victimization：Exploring social-cognitive mediators of depression［J］. Journal of Adolescence，2010，33（5）：615-623.

助于提升个体的学习投入水平[①]，"正直"能够显著正向预测认知投入、行为投入，"领导力"对学业投入中的情感投入具有正向影响[②]。基于此，本研究提出以下假设：

假设 H1-1a：亲和力对大学生学业投入具有显著正向影响。

（2）生命力对大学生学业投入的影响。

生命力指个体对事物具有较强的洞察力、对生活满怀希望和信念，能够有意识地欣赏美，保持一种朝气蓬勃、积极向上的状态；生命力强的个体表现出思维活跃、精神状态饱满、热情等特点。研究表明这种积极向上的状态能使个体表现出更多活力[③]，而活力能让学生更好地投入学习[④]。同时，邢乃愈等的研究结果显示生命力是活力维度、奉献维度和学习投入总分的有效预测变量。生命力包括幽默、好奇、热情、希望、勇敢、信仰、洞察力、创造力、欣赏美与卓越、社交智力等品格优势。以"好奇、热情、希望"为例，已有研究证实"好奇"对学业投入中的认知投入具有显著正向预测作用，"热情"可以正向预测学生的学习行为，进而提升个体学习投入[⑤]，"希望"与学业投入的各维度均有显著的正相关关系[⑥]。基于此，本研究提出以下假设：

假设 H1-1b：生命力对大学生学业投入具有显著正向影响。

（3）意志力对大学生学业投入的影响。

意志力指个体在成长过程中能够自觉抵制外界不良因素、坚定自己的理想目标，能约束本能和欲望的自制力。从其内涵角度看，具有意志力的个体更容易表现出较强的自控力，有助于促使学生调节自身行为，将注意力集中到学习

---

① 赵星竹，杨瑞. 大学生感恩意识与学习投入的调查与分析——以黑龙江省大学生为例[J]. 时代金融，2018（36）：311，315.

② 张婵. 青少年积极品质的成分、测量及其作用[D]. 长春：东北师范大学，2013.

③ 宋传颖. 活力：理论、测量及影响因素研究进展[J]. 邵阳学院学报（自然科学版），2019，16（1）：105-116.

④ WEFALD A J, DOWNEY R G. Construct dimensionality of engagement and its relation with satisfaction[J]. The Journal of Psychology, 2009, 143 (1), 91-112.

⑤ WAGNER L, RUCH W. Good character at school: Positive classroom behavior mediates the link between character strengths and school achievement[J]. Frontiers in Psychology, 2015 (6): 610.

⑥ 王文博. 大学生积极情绪与学业成就的关系：学业投入的中介作用[D]. 西安：陕西师范大学，2014.

活动上①。同时，意志力强的个体往往具有较强的责任心②，而责任心与学习投入正相关③。邢乃愈等的研究结果更是直接表明意志力是学习投入及其维度的有效预测变量。此外，意志力包括批判性思维、自我调节、谨慎、毅力、好学、谦虚等品格优势。以"自我调节、毅力、好学"为例，已有研究表明"自我调节"对学业投入具有显著正向预测作用④，"毅力"可正向预测学习投入，具有"毅力"优势的大学生学业投入程度更高⑤⑥，"好学"对大学生行为投入、认知投入、情感投入及积极情感体验都有显著预测作用。基于此，本研究提出以下假设：

假设 H1-1c：意志力对大学生学业投入具有显著正向影响。

3. 品格优势对乐观的影响

根据期望—价值理论，乐观是一种积极情绪，是对未来某一特定事件或情景出现好结果的期望，这种积极期望越大乐观水平越高⑦。莱夫等（Leif et al.，2000）也依据期望—价值理论模型将乐观定义为个体对有关个人生活和社会的未来积极事件发生的可能性和价值的主观评定⑧。研究表明以大五人格理论模型为基础的人格特质与个人乐观显著相关⑨；同时，高品格优势个体能够激发自身的应激适应能力及自我保护机制，采取积极的应对方式，可以保持

---

① 张灵聪. 初中生学习自我控制特点的研究[D].重庆：西南大学，2001.

② GARTLAND N，CONNOR D B，LAWTON R，et al.. Investigating the effects of conscientiousness on daily stress，affect and physical symptom processes：A daily diary study[J]. British Journal of Health Psychology，2014，19（2）：311-328.

③ 周海林. 师范生学习责任心、专业承诺和学习投入的关系研究[J].陕西学前师范学院学报，2018，34（8）：52-56.

④ APPLETON J J，CHRISTENSON S L，FURLONG M J. Student engagement with school：Critical conceptual and methodological issues of the construct[J].Psychology in the Schools，2008，45（5）：369-386.

⑤ 石霞飞，王芳，左世江. 追求快乐还是追求意义？青少年幸福倾向及其对学习行为的影响[J].心理发展与教育，2015，31（5）：586-593.

⑥ 蒋文，蒋奖，杜晓鹏，等. 坚毅人格与学业成就的关系：学习投入的中介作用[J].中国特殊教育，2018（4）：91-96.

⑦ 王燕. 大学生乐观与社会支持的关系研究[D].郑州：河南大学，2008.

⑧ LEIF W，ANNE S，WENGLERT，et al.. Measuring optimism-pessimism from beliefs about future[J].Personality and Individual Difference，2000（28）：717-728.

⑨ 温娟娟，郑雪，张灵. 国外乐观研究述评[J].心理科学进展，2007，15（1）：129-133.

较高的乐观水平①。因此，本研究推测品格优势对乐观具有正向影响。以下将从亲和力、生命力、意志力三大优势进行分别论述：

（1）亲和力对乐观的影响。

从亲和力的内涵来看，亲和力强的个体能够准确感知他人的情感、需要等，善于灵活应对社会交往从而保持和谐的人际关系，同时，这种良性社交往往是积极情绪的重要来源。李婷婷（2016）研究发现亲和力与积极情绪呈显著正相关关系，积极情绪状态下，个体能从自身行为和外在环境中获得更多正面信息，评定未来积极事件发生的可能性更高，体现出的乐观水平也较高。以亲和力的下属品格优势"感恩"为例，任哲等（2016）研究表明感恩对乐观具有显著的正向作用②，感恩倾向较强的个体看待事物、经历和人际关系等会更加积极③。可见，具有感恩这一品格优势的个体更关注事物好的一面，对未来的积极期望更高，从而表现出较高的乐观水平。基于此，本研究提出以下假设：

假设 H1-2a：亲和力对乐观具有显著正向影响。

（2）生命力对乐观的影响。

生命力不仅指个体对生活充满了热情，还指个体在逆境中保持坚韧和勇气、满怀希望地看待挫折和困难，保持一种充满精力与活力的积极情绪状态。从其内涵角度看，生命力其实是一种认知和情感优势，这种积极的认知和情感优势有助于拓展思维，使个体自我感觉良好、充满激情④，在遇到挫折时评定未来积极事件发生的可能性更高，因而生命力强的个体更有可能产生乐观。以生命力的下属品格优势"幽默"为例，研究表明幽默与乐观密切相关，其中自强型幽默与乐观呈现显著正相关关系⑤。幽默与积极情绪关系密切，有助于大学生在面对困难时及时调整心态去缓解心理压力、排遣消极情绪，以积极乐

---

① CUI YJ, ZHAO T. The relationships among gratitude, social support and life satisfaction among university students[J]. Transactions on Social Sciences and Humanities, 2019（6）：1-12.

② 任哲，任凤燕，刘萌，等. 感恩和乐观的关系：领悟到的社会支持的作用[J]. 心理学进展，2016，6（3）：269-274.

③ HILL P L, ALLEMAND M. Gratitude, forgivingness, and well-being in adulthood：Tests of moderation and incremental prediction[J]. The Journal of Positive Psychology, 2011, 6（5）：397-407.

④ 芭芭拉·弗雷德里克森. 积极情绪的力量 [M]. 王珺，译. 北京：中国人民大学出版社，2010.

⑤ CRAWFORD S A, CALTABIANO N J. Promoting emotional well-being through the use of humour[J]. The Journal of Positive Psychology, 2011, 6（3）：237-252.

观的心态对待自身行为和外界事物①。基于此，本研究提出以下假设：

假设 H1-2b：生命力对乐观具有显著正向影响。

（3）意志力对乐观的影响。

意志力的意义在于帮助个体约束本能和欲望、坚定目标，体现的是一种自我约束、自我管理的能力。从其内涵角度看，具有意志力的个体对消极情感更敏感，能够预测到自制带来的长远的积极结果，因此个体可以通过及时抑制或转化消极信息和情感来产生更加积极的反作用力。同时，强意志力的个体能够降低自身对压力的感知程度，会更积极、充满希望地看待未来，从而保持乐观。以意志力的下属品格优势"自我调节"为例，皮克奥等人（Piko et al.，2013）研究表明个体的自我调节趋向越强，越容易出现高水平的乐观主义②。具有自我调节优势的个体遇到不可控的挫折时更容易及时进行心理调适、坦然接受，在面对可控的压力性事件时更倾向于冷静客观地分析利弊、关注事件背后的有利面，相信未来会出现好结果，表现出积极乐观的心态。基于此，本研究提出以下假设：

假设 H1-2c：意志力对乐观具有显著正向影响。

4. 乐观的中介作用分析

乐观是指个体对有关个人生活和社会的未来积极事件发生的可能性和价值的主观评定。具有乐观倾向的个体能够产生更高的积极预期，接受学习任务的可能性更大，进而通过任务参与产生较高的投入度。

已有研究表明乐观对学业投入具有正向作用。例如，瓦格纳和鲁赫（Wagner & Ruch，2015）研究认为乐观可以显著正向预测学业投入，尤其是在认知投入和情感投入方面，乐观者更关注事物的积极面、更加自信。乐观有助于大学生有效地应对学业困难、排解困扰情绪等，从而以积极向上的心理状态投入学业活动。刘在花（2019）研究发现中学生的乐观与学业投入程度也存

---

① 丁玉连，陆周琳，孙伟. 幽默感与幽默类型的个体差异[J]. 心理学进展，2015，5（7）：423-429.

② PIKO B F, LUSZCZYNSKA A, FITZPATRICK K M. Social inequalities in adolescent depression：The role of parental social support and optimism[J]. International Journal of Social Psychiatry，2013，59（5）：474-481.

在显著正相关①。乐观的学生更容易专注于学习过程，以高效率完成任务并获得愉悦、满足等积极体验，进而学业投入程度进一步提高，乐观与学业投入二者相互作用，形成良性循环②。

基于此，本研究推测乐观水平越高的个体，其学业投入程度也越高，结合H1-1和H1-2，品格优势很可能通过乐观来影响学业投入，因此提出以下假设：

假设H1-3a：在亲和力对大学生学业投入产生的影响中，乐观起中介作用。

假设H1-3b：在生命力对大学生学业投入产生的影响中，乐观起中介作用。

假设H1-3c：在意志力对大学生学业投入产生的影响中，乐观起中介作用。

综上所述，本研究通过以上的理论和逻辑分析，得出的乐观的中介作用如图1-1所示。

图1-1　乐观的中介作用

三、研究设计

1. 变量测量

（1）品格优势。本研究采用段文杰等（2012）开发的中文长处问卷

① 刘在花. 学习价值观对中学生学习投入影响的多重中介模型研究［J］. 中国特殊教育，2019（1）：84-88.

② RESCHLY A L, HUEBNER E S, APPLETON J J, et al.. Engagement as flourishing: The contribution of positive emotions and coping to adolescents engagement at school and with learning［J］. Psychology in the Schools, 2008, 45（5）：419-431.

（CVQ-96）①，该问卷共 96 个题项，其中典型题项如"当别人看到事物的消极一面时，我总能乐观地发现它积极的一面"。

（2）乐观。本研究采用卡尔（Carr，2007）开发的生活定向测验量表（LOT）②，该量表共 6 个题项，其中典型题项如"在不确定的情况下，我常常期望最好的结果"。

（3）学业投入。本研究所用量表是杜瑶（2018）论文中教师维度的学习投入量表的改编版③，该量表共 4 个题项，其中典型题项如"在课上，我做得比老师要求的更多更好"。

2. 问卷设计

根据研究目的和研究内容需要，本研究在结合相关理论知识的基础上选取信度和效度较高的成熟量表来设计题项，同时进行了一定的改编和完善，最终形成正式问卷。正式问卷的内容共有四个部分：第一部分调查大学生的个性倾向，共 96 个题项；第二部分调查大学生的学业表现，共 6 个题项；第三部分调查大学生的个体状态，共 4 个题项；第四部分是被调查大学生的基本信息，包括姓名、班级、年龄、性别 4 个题项。

本研究的数据收集过程根据变量测量的不同内容分为三周依次进行，其中品格优势部分安排在第一周测量，第二周测量大学生学业投入情况，第三周测量个体状态（乐观部分），每次测量内容都包含基本信息部分的四个题项。

另外，在收集方式上，本研究通过线下、线上结合的形式发放问卷来收集相关数据。具体途径包括以下两种：①实地调查，即将打印好的纸质问卷发给被调查者并说明问卷填写的基本要求，等被调查者填写完成后进行回收并录入数据结果；②网页链接，即把正式问卷的网页链接通过微信、QQ 等社交工具发给被调查者，填完问卷后直接提交，网站会自动收录问卷结果。

---

① DUAN W J，HO S M Y，YU B，et al.．Factor structure of the chinese virtues questionnaire [J]．Research on Social Work Practice，2012，22（6）：680-688.

② 阿兰·卡尔．积极心理学——关于人类幸福和力量的科学［M］．郑雪等，译．北京：中国轻工业出版社，2007：71-95.

③ 杜瑶．儿童学习动机、学习投入与学业成就的关系：情绪的调节作用［D］．石家庄：河北师范大学，2018.

3. 样本情况

本研究共计回收 310 份问卷，其中有效问卷 302 份，有效回收率为97.4%。我们对研究对象的基本信息进行描述性统计分析，具体结果如表1-4所示：

表1-4 研究对象的基本信息（$N=302$）

个体特征	选项	频数	百分比/%
性别	男	65	21.5
	女	237	78.5
年龄	18 岁及以下	2	0.7
	19 至 21 岁	270	89.4
	22 至 24 岁	30	9.9

由表可知，在调查样本中，性别方面，男生占21.5%，女生占78.5%；年龄方面，18周岁及以下的占0.7%，19到21周岁的占89.4%，22到24周岁的占9.9%。

四、数据分析与结果

1. 信度分析

本研究采用的是 Cronbach's α 系数来检验量表的信度。亲和力、生命力、意志力、乐观、学业投入测量量表在本研究中的 Cronbach's α 分别为0.881、0.876、0.749、0760、0.865，均大于0.700，具有良好的内部一致性。

2. 共同方法偏差检验

本研究在实证分析之前采用 Harman 的单因子检验法进行了共同方法偏差检验，借助SPSS19.0采用未旋转的主成分分析法共提取出 8 个特征值大于1的因子，解释了总变异量的65.380%，其中第一个因子解释了27.687%，低于50%的判断标准，可见样本数据的共同方法偏差问题并不严重。

3. 描述性统计分析

研究模型中所有变量的均值、标准差和相关系数如表 1-5 所示。亲和力、生命力、意志力均分别与乐观显著正相关（相关系数 r 分别为 0.222、0.129、0.167，且 $p<0.05$）；乐观与学业投入显著正相关（$r=0.193$，$p<0.01$）。上述结果对假设 H1-1 和假设 H1-2 进行了初步验证。接下来，我们采用层次回归分析进一步检验研究假设。

表 1-5　变量的均值、标准差和相关系数

变量	Mean	S. D.	1	2	3	4	5	6
1. 性别	1.791	0.423						
2. 年龄	2.093	0.313	0.097					
3. 生命力	4.007	0.488	−0.028	0.072				
4. 亲和力	3.336	0.523	0.192**	0.082	0.574**			
5. 意志力	3.259	0.554	−0.078	0.046	0.576**	0.467**		
6. 乐观	3.289	0.446	−0.108	0.097	0.222**	0.129*	0.167**	
7. 学业投入	3.129	0.703	−0.001	−0.058	0.266**	0.290**	0.373**	0.193**

注："*"和"**"分别表示在 0.05、0.01 水平上（双尾）显著。

4. 回归分析

（1）主效应检验。

在控制性别、年龄等统计学变量的影响的基础上，我们分别将亲和力、生命力、意志力引入以学业投入为因变量的回归方程并建立相应模型。层次回归分析结果如表 1-6 所示，亲和力、生命力、意志力分别对学业投入有显著的正向作用（M_6：$\beta=0.306$，$p<0.001$；M_7：$\beta=0.273$，$p<0.001$；M_8：$\beta=0.380$，$p<0.001$），假设 H1-1a、假设 H1-1b 和假设 H1-1c 得到验证。这说明亲和力、生命力、意志力能够显著地增加其学业投入。

（2）中介效应检验。

在控制统计学变量影响的基础上，我们分别将亲和力、生命力、意志力引入以乐观为因变量的回归方程并建立相应模型。层次回归分析结果如表 1-6 所示，亲和力、生命力、意志力分别对乐观有显著的正向作用（M_2：$\beta=$

0.150，$p<0.001$；M_3：$\beta=0.212$，$p<0.001$；M_4：$\beta=0.154$，$p<0.01$），假设 H1-2a、假设 H1-2b 和假设 H1-2c 得到验证，这说明学生的亲和力、生命力、意志力能够显著地提升其乐观程度。然后，我们分别做亲和力、生命力、意志力与乐观同时影响因变量学业投入的回归分析，层次回归分析结果如表 1-6 所示。

如 M_9 所示，乐观对学业投入有显著的正向影响（M_9：$\beta=0.162$，$p<0.001$），同时，亲和力对学业投入仍然有显著正向影响，但其预测作用明显降低，（M_9：$\beta=0.282$，$p<0.001$，$0.282<0.306$）。因此，乐观在亲和力和学业投入的关系之间起到了部分中介作用，假设 H1-3a 得到验证。如 M_{10} 所示，乐观对学业投入有显著的正向影响（M_{10}：$\beta=0.152$，$p<0.001$），同时，生命力对学业投入的影响仍然显著，但其预测作用明显降低（M_9：$\beta=0.240$，$p<0.001$，$0.240<0.273$）。因此，乐观在生命力和学业投入的关系之间起到了部分中介作用，假设 H1-3b 得到验证。如 M_{11} 所示，乐观对学业投入有显著的正向影响（M_{11}：$\beta=0.148$，$p<0.001$），同时，意志力对学业投入的影响仍然显著，但其预测作用明显降低（M_{11}：$\beta=0.357$，$p<0.001$，$0.357<0.380$）。因此，乐观在意志力和学业投入的关系之间起到了部分中介作用，假设 H1-3c 得到验证。

表1-6 层次回归分析结果

变量	乐观				学业投入						
	M_1	M_2	M_3	M_4	M_5	M_6	M_7	M_8	M_9	M_{10}	M_{11}
性别	-0.119	-0.147	-0.111	-0.106	0.004	-0.053	0.014	0.036	-0.029	0.031	0.052
年龄	0.109	0.099	0.093	0.100	-0.059	-0.078	-0.079	-0.079	-0.095	-0.093	-0.094
亲和力		0.150**				0.306***			0.282***		
生命力			0.212***				0.273***			0.240***	
意志力				0.154**				0.380***			0.357***
乐观									0.162***	0.152***	0.148***
F	3.585	4.665***	7.248***	4.893***	0.516	10.238***	8.314***	17.032***	9.993***	8.137***	14.911***
R^2	0.023	0.045	0.068	0.047	0.003	0.093	0.077	0.146	0.119	0.099	0.167
ΔR^2	—	0.021***	0.045***	0.024***	—	0.09***	0.074***	0.143***	0.025***	0.022***	0.021***

注："***""**""*"分别表示在0.001、0.01和0.05的水平显著。

五、研究结论与管理启示

1. 研究结论

本研究以品格优势对大学生学业投入的影响为主题展开，聚焦亲和力、生命力、意志力三大优势，具体分析品格优势对大学生学业投入和乐观的影响，以及乐观的中介作用。以重庆工商大学管理学院的大学生为研究对象，我们对品格优势如何影响大学生的学业投入进行了实证研究，结果如表1-7所示。

表 1-7　研究假设实证结果

编号	研究假设	实证结果
假设 H1-1a	亲和力对大学生学业投入具有显著正向影响	成立
假设 H1-1b	生命力对大学生学业投入具有显著正向影响	成立
假设 H1-1c	意志力对大学生学业投入具有显著正向影响	成立
假设 H1-2a	亲和力对乐观具有显著正向影响	成立
假设 H1-2b	生命力对乐观具有显著正向影响	成立
假设 H1-2c	意志力对乐观具有显著正向影响	成立
假设 H1-3a	在亲和力对大学生学业投入的影响中，乐观起中介作用	成立
假设 H1-3b	在生命力对大学生学业投入的影响中，乐观起中介作用	成立
假设 H1-3c	在意志力对大学生学业投入的影响中，乐观起中介作用	成立

因此，本研究得到以下研究结论：

（1）品格优势中亲和力、生命力、意志力三大优势都对大学生学业投入具有显著正向影响，其中意志力发挥的作用最为明显，亲和力次之，生命力的作用相对较低。

（2）品格优势中亲和力、生命力、意志力三大优势都对乐观具有显著正向影响，其中生命力发挥的作用最明显，亲和力次之，意志力的作用相对较低。

（3）乐观分别在亲和力、生命力、意志力和大学生学业投入的关系之中起到部分中介作用。

2. 管理启示

经过本研究论述，我们可以得到如下启示：

（1）注重品格优势的测评和培养。

品格优势作为个体的人格特质相对稳定，但会受不良环境影响而遭到抑制。若能提供一个优化的环境对其进行有效培养，个体仍然能够充分发挥其品格优势，保持较好的学业投入状态。因此，本研究将从学校和大学生自身角度出发分别论述品格优势的培养。

①学校层面。第一，要进行品格优势的精准测评。学校可以通过优势价值行动问卷（VIA-IS）和中文长处问卷（CVQ-96）等测量工具帮助学生识别自身具备的品格优势。因为品格优势比较稳定，所以具体操作时可以在大学期间每学年进行一次测评，并将测评结果如实、即时地反馈给学生，并提供相应的答疑服务。

第二，注重品格优势的分类管理和培养。一方面是根据测评结果寻找标志性优势，为不同优势的学生提供差异化服务。例如，根据品格优势中生命力、亲和力和意志力三大类长处的不同，在结合专业特色的基础上分别成立兴趣小组，开展竞赛活动等，引导大学生积极运用自身优势，以强化其优势，充分发挥品格优势的积极作用。另一方面是强化缺乏的品格优势培养，尤其是意志力培养。许多对品格优势的干预研究都表明通过指导、培训、教育等方式可以挖掘和培养品格优势，比如课程干预（适当提高学业任务的难度等）、针对性培训（逻辑和批判性思维训练等）。

②学生个体层面。大学生作为品格优势运用和学习的主体，对其自身而言，一是利用测评量表主动了解自身的品格优势并进行自我定位，通过人际交往等方式主动了解和学习他人的优秀特质。二是有意识地将品格优势运用到日常学习活动和生活中，可以结合自身兴趣爱好来强化优势，充分发挥优势对乐观和学业投入的正向促进作用。三是主动采取措施培养缺乏的优势和弥补短板，如设置长远的学习目标并为之不懈努力，积极参与校内外实践和长跑等体育运动以培养毅力优势；制订读书计划并认真执行以培养好学优势；通过积极的自我暗示等来控制情绪，自觉抵制诱惑以培养自我调节和谨慎优势等。

（2）注重培养大学生的乐观心态。

乐观对心理健康、学业投入等有显著正向作用，同时，乐观又与个体品格优势的发展程度有关。因此为了帮助大学生提高乐观水平、建立积极信念，我们认为可从培养品格优势（尤其是生命力）的角度入手。本研究将从学校、家庭和大学生自身三类主体出发分别对其进行论述。

①学校层面。校园是大学生主要的学习和生活场所，高校的环境、氛围等都会对其产生潜移默化的影响，因此高校要注意提升环境设施建设水平、营造和谐积极的校园氛围。培养生命力有助于大学生建立乐观心态和健全人格发展，具体培养措施如通过增强课程趣味性提高学生热情，鼓励学生质疑和思辨以培养创造力优势等。此外，高校可以举办有意义的文体活动，运用多种学习形式，将品格优势融入心理健康教育课程来引导大学生树立正确的思想价值观念和形成乐观心态。榜样行为分析、团体心理辅导、心理沙盘、专题归因等都是有效的培养方法。

②家庭层面。个体人格的健全、情绪的健康离不开父母、家庭的教育支持，因此在家庭方面，一是尽可能营造温馨和睦的氛围，提供能触及大学生内心的情感理解、精神支持和思想指导；部分父母应转变"智力至上"的教育观念，高度重视孩子在人格特质等非认知因素方面的发展。二是大学生群体由于心理发展尚未完全成熟，缺少人生阅历和经验，因此父母要以身作则，帮助他们客观看待生活事件，多关注正向信息，积极勇敢地应对各种压力和问题。

③学生个体层面。一是进行自我训练，养成积极乐观的处事风格和生活态度。成功时应该相信是源于自己的能力和努力而非运气好，遭遇失败时要自信下次通过努力仍可以成功；对未来保持热情和希望，乐于观察和尝试新事物、丰富兴趣爱好，主动欣赏生活各领域中的美并积极与他人分享；同时，要敢于尝试，勇于挑战的次数越多才可能获得越多的成功体验，并且增强自信和自我效能感有助于提升乐观水平。二是要加强体育锻炼，经常锻炼的学生相对于不喜欢运动的学生而言，其身体健康状态更好，更容易养成乐观心态。

3. 研究局限与未来展望

（1）研究样本范围较小。研究对象主要是同一地区管理类专业的大学生，选取的学生群体拥有类似的生活和学习环境，未考虑此次研究结果是否适用于其他专业及其他地区的大学生。因此，为了提高研究的效度和扩大适用范围，我们可以在未来的研究中扩大研究对象的范围，可对所有专业的大学生进行测评，甚至不局限于重庆市内的高校。

（2）研究样本中女性偏多。由于专业特性和生源等因素，本研究的研究样本在构成上女性过多而男性较少，并且女性在亲和力方面的优势比男性突出，容易造成一定的结果偏差。因此，未来的研究在样本上要适当增加男性的比重，使男女比例更均衡。

（3）研究范围局限在个体层面。本研究主要是从个体层面出发，探讨大学生个体的品格优势及乐观对其学业投入的影响，未考虑其他跨层次因素带来的影响。因此，未来可以深入跨层次研究，如分析宿舍作息规律、班级学习文化、校园学习氛围及社团活动等团体因素对大学生学业投入产生的影响及效果差异。

第二节　品格优势对创造力的影响：以优势运用为中介变量

一、引言

党的十九大报告指出："创新是引领发展的第一动力，是建设现代化经济体系的战略支撑。"作为我国建设创新型国家的储备军，大学生是最富有生机、活力和创造力的群体，他们的创造力水平直接影响着整个国家的创新能力。因此，如何提升大学生创造力水平是一个值得关注的话题。

已有研究指出，大学生的创造力主要受个体因素和环境因素的影响[1][2][3]，其中个体因素又包括人格特征[4]、经验技能[5]、成长需要[6]、工作经历[7]等。个

① FEIST, GREGORY J. A meta-analysis of personality in scientific and artistic creativity[J]. Personality and Social Psychology Review, 1998, 2 (4): 290-309.

② HüLSHEGER, UTE R, ANDERSON N, et al.. Team-level predictors of innovation at work: A comprehensive meta-analysis spanning three decades of research. [J]. Journal of Applied Psychology, 2009, 94 (5): 1128-1145.

③ SHALLEY C E, ZHOU J, OLDHAM G R. The effects of personal and contextual characteristics on creativity: Where should we go from here? [J]. Journal of Management, 2004, 30 (6): 933-958.

④ STERNBERG R J, LUBART T I. An investment theory of creativity and its development[J]. Human Development, 1991, 34 (1): 1-31.

⑤ TIERNEY P, FARMER S M. Creative self-efficacy: its potential antecedents and relationship to creative performance[J]. Academy of Management Journal, 2002, 45 (6): 1137-1148.

⑥ FLEMING L, CHEN M D. Collaborative Brokerage, Generative creativity, and creative success [J]. Administrative Science Quarterly, 2007, 52 (3): 443-475.

⑦ SHALLEY C E, GILSON L L, BLUM T C. Interactive effects of growth need strength, work context, and job complexity on self-reported creative performance[J]. Academy of Management Journal, 2009, 52 (3): 489-505.

体因素中的人格特征是影响个体创造力的关键因素①。而随着积极心理学的兴起，品格优势逐渐成为最具代表性的一种积极人格，彼得森（Peterson，2005）等人最早基于不同文化按个人优势与道德意义等划分了六大美德和 24 种品格优势②，后来，段文杰等（2012）在原有研究的基础上提出了立足于中国情境的品格优势，即亲和力、生命力、意志力③。然而，我们通过梳理文献发现，以往研究多基于国外背景④⑤⑥，却鲜有研究立足于中国情境来探讨品格优势对大学生创造力的影响。

基于此，本研究聚焦三大美德（亲和力、生命力、意志力），探讨这三类品格优势对大学生创造力的影响及其内在机制。在理论上，本研究揭示了品格优势与大学生创造力的"黑箱"机制，丰富了大学生创造力影响因素的研究内容；在实践中支持各大高校对拥有不同品格优势的学生进行分类测评、辅导，进而增强大学生创造力。

本研究与以往基于国外背景的品格优势进行的研究不同，以基于中国情境的品格优势为视角，聚焦亲和力、生命力、意志力三大美德，进一步丰富了人格对创造力的影响研究；分析了品格优势对优势运用和大学生创造力的影响，并依据优势理论探讨了优势运用的中介作用，揭示了品格优势对大学生创造力影响的内在"黑箱"机制。本研究能为高校有针对性地培养大学生创造力提供管理启示。我们通过问卷量表对大学生的品格优势进行测评，厘清了不同品格优势对优势运用及大学生创造力的影响，使得我们能够明确了解拥有哪类品格优势的人更加具有创造力。同时，学校可通过举办讲座、辅导员心理咨询、组织社团活动等提高大学生的品格优势，从而提高创造力。本研究有利于引导

① 王汉清，况志华，王庆生，等. 大学生创新能力总体状况调查分析[J].高等教育研究，2005（9）：92-97.

② PETERSON C，SELIGMAN M E. Character strengths and virtues：A handbook and classification [J]. Oxford University Press，2004：29-30.

③ DUAN W J，HO S M Y，YU B，et al.. Factor structure of the chinese virtues questionnaire [J]. Research on Social Work Practice，2012，22（6）：680-688.

④ AVEY J B，LUTHANS F，HANNAH S T，et al.. Impact of employees' character strengths of wisdom on stress and creative performance[J]. Human Resource Management Journal，2011，22（2）：165-181.

⑤ KIERAN，MATTHEW. Creativity，virtue and the challenges from natural talent，ill-being and immorality[J]. Royal Institute of Philosophy Supplement，2014（75）：203-230.

⑥ CAMPBELL K，KAUFMAN. Do you pursue your heart or your art？Creativity，personality，and love. [J]. Journal of Family Issues，2015，38（2）：287-311.

大学生关注自身品格优势并运用优势。大学生可以通过品格优势量表进行测评，明确自我定位，了解自身的品格优势，同时有意识地将品格优势运用到日常生活中，通过提高优势运用来提高创造力。此外，通过干预实验也可以培养缺乏的优势，从而提高大学生的创造力。

二、文献综述与研究假设

1. 品格优势对大学生创造力的影响

彼得森和塞利格曼（Peterson & Seligman，2004）将品格优势定义为从个体的认知、情感和行为中表现出来的一组积极特质，是解释美德心理构成的过程或机制[①]。随着对品格优势的进一步研究，我国学者段文杰等人（2012）则根据中国情境将品格优势分为亲和力、生命力和意志力，并对三种优势进行了定义。

亲和力是指个体善于灵活、恰当地把握人际交往中自我和他人的情感、动机，从而给自我和他人带来积极体验的优势[②]。从内涵角度来看，亲和力强的个体易于从他人角度考虑问题，对人际关系的把控能力较强。已有研究指出人际关系对个体创造力有影响，如保伦和托伦斯（Bolen&Torrance，1978）通过实验法研究证实课堂人际关系中的竞争与合作对学生创造力会产生影响[③]。

此外，段文杰等（2012）基于 24 项品格优势，将善良、团队精神、公平正义、爱与被爱、正直、领导力、宽恕、感恩归类为亲和力。以"爱与被爱""宽恕"为例，日常创造行为及自我评价的创造力都与爱显著正相关[④]；相比不宽恕条件下的被试个体，在宽恕条件下其发散思维测验的新颖性较强[⑤]，此

---

① PETERSON C, SELIGMAN M E P. Character strengths and virtues：A handbook and classification（New York：American Psychological Association & Oxford University Press，2004）[J]. 2012，162（4）：419-421.

② DUAN W J，HO S M Y，YU B，et al.. Factor structure of the chinese virtues questionnaire [J]. Research on Social Work Practice，2012，22（6）：680-688.

③ LARRY M B，PAUL T. The influence on creative thinking of locus of control，cooperation，and sex[J]. Journal of Clinical Psychology，1978，34（4）：903-907.

④ CAMPBELL K，KAUFMAN. Do you pursue your heart or your art? Creativity，personality，and love[J]. Journal of Family Issues，2015，38（2）：287-311.

⑤ 王琬莹. 宽恕对创造力影响的实验研究[D]. 南京：南京师范大学，2016.

外，个体宽恕程度越高，对他人排斥程度越低，越容易进行信息共享，从而激发员工创造力①。

因此，本研究推断亲和力可能对大学生创造力有正向影响。基于上述讨论，本研究提出如下假设：

假设 H1-4a：亲和力对大学生创造力有显著的正向影响。

生命力指个体表现出的对事物的洞察力和创新力，对生活充满乐观和信念，有意识地欣赏美好的事物并怀有感恩之情，保持一种欣欣向荣、蓬勃向上的发展状态②。

段文杰等人（2012）基于 24 项品格优势将幽默、好奇、热情、创造力、希望、洞察力、欣赏美与卓越、勇敢、信仰、社交智力归类为生命力。以"好奇""冒险"和"幽默"为例，埃维等人（Avey et al.，2011）指出品格优势中的好奇、独创性等与员工创造力正相关，其中好奇心与员工创造性的相关性最强③；愿意冒险者更乐于挑战，更加勇敢，他们不怕失败，创造力更强④；而好奇性和冒险性较弱，会导致学生产生创造力危机⑤。同时，现有研究指出幽默对创造力有影响，如幽默感的认知维度和个人选择倾向维度与创造力存在显著正相关⑥。对于中学生而言，幽默类型和应答均能显著影响创造力⑦。石思玲（2017）则指出追求幽默成就动机与员工创造力正相关⑧。

因此，本研究推断生命力可能对大学生创造力有正向影响。基于上述讨论，本研究提出如下假设：

假设 H1-4b：生命力对大学生创造力有显著的正向影响。

---

① 高天茹，贺爱忠. 职场排斥对知识隐藏的影响机理研究：一个被调节的链式中介模型[J]. 南开管理评论，2019，22（3）：15-27.

② DUAN W J, HO S M Y, YU B, et al.. Factor structure of the chinese virtues questionnaire[J]. Research on Social Work Practice, 2012, 22（6）：680-688.

③ AVEY J B, LUTHANS F, HANNAH S T, et al.. Impact of employees' character strengths of wisdom on stress and creative performance[J]. Human Resource Management Journal, 2011, 22（2）：165-181.

④ 军妮，王兰，柏松杉. 积极心理学视野下大学生创新倾向的培养策略——基于科技竞赛获奖和普通大学生创新倾向的差异分析[J]. 技术与创新管理，2018，39（5）：499-504.

⑤ 魏莉莉，陶冶. 高中生创造力危机及影响因素分析[J]. 当代青年研究，2013（5）：35-42.

⑥ 邱玉玺. 成人幽默感与创造力的关系[D]. 沈阳：辽宁师范大学，2013.

⑦ 孔焕君. 幽默与创造力：类型和应答的作用[C]. 中国心理学会. 第十八届全国心理学学术会议摘要集——心理学与社会发展，2015：882-884.

⑧ 石思玲. 自尊、幽默动机与员工创造力的关系研究[D]. 广州：广东外语外贸大学，2017.

意志力是个体在自我成长和发展过程中对外界不良因素的抵制和对预期目标的坚定，即一种约束本能和欲望的克己自制的能力，包括坚韧、谨慎、自我管理等[1]。从内涵角度来看，意志力反映了个体的自我管理能力，表现为自觉抵制外界干扰或克制自身欲望。以"自我控制"为例，现有研究指出自我控制与创造力态度呈正相关，自控能力强的学生较自控能力弱的学生，其创造力态度总体上表现得更加积极[2]。良好的自我控制有利于个体更好地排除无关信息的干扰，集中精力完成目标任务，有利于个体创造性成果的产出[3]。

段文杰等人（2012）基于24项品格优势将批判性思维、谨慎、自我调节、毅力、好学、谦虚归类为意志力。以"毅力"和"批判性思维"为例，已有研究指出，个人毅力与创造力有关[4]，培养学生的毅力有助于提高学生的创造力[5]；批判性思维会对个体的创造力产生影响[6]，而在信息素养教育中融合批判性思维的培养能较大程度地增强大学生的创造力[7]。

因此，本研究推断意志力可能对大学生创造力有正向影响。基于上述讨论，本研究提出如下假设：

假设 H1-4c：意志力对大学生创造力有显著的正向影响。

2. 品格优势对大学生优势运用的影响

优势运用是个体所感知到的对自身整体优势的运用情况[8]。整合以往研究我们可以发现，品格优势对个体心理的影响十分显著，同时，品格优势对积极情绪有显著正向影响，根据积极情绪拓展建构理论，积极情绪会影响个体的认

---

① DUAN W J, HO S M Y, YU B, et al.. Factor structure of the chinese virtues questionnaire [J]. Research on Social Work Practice, 2012, 22 (6)：680-688.

② 王亚辉. 中学生自我控制与创造力态度关系的研究[D].沈阳：辽宁师范大学，2001.

③ 刘淑芳. 自我控制对创造力影响的实验研究[D].苏州：苏州大学，2015.

④ KIERAN, MATTHEW. Creativity, virtue and the challenges from natural talent, ill-being and immorality[J]. Royal Institute of Philosophy Supplement, 2014（75）：203-230.

⑤ 张艳华. 重视学生创造力形成的非智力因素[J].21世纪中学生作文初中教师适用，2009 (5)：15-15.

⑥ 李强强. 批判性思维与中国人的创造力[C].中国心理学会. 第十八届全国心理学学术会议摘要集——心理学与社会发展. 中国心理学会：中国心理学会，2015：1021.

⑦ 张长海. 基于批判性思维和创造力的我国大学生信息素养教育模式研究[J].中国图书馆学报，2016（4）：102-116.

⑧ 王焕贞，江琦，侯璐璐. 大学生品格优势对主观幸福感的影响：优势运用和压力性生活事件的作用[J].心理发展与教育，2017，33（1）：95-104.

知和行为，从而产生沉浸体验①。此外，已有研究指出越了解自身品格优势的个体运用优势的机会和可能性就越大，通过优势运用得到的正向反馈结果又加深了个体对自身品格优势的认识和思考②③。因此，本研究推测品格优势对大学生优势运用具有显著正向影响，以下将分别从亲和力、生命力和意志力出发对其展开论述。

从亲和力的内涵来看，亲和力强的个体感知他人的情绪和心理活动的能力较强④，更容易在与他人交往中保持良好的人际关系，并且产生积极情绪。同时，李婷婷（2016）指出亲和力与积极情绪表现出显著正相关关系，而这种积极情绪使得个体在人际交往中展现出共情、利他等特质⑤，因而更加愿意帮助他人。另外，以亲和力中的"团队精神"为例，方正泉（2006）指出大学生团队精神强的个体有较强的团队荣誉感，能互相帮助，更加愿意在合作中竞争，发挥优势，实现双赢⑥。此外，陈沉厚（2018）指出在篮球比赛中团队精神会影响个人技能的发挥，团队精神强的个体更容易在比赛中相互配合，发挥优势，取得胜利⑦。

因此，本研究推断亲和力可能对大学生的优势运用有正向影响。基于上述讨论，本研究提出如下假设：

假设 H1-5a：亲和力对大学生优势运用有显著的正向影响。

从生命力的内涵来看，生命力强的个体常常保持积极乐观的态度，思维活跃，自我感觉良好，并在看待挫折时始终充满希望与热情，从而产生积极的情绪体验⑧。同时，李婷婷（2016）指出生命力与积极情绪显著正相关，而拥有

---

① SALANOVA M，BAKKER A B，LLORENS S． Flow at w ork：Evidence f or an upward spiral of reason and organization resauces［J］．Journal of Happiness Studies，2006，7（1）：1-22

② TAKAHASHI M，MORIMOTO Y． Development of the Japanese version of the strength knowledge scale（SKS）and investigation of its reliability and validity［J］．The Japanese Journal of Personality，2015，24（2）：170-172.

③ GOVINDJI R．，LINLEY P A． Strengths use，self-Concord ance and well-being：Implications for strengths coaching and coaching psychologists［J］．International Coaching Psychology Review，2007，2（2）：143-153.

④ 李婷婷，刘晓明. 品格优势、应激生活事件与中学生情感幸福感的关系［J］.中国心理卫生杂志，2016，30（7）：527-533.

⑤ 陈军. 共情神经科学：探索亲社会行为、利他主义和道德的生物学基础［J］.学习与探索，2019（7）：139-147.

⑥ 方正泉. 论大学生团队精神的培育［J］.江苏高教，2006（5）：113-115.

⑦ 陈沉厚. 论大学生篮球训练的战术意识培养［J］.体育风尚，2018（7）：50.

⑧ 李婷婷. 品格优势对情感幸福感的影响［D］.长春：东北师范大学，2016.

这种积极乐观情绪的个体，更容易在工作中产生工作呼唤①。以生命力中的"希望"为例，希望作为一种积极的心理品质，其对积极情绪有显著正向影响，而积极情绪有助于增加心理资本，发挥优势，提高个体心理健康水平②。

因此，本研究推断生命力可能对大学生优势运用有正向影响。基于上述讨论，本研究提出如下假设：

假设 H1-5b：生命力对大学生的优势运用有显著的正向影响。

从意志力的内涵来看，具有意志力的个体对消极信息更敏感，能够预测到克制自己的消极情绪可以带来积极的结果，因此善于将消极信息和情感转化为积极情感③，同时，强意志力的个体受外界干扰程度较小，往往更加专注，更容易运用优势。另外，以意志力中的"自律"为例，史密斯（Smith，2011）指出自律对工作转变成工作呼唤具有预测作用④。以意志力中的"毅力"为例，毅力作为一种积极的人格特质，对大学生的学习适应能力有显著正向影响⑤，从而有助于优势的发挥；此外，毅力对心理资本有显著影响，而心理资本又会影响运动员优势的发挥⑥。

因此，本研究推断意志力可能对大学生的优势运用产生正向影响。基于上述讨论，本研究提出如下假设：

假设 H1-5c：意志力对大学生的优势运用有显著的正向影响。

3. 优势运用的中介作用分析

优势运用是个体所感知到的对自身整体优势的运用情况⑦。优势理论认为每个人生来就具备一系列的优势，付出努力是在识别、使用和开发这些优势，

---

① 刘美玲，田喜洲，郭小东. 品格优势及其影响结果[J]. 心理科学进展，2018（12）：2180-2191.

② 郭小艳. 积极情绪与生理健康研究进展[J]. 陇东学院学报，2010，21（1）：120-122.

③ 李婷婷. 品格优势对情感幸福感的影响[D]. 长春：东北师范大学，2016.

④ SMITH M R. The relationship between character strengths and work satisfaction [J]. Sciences and Engineering，2011（71）：5174.

⑤ 毛晋平，杨丽. 大学生的积极人格品质及其与学习适应的关系[J]. 大学教育科学，2012（4）：38-42.

⑥ 张连成，杜聪丽，郑程浩. 中国运动员积极心理资本的结构构建 [C]. 第七届中国体育博士高层论坛，2018：84.

⑦ 王焕贞，江琦，侯璐璐. 大学生品格优势对主观幸福感的影响：优势运用和压力性生活事件的作用[J]. 心理发展与教育，2017，33（1）：95-104.

即优势干预，有助于给个体带来幸福感、绩效和自我实现等积极结果①。

已有研究表明优势运用对创造力具有正向影响。由积极情绪拓展建构理论可知，在积极情绪状态下，个体更容易发挥优势，增强创造力，表现出更多的创造性，提高问题解决效率②等。此外，品格优势可以促进个体知识与技能的获得和应对各种挑战的能力的提升，通过优势运用，增强创造力③。因此，本研究推断优势运用水平越高的个体，其创造力越强。

品格优势很可能通过优势运用来影响大学生创造力。基于上述讨论，本研究提出如下假设：

假设 H1-6a：在亲和力对大学生创造力的影响中，优势运用起中介作用。

假设 H1-6b：在生命力对大学生创造力的影响中，优势运用起中介作用。

假设 H1-6c：在意志力对大学生创造力的影响中，优势运用起中介作用。

基于以上研究，优势运用的中介作用如图 1-2 所示。

图 1-2 优势运用的中介作用

三、研究设计

1. 变量测量

（1）品格优势。本研究采用段文杰等人（2012）④ 开发的中文长处问卷

① 林新奇，丁贺. 优势理论在人力资源管理中的应用研究[J]. 中国人力资源开发，2018，35（1）：102-111.

② ISEN A M，DAUBMAN K A，NOWICKI G P. Positive affect facilitates creative problem solving [J]. Journal of Personality and Social Psychology，1987，52（6）：1122-1131.

③ KIERAN，MATTHEW. Creativity，virtue and the challenges from natural talent，ill-being and immorality[J]. Royal Institute of Philosophy Supplement，2014（75）：203-230.

④ DUAN W J，HO S M Y，YU B，et al.. Factor structure of the chinese virtues questionnaire [J]. Research on Social Work Practice，2012，22（6）：680-688.

（CVQ-96）。该问卷共 96 个测量题项，亲和优势共有 32 个测量题项，其中典型题项如"能为小朋友做些小事让我感到很享受"；生命力共有 40 个测量题项，其中典型题项如"我总能想出新方法去做事情"；意志力共有 24 个测量题项，其中典型题项如"我的朋友欣赏我能客观地看待事物"。

（2）优势运用。本研究采用王焕贞，江琦和侯璐璐（2017）[①] 开发的量表，该量表共有 14 个测量题项，其中典型题项如"我总是能够发挥我的优势"。

（3）创造力。本研究采用吕三三（2018）[②] 修订的量表，该量表共 14 个测量题项，其中典型题项如"我的一些创见得到他人的嘉奖"。

2. 问卷收集与样本情况

（1）问卷设计与发放。

本研究通过研究涉及的理论知识和研究目的，选取具有较高效度和信度的成熟量表，设计研究需要的问题，并进行修改完善，最终形成正式问卷。正式问卷共包括四个部分：第一部分为个性倾向，共 96 个问题；第二部分为优势运用，共 14 个问题；第三部分为大学生创造力，共 14 个问题；第四部分为基本信息，包括姓名、性别、班级、年龄 4 个问题。

本研究中数据收集的过程根据变量测量的内容不同分为三周依次进行，其中品格优势部分安排在第一周测量，第二周测量优势运用，第三周测量个体创造力，每次测量内容都包含基本信息的四个题项。

在收集方式上，本研究通过线下、线上结合的形式来收集相关数据。具体途径包括以下两种：①实地调查，即利用下课时间将打印好的纸质问卷发给被调查者并说明问卷填写的基本要求，等被调查者填写完成后进行回收并录入数据结果；②网络链接，即研究者把正式问卷的网络链接发给被调查者，其填写完问卷后直接提交即可，网站自动收录问卷结果。

（2）样本情况。

本研究总计获得 310 份问卷，其中有效问卷 302 份。我们对研究对象进行

---

① 王焕贞，江琦，侯璐璐. 大学生品格优势对主观幸福感的影响：优势运用和压力性生活事件的作用[J]. 心理发展与教育，2017，33（1）：95-104.

② 吕三三. 大学生自尊和心理资本在"大五"人格与创造力间的链式中介作用[D]. 贵阳：贵州师范大学，2018.

描述性统计分析，具体结果如表 1-8 所示。

表 1-8　样本信息表 （N=302）

个体特征	选项	频数	百分比/%
性别	男	65	21.5
	女	237	78.6
年龄	18 周岁以下	2	0.7
	19 至 21 周岁	270	89.4
	22 至 24 周岁	30	9.9

由表可知，在调查样本中，性别方面，男生占 21.5%，女生占 78.5%；年龄方面，18 周岁及以下的占 0.7%，19 到 21 周岁的占 89.4%，22 到 24 周岁的占 9.9%。

四、数据分析与结果

1. 信度分析

本研究采用 Cronbach's α 系数来检验量表的信度。亲和力、生命力、意志力、优势运用、大学生创造力测量量表在本研究中的 Cronbach's α 分别为 0.881、0.876、0.749、0.955、0.894，均大于 0.700，具有良好的内部一致性。

2. 共同方法偏差检验

本研究在实证分析之前采用 Harman 的单因子检验法进行了共同方法偏差检验，借助 SPSS19.0 采用未旋转的主成分分析法，共提取出 12 个特征值大于 1 的因子，解释了总变异量的 63.935%，其中第一个因子解释了 28.573%，低于 50% 的判断标准，可见样本数据的共同方法偏差问题并不严重。

3. 描述性统计分析

研究模型中所有变量的均值、标准差和相关系数如表 1-9 所示。亲和力、生命力、意志力均分别与创造力显著正相关（相关系数分别为0.445、0.549、0.445，且 $p<0.01$），上述结果对假设 H1-4a、H1-4b、H1-4c 进行了初步验证；亲和力、生命力、意志力均分别与优势运用显著正相关（相关系数分别为0.304、0.525、0.381，且 $p<0.01$），上述结果对假设 H1-5a、H1-5b、H1-5c 进行了初步验证；优势运用与大学生创造力显著正相关（$r=0.518$，$p<0.01$），上述结果对假设 H1-6a、H1-6b、H1-6c 进行了初步验证。接下来，我们采用层次回归分析进一步检验研究假设。

表 1-9 变量的均值、标准差和相关系数

变量	Mean	S. D.	1	2	3	4	5	6
1. 性别	1.791	0.423						
2. 年龄	2.093	0.313	0.097					
3. 亲和力	4.007	0.488	0.192**	0.082				
4. 生命力	3.336	0.523	−0.028	0.072	0.574**			
5. 意志力	3.259	0.554	−0.078	0.046	0.467**	0.576**		
6. 优势运用	4.375	0.994	−0.074	0.011	0.304**	0.525**	0.381**	
7. 创造力	3.639	0.512	−0.018	−0.032	0.445**	0.549**	0.445**	0.518**

注："*"和"**"分别表示在0.05在0.01水平上（双尾）显著。

4. 回归分析

（1）主效应检验。

本研究在控制性别、年龄等统计学变量影响的基础上，分别将亲和力、生命力、意志力引入以大学生创造力为因变量的回归方程并建立相应模型。层次回归分析结果如表 1-10 所示。亲和力、生命力、意志力分别对大学生创造力有显著的正向作用（M_6：$\beta=0.470$，$p<0.001$；M_7：$\beta=0.554$，$p<0.001$；M_8：$\beta=0.450$，$p<0.001$），假设 H1-4a、H1-4b、H1-4c 得到验证。这说明亲和力、生命力、意志力能够显著地增强大学生创造力。

（2）中介效应检验。

本研究在控制统计学变量影响的基础上，分别将亲和力、生命力、意志力引入以优势运用为因变量的回归方程并建立相应模型。层次回归分析结果如表 1-10 所示。亲和力、生命力、意志力分别对优势运用有显著的正向作用

（M_2：$\beta = 0.331$，$p < 0.01$；M_3：$\beta = 0.525$，$p < 0.001$；M_4：$\beta = 0.378$，$p < 0.001$），假设 H1-5a、H1-5b、H1-5c 得到验证，说明学生的亲和力、生命力、意志力能够显著地增强其优势运用。然后，我们分别做亲和力、生命力、意志力与优势运用同时对因变量大学生创造力影响的回归分析，层次回归分析结果如表 1-10 所示。

如 M_9 所示，优势运用对大学生创造力有显著的正向影响（M_9：$\beta = 0.414$，$p < 0.001$），同时，亲和力对大学生创造力的影响仍然显著，但其预测作用明显降低（M_9：$\beta = 0.333$，$p < 0.001$，$0.333 < 0.470$，见 M_7），因此，优势运用在亲和力和大学生创造力的关系之间起到了部分中介作用。如 M_{10} 所示，优势运用对大学生创造力有显著的正向影响（M_{10}：$\beta = 0.316$，$p < 0.001$），同时，生命力对大学生创造力的影响仍然显著，但其预测作用明显降低（M_{10}：$\beta = 0.388$，$p < 0.001$，$0.388 < 0.554$，见 M_7），因此，优势运用在生命力和大学生创造力的关系之间起到了部分中介作用。如 M_{11} 所示，优势运用对大学生创造力有显著的正向影响（M_{11}：$\beta = 0.408$，$p < 0.001$），同时，意志力对大学生创造力的影响仍然显著，但其预测作用明显降低（M_{11}：$\beta = 0.295$，$p < 0.001$，$0.295 < 0.450$，见 M_8），因此，优势运用在意志力和大学生创造力的关系之间起到了部分中介作用。假设 H1-6a、H1-6b、H1-6c 得到验证。

表 1-10 层次回归分析结果

变量	优势运用						大学生创造力				
	M_1	M_2	M_3	M_4	M_5	M_6	M_7	M_8	M_9	M_{10}	M_{11}
性别	-0.076	-0.137*	-0.057	-0.044	-0.015	-0.102	0.005	0.023	-0.046	0.023	0.041
年龄	0.019	-0.002	-0.021	-0.002	-0.030	-0.060	-0.072	-0.055	-0.059	-0.066	-0.054
亲和力		0.331**	0.525***			0.470***			0.333***		
生命力							0.554***			0.388***	
意志力				0.378**				0.450***			0.295***
优势运用									0.414***	0.316***	0.408***
拟合指标 F	0.879	12.361***	113.204***	49.506***	0.185	26.871***	43.925***	25.097***	42.709***	45.249***	38.953***
R^2	0.006	0.111	0.28	0.147	0.001	0.213	0.307	0.202	0.365	0.379	0.344
$\triangle R^2$	—	0.105	0.274	0.142	—	0.212	0.305	0.200	0.152	0.072	0.142

注："***""**""*"分别表示在 0.001、0.01 和 0.05 的水平显著。

五、研究结论与管理启示

1. 研究结论

本研究聚焦于品格优势对大学生创造力的影响，分析了品格优势对大学生优势运用和创造力的影响，以及优势运用的中介作用。我们以在校大学生为研究对象，对品格优势下的大学生创造力影响进行了实证研究，结果如表1-11所示：

表 1-11　研究假设实证结果

编号	研究假设	实证结果
假设 H1-4a	亲和力对大学生创造力有显著正向影响	成立
假设 H1-4b	生命力对大学生创造力有显著正向影响	成立
假设 H1-4c	意志力对大学生创造力有显著正向影响	成立
假设 H1-5a	亲和力对大学生优势运用有显著正向影响	成立
假设 H1-5b	生命力对大学生优势运用有显著正向影响	成立
假设 H1-5c	意志力对大学生优势运用有显著正向影响	成立
假设 H1-6a	在亲和力对大学生创造力的影响中，优势运用起中介作用	成立
假设 H1-6b	在生命力对大学生创造力的影响中，优势运用起中介作用	成立
假设 H1-6c	在意志力对大学生创造力的影响中，优势运用起中介作用	成立

因此，本研究得到如下结论：

（1）品格优势中亲和力、生命力和意志力对大学生创造力都有正向影响，其中生命力作用效果最明显，亲和力次之，意志力相对较小。

（2）品格优势中亲和力、生命力和意志力对优势运用有显著的正向影响，其中生命力作用效果最明显，意志力次之，亲和力相对较小。

（3）优势运用分别在亲和力、生命力和意志力与大学生创造力的关系中起到部分中介作用。

2. 管理启示

通过本研究实验研究，我们可以得到如下启示：

（1）加强对品格优势的识别和培养。品格优势作为一种全新的积极的优势，具有相对稳定的特点，外部环境的改变对品格优势的影响较小，因此明确自身品格优势就显得尤为重要。通过问卷调研我们发现，不同品格优势对创造力的作用效果不同，其中生命力对创造力的作用效果最明显，其次是亲和力和意志力。因此，我们应该针对品格优势不同的学生进行差异化引导和分类管理。

第一，学校应开展思想政治教育活动，使学生明确品格优势的重要性，引导学生培养品格优势，通过优势价值行动问卷（VIA-IS）和中文长处问卷（CVQ-96）等对学生品格优势进行测量，并将结果及时反馈给学生，使其明确自身品格优势。第二，学校可让大学生通过回忆过往生活经验，采用撰写成就故事的方法，分析和总结成就事件中所反映出的品格优势，并通过课程干预、针对性培训等方式来帮助大学生认识自身品格优势并不断培养较为缺乏的品格优势。

（2）注重优势运用。识别出自身的优势而不去有意识地主动练习运用，和没有发现优势没有什么区别。所以，我们可以通过品格优势量表进行心理测试并结合自身优势和兴趣爱好成立兴趣小组、学生社团等来认识自身优势并运用优势。

①学校方面：为形成一种积极的校园氛围，让学生能够积极运用优势，发挥创造力。学校可以借助校园传媒进行宣传，举办专题讲座，开设各种选修课，使学生能够充分运用优势，保持一种积极向上、富有活力的状态，从而更容易培养创造性。

②老师方面：老师可以通过学生在课堂上的表现和日常活动观察学生，发现每个学生的长处，并给予一定的指导，如在课上鼓励学生发言，进行手工制作等活动，创造使学生能够充分运用优势、发挥创造力的环境。

③家庭方面：家长应有意识地培养学生的品格优势并不断鼓励其进行优势运用，创造良好的家庭氛围，鼓励孩子参与有利于创造力培养的活动，如手工制作、玩具拼图等，满足学生的好奇心，做到言传身教，使其保持热情、希望、勇敢、欣赏美等特质。

④学生社团层面：学生可结合自身专业和兴趣爱好，举办各种社团活动，如开展创意比赛、朗诵比赛、创业大赛等活动。学生积极主动抓住这些实践的机会，有利于让其在活动中通过与他人交流、合作，不断发挥已有的品格优势，保持和强化积极的心理品质，加强对优势的运用，同时向他人学习，培养新的品格优势等。

3. 研究局限与未来展望

（1）测量方法单一。本研究主要采用问卷法进行测量，只有截面数据而没有一个连续的观察过程，事实上个体创造力在不同的时间地点其倾向也不同，这导致数据缺乏一定的精准性。未来可以对不同时间的数据进行研究，或者采取干预实验，研究一段时间前后品格优势的变化及对大学生创造力产生怎样的影响。

（2）样本比较局限。本研究的研究样本为管理类学生，测量结果可能受到学校氛围及专业影响，从而使样本产生同一性。未来可扩大样本范围，尽可能多地收集不同地区、学校、专业的学生数据，进一步提高实验精确度。此外，本研究样本中女性样本较多，一般而言，女性亲和力较强，男性生命力、意志力较强，这些差异也会对实验结果产生一定影响，未来应使样本均衡，提高实验精确度。

第三节　品格优势对创业意向的影响：
以追求成功动机为中介变量

一、引言

自我国政府提倡"大众创业、万众创新"以来，国家相继出台了一系列鼓励大学生创业的相关政策，引导高校学生创业，进而实现创业带动就业。在"双创"的政策支持下，我国大学生创业热情持续高涨，根据《2018年中国大学生创业意愿调研报告》，在821万全国普通高校毕业生中，近七成大学生有过创业意向。创业意向作为创业行为的重要预测指标，是了解创业行为的中心点①。因此，探讨大学生创业意向是了解大学生创业行为的重要路径。

已有研究指出大学生创业意向的影响因素主要包括人格特质②、认知特点③、教育及外部环境等方面④，其中，个体层面的人格特质是影响创业意向的重要因素⑤。随着积极心理学的蓬勃发展，积极人格特质受到广泛关注，品格优势作为积极心理学的一个核心概念，被认为是全面描述个体良好性格的重要积极人格特质⑥，是积极心理学研究中最具影响力的成就之一⑦。然而，通过文献梳理我们发现，现有研究多以大五人格⑧、具体的创业者人格等人格变量作为创业意向的影响因素，较少有基于积极心理学的视角，探究品格优势这一积极人格特质对创业意向的影响的相关研究。基于此，本研究着眼于积极心理学视角，选取品格优势这一积极人格特质，探讨品格优势对大学生创业意向的影响及其作用过程。在理论上揭示具有积极特质的品格优势与创业意向的"黑箱"机制，丰富创业意向影响机制的相关文献；在实践中支持各高校在大学生创业教育中预测与甄选适合创业的大学生，并进一步开发与管理有助于持久创业的人格类型，探讨哪类人格的创业意向强，从而进行针对性辅导。

本研究基于积极心理学视角，选择基于中国文化背景所划分的 24 项品格优势，聚焦亲和力、生命力、意志力三大优势，更全面地探讨品格优势对大学生创业意向的影响，丰富了大学生创业意向的影响前因。本研究分析了品格优

① KRUEGER，NORRIS F. The cognitive infrastructure of opportunity emergence[J]. Entrepreneurship Theory and Practice，2000，24（3）：5-24.

② 陈万明，安宁，朱广华. 基于人格特质与创业意愿关系的创业学习方式效用研究[J]. 科技管理研究，2017，37（20）：167-173.

③ KRUEGER，NORRIS F，BRAZEAL，et al. . Entrepreneurial potential and potential entrepreneurs[J]. Entrepreneurship Theory and Practice，1994，18（3），91-104.

④ 温毅娴，廖颖，唐金带. 大学生创业意向及影响因素的实证研究——基于衡阳地区高校的调研数据[J]. 高等农业教育，2019（5）：53-59.

⑤ 张雪黎，肖亿甫. 人格特质对大学生创业能力的潜在影响及提升路径[J]. 当代青年研究，2018（6）：100-105.

⑥ HARZER C，RUCH W. The relationships of character strengths with coping，work-related stress，and job satisfaction[J]. Frontiers in Psychology，2015（6）：165-165.

⑦ 周雅，刘翔平. 大学生的品格优势及与主观幸福感的关系[J]. 心理发展与教育，2011，27（5）：536-542.

⑧ MURUGESAN R，JAYAVELU R. The influence of big five personality traits and self-efficacy on entrepreneurial intention：The role of gender[J]. Journal of entrepreneurship and innovation in emerging economies，2017，3（1）：41-61.

势对大学生创业意向的影响，并依据成就需要理论探讨了成就动机的中介作用，揭示了品格优势对创业意向影响的内在"黑箱"机制。此外，本研究能为高校有针对性地培养创业人才提供理论指导。高校在进行创新创业教育时可聚焦拥有创业意向的学生，通过优势测评建立数据库，评测学生品格优势；通过创办品格优势培训课程、针对性地开发与管理大学生品格优势，进而强化其创业意向。本研究有利于引导高校关注大学生追求成功的动机。高校可通过邀请创业成功人士举办讲座，发挥榜样力量等方式激励大学生将追求成功的动机付诸行动；通过归因教育等方式帮助低追求成功动机水平的学生主动、积极地追求成功。

二、文献综述和研究假设

1. 品格优势对创业意向、成就动机的影响

品格优势是个体通过认知、情感和行为表现出来的一组积极人格特质[①]，具有稳定的个体差异且受外在环境的影响较小，包括亲和力、生命力、意志力三个维度[②]。现有研究显示，以大五人格理论模型为基础的人格特质能够对创业意向产生显著的重要影响。另外，不同人格特质与成就动机两个维度相互联系[③]，积极的人格品质能够有效预测个体追求成功的动机[④]。那么，以个体积极视角为基础的亲和力、生命力、意志力三大美德是否同样有此影响呢？

亲和力指个体在人际交往中灵活恰当地表现出的积极的认知、情感和行为，进而给自我和他人带来积极体验的优势。从内涵角度看，亲和力强的个体易从他人角度思考问题。因此，这样的人在人际交往过程中更易凸显出共情、

---

① PETERSON C, SELIGMAN M F P. Character strengths and virtues: A handbook and classification [M]. New York: Oxford University Press, 2004.

② DUAN W J, HO S M Y, YU B, et al.. Factor structure of the Chinese Virtues Questionnaire [J]. Research on Social Work Practice, 2012, 22 (6): 680-688.

③ HART J W, STASSON M F, MAHONEY J M, et al.. The big five and achievement motivation: Exploring the relationship between personality and a two-factor model of motivation [J]. Individual Differences Research, 2007, 5 (4): 267-274.

④ 孟雁鹏. 大学生积极人格特质与成就动机的关系研究 [D]. 重庆: 重庆师范大学, 2012.

利他等特质①。同时，已有研究表明，拥有共情、利他等特质的个体往往具有高人际交往水平②③，在创业过程中更容易处理好与他人的关系，进而赢得信任，获取支持，积累创业资源④。另外，据上述分析，亲和力包括善良、团队精神、公平正义、爱与被爱、正直、领导力、宽恕与感恩八个具体内容，以"宽恕""感恩"为例，柯江林等（2013）通过实证研究发现包容宽恕、感恩奉献等人际型心理资本能够对创业意向产生正向作用⑤。此外，吴启运等（2008）通过单因素分析发现拥有亲和力的创业者能够在更易获取合作者支持的基础上促进创业团队发挥集体力量⑥。可见，在拥有良好社会支持的条件下，创业本身的不确定性带来的风险更小⑦，个体更易产生创业的想法与行动。

因此，本研究推测高水平的亲和力有利于提升创业意向。基于此，本研究提出以下假设：

假设 H1-7a：亲和力对创业意向有显著的正向影响。

此外，具有亲和力的个体能够获取良好的人际关系，并且亲和力越强，个体在人际交往中越容易展现善良、感恩等积极人格特质，表现更多积极情感⑧。同时，根据成就需要理论，麦克利兰（McClelland，1964）指出个体基本的生理需求得到满足后，仍需要追求成就、亲和力归属（人际关系）及权力。因此，亲和力有助于满足个体亲和归属的需要，推动个体追求成功。另

---

① 陈军. 共情神经科学：探索亲社会行为、利他主义和道德的生物学基础［J］.学习与探索，2019（7）：139-147.

② 王晓欣，袁桂平. 大学新生共情与人际交往能力的关系研究［J］.现代交际，2018（6）：15-16.

③ 彭瑞然. 初中生人际关系、人格特质与自我概念的关系研究［D］.杭州：杭州师范大学，2017.

④ 田硕，申晴. 心理资本与创业能力关系的实证研究［J］.创新与创业教育，2015，6（5）：13-19.

⑤ 柯江林，冯静颖，邓建光. 大学生心理资本对创业意向影响的实证研究［J］.青年研究，2013（3）：40-49，95.

⑥ 吴启运，丁思红，侯文华. 大学生个人特质对创业倾向影响的调查研究［J］.科技创业月刊，2008（6）：30-31.

⑦ 田晓红，张钰. 大学生创业意向及与社会支持的关系研究［J］.教育研究与实验，2016（2）：71-73.

⑧ 李婷婷，刘晓明. 品格优势、应激生活事件与中学生情感幸福感的关系［J］.中国心理卫生杂志，2016（7）：527-533.

外，依据亲和力的具体内容，以"感恩"为例，陈彦垒和郭少阳（2016）研究发现感恩能够促进学生感知教师的支持，产生能够成功的信念，进而追求学业上的成功①。

因此，本研究推测高水平的亲和力有利于个体产生积极、正向的情绪，强化追求成功的动机。基于此，本研究提出以下假设：

假设 H1-8a：亲和力对追求成功动机有显著正向影响。

生命力指个体有意识地体验并保持一种积极向上、充满精力与活力的状态，是一种积极对待世间万物的品质。从内涵角度看，生命力强的个体常秉持积极乐观的生活态度，表现朝气蓬勃的精神面貌，更易展现出自信、热情主动等个性特征②。同时，已有研究表明，拥有较强自我效能感且倾向于主动、果断采取行动的个体其创业意向更强烈③。另外，据上述分析，生命力包括幽默、好奇、热情、创造力、希望、洞察力、欣赏美与卓越、勇敢、信仰、社交智力这几个具体内容。以"创造力"为例，申传刚等（2018）的研究表明，当个体知觉到自身拥有较高水平的创造力时，创业意向会更强烈④。可见，高创造力水平的个体拥有较高的机会识别能力，对创业意向和行为具有显著预测作用⑤。

因此，本研究推测高水平的生命力有利于大学生积极识别创业机会、积极应对挑战，增强创业意向。基于此，本研究提出以下假设：

假设 H1-7b：生命力对创业意向有显著的正向影响。

此外，生命力水平高的个体思维活跃、自信、乐观，充满希望与热情，始终保持蓬勃向上的积极情绪状态。他们往往拥有高水平的心理资本，对自身能力和心态有着充分的认知与体察，能够积极地预期未来。同时，心理资本各维

① 陈彦垒，郭少阳. 初中生感知教师支持行为对学业成就的影响：有中介的调节效应[J]. 中国临床心理学杂志，2016，24（2）：145-150.
② 李婷婷. 品格优势对情感幸福感的影响[D]. 长春：东北师范大学，2016.
③ 徐菊，陈德棉. 创业教育对创业意向的作用机理研究[J]. 科研管理，2019，40（12）：225-233.
④ 申传刚，杨璟，李海燕. 个体创造力对创业意向的影响：以新生代员工为例[J]. 科技进步与对策，2018，35（18）：151-157.
⑤ 胡瑞，王丽. 大学生创业激情和创造力对创业意向的影响机制——基于风险倾向调节效应的实证研究[J]. 创新与创业教育，2019，10（3）：43-48.

度与个体追求成功的动机呈显著正相关①。依据生命力的具体内容，以"希望"为例，冯维和李丹（2018）的研究显示，作为个体内心的一种积极期待，希望与追求成功正相关，即拥有希望的个体能够对未来产生积极的期待，从而推动个体追求目标、不断前进②。

因此，本研究推测高水平的生命力有利于个体积极对待生活，更易追求成功。基于此，本研究提出以下假设：

假设 H1-8b：生命力对追求成功动机有显著正向影响。

意志力指个体在面对外界不良因素时坚定目标，自我抵制消极情绪，是一种能自我约束、自我要求、自我提升的能力。从内涵角度看，意志力反映个体的自我管理能力，表现为面对外界诱惑或本能欲望时的节制力，能够帮助个体反复深入且持久地执行目标。严桥桥（2015）的研究表明，在面对创业这一复杂且需要长期坚持的不确定性活动时，具有良好心态和坚韧毅力创业心理品质的个体其创业意向更强③。另外，据上述分析，意志力包括批判性思维、谨慎、自我调节、毅力、好学和谦虚这几个具体内容。以"毅力"为例，周桂瑾等（2014）研究发现毅力较强的大学生在创业过程中更易坚持，即使面对较大困难，也能够积极主动地解决问题，因而具有较强的创业意愿④。可见，越拥有顽强的意志、坚定的决心与斗志的个体，其创业成功的可能性越大⑤，创业意向也就越强。

因此，本研究推测意志力越强的大学生其自我管理水平越高，更容易坚持目标，拥有更强的创业意向。基于此，本研究提出以下假设：

假设 H1-7c：意志力对创业意向有显著的正向影响。

此外，意志力作为调节内在心理状态、调控外在行为的人格特质，能够帮

① 陈荣荣. 硕士研究生心理资本、成就动机与就业期望的关系研究[D]. 广州：华南理工大学，2017.

② 冯维，李丹. 中小学教师的希望与其成就动机、工作责任心的关系[J]. 教师教育学报，2018，5（3）：16-22.

③ 严桥桥. 创业教育对大学生创业意向的影响研究[D]. 武汉：华中师范大学，2015.

④ 周桂瑾，许敏，俞林. 高职学生创业意愿影响因素实证研究[J]. 技术经济与管理研究，2014（11）：50-53.

⑤ 谢晓娜，李晓鹏，何芙蓉. 大学生创业心理素质培养探析[J]. 人才资源开发，2017（4）：221-222.

助个体及时调整自身状态，坚持战胜困难①。郑剑虹（2004）的研究证实以意志力为核心的高水平自强人格的个体，在获得成功反馈后，其完成艰难任务的坚持水平比获得失败反馈后的更高②。因此，拥有坚定意志力的个体在艰难的环境中依旧能够坚持自己的理想和目标，不断超越自我，追求成功③。依据意志力的具体内容，以"自我调节"为例，谷晨等（2019）的研究显示，促进型的自我调节策略注重个体成长发展，倾向于以积极的方式探索未来，追求成功④。

因此，本研究推测意志力强的大学生更容易关注自身成长，追求成功。基于此，本研究提出以下假设：

假设 H1-8c：意志力对追求成功动机有显著正向影响。

2. 追求成功动机的中介作用分析

依据阿特金森（Atkinson，1957）的"期望—价值"成就动机理论，追求成功的动机是成就动机的重要组成部分⑤，是人类努力追求卓越、以期达成更高目标的内在动力和心理倾向⑥。

现有研究表明，个体成就动机是个体创业意向的重要驱动力，对创业意向有一定的预测作用⑦。梅云等（2019）研究表明追求成功动机水平高的个体更易采取有风险的创业行为，创业意向更强烈⑧。可见，具有强追求成功动机的个体创业的意愿也强，他们对自身要求更高、更喜欢追求成功。在面对创业这一高不确定性风险的活动时，他们具有强烈的成就需求和动机，能够对创业行

---

① 周哲. 积极心理学对大学生创业心理品质的影响[J]. 文教资料，2018（29）：141-142.

② 郑剑虹. 自强的心理学研究：理论与实证[D]. 重庆：西南师范大学，2004.

③ 郭静静. 积极心理学视角下师范生创业心理品质的培养[J]. 科教导刊，2017（7）：154-155.

④ 谷晨，张玉利，刘晓丽，等. 自我调节策略对创业决策的影响机制研究——基于认知视角[J]. 预测，2019，38（4）：46-53.

⑤ ATKINSON，BITCH. An introduction to motivation [J]. Norstrand，1964（3）：412-422.

⑥ 林崇德. 杨治良，黄希庭. 心理学大辞典 [M]. 上海：上海教育出版社，2003.

⑦ MCCLELLAND D C，BOYATZIS R E. Leadership motive pattern and long-term success in management[J]. Journal of Applied Psychology，1982，67（6）：737-743.

⑧ 梅云，程可心，刘建平，等. 情绪智力对大学生创业意向的影响：成就动机和创业自我效能感的链式中介作用[J]. 心理学探新，2019，39（2）：173-178.

为进行认知调控，进而促进创业意向的增强①。此外，艾娟等（2016）研究指出大学生自我效能在成就动机对大学生创业意向的影响中起中介作用②。那些勇于追求成功，敢于冒险的个体对创业的信心更强，因此想要创业的意愿也相应更强③。

同时，依据成就需要理论，高成就需要的个体往往具有适度冒险精神，他们渴望成功，看重完成挑战性任务而获得成功的乐趣。因此，高成就需要的个体拥有更强烈的追求成功的动机，更易表现出强烈的创业意向，参加更多的创业活动④。麦克利兰（1965）研究指出高成就需要的个体强烈渴望成功，会表现出更强的创业意向⑤。基于以上分析，本研究推测，追求成功动机水平高的个体其创业意向强。因此，结合 H1-7 和 H1-8，本研究提出以下假设：

假设 H1-9a：在亲和力对创业意向的影响中，追求成功动机起中介作用。

假设 H1-9b：在生命力对创业意向的影响中，追求成功动机起中介作用。

假设 H1-9c：在意志力对创业意向的影响中，追求成功动机起中介作用。

综上所述，追求成功动机的中介作用如图 1-3 所示：

图 1-3　追求成功动机的中介作用

①　王本贤，朱虹. 前瞻性人格与创业意向的关系：成就动机的中介效应［J］.中国高等教育，2015（19）：42-44.

②　艾娟，周海燕，严晶华，等. 成就动机与创业意向的关系：自我效能感的中介作用［J］.创新与创业教育，2016，7（1）：78-80.

③　徐金凤. 大学生成就动机、创业自我效能感与创业意向关系研究［D］.长春：延边大学，2015.

④　张秀娥，王超. 成就需要对创业意向的影响——风险倾向和创业警觉性的双重中介作用［J］.软科学，2019，33（7）：34-39.

⑤　CLELLAND M，DAVID C. Achievement and entrepreneurship：A longitudinal study［J］.Journal of Personality and Social Psychology，1965，1（4）：389-392.

三、研究设计

1. 变量测量

（1）品格优势。本研究采用段文杰等基于中华文化设计的中文长处问卷（CVQ-96）[1]。该问卷共 96 个测量题项，其中典型题项如"我身边有人想关心自己一样关心我，在乎我的感受"。

（2）追求成功动机。本研究采用叶仁敏和 Hagtvet 修订的成就动机量表（Achievement Motivation Scale，AMS）。该量表共 30 个题项，由测试追求成功的动机与避免失败的动机的两部分题项组成，每一部分 15 题，其中典型题项如"我喜欢新奇的、有困难的任务，甚至不惜冒风险"。

（3）创业意向。本研究采用 Westhead 等开发的量表[2]，该量表共 6 个题项，其中典型题项如"我的职业目标就是成为一名创业者"。

2. 问卷收集与样本情况

（1）问卷设计与发放。

本研究基于涉及的理论知识及研究目的，选取具有较高效度和信度的成熟量表，设计研究需要的问题并加以修改完善，最终形成正式问卷。正式问卷共包括三个部分：第一部分为个性特征和品格优势，共 96 个题项；第二部分为心理状态和大学生创业意向，共 6 个题项，以及追求成功动机，共 15 个题项；第三部分为基本信息，包括姓名、班级、性别、年龄、毕业后的方向等 10 个问题。

本研究数据的收集时间根据变量不同分为三周依次进行，其中品格优势部分的数据收集在第一周进行，生命意义感部分在第二周测量，成就动机及大学生创业意向两部分在第三周测量，每周测量内容都包含基本信息的相关题项。

① DUAN W J，HO S M Y，YU B，et al.．Factor structure of the Chinese Virtues Questionnaire［J］．Research on Social Work Practice，2012，22（6）：680-688.

② PAUL W，MARINA Z S. Entrepreneurship education and entrepreneurial intention：Do female students benefit？［J］．International Small Business Journal，2016，34（8）：979-1003.

在数据收集方式上，本研究以线上、线下相结合的问卷发放形式收集相关数据，具体而言，具有以下两种途径：

①实地调查：将相关纸质问卷发放给被调查者，说明问卷填写要求，最后将调查者填写好的问卷收回并将数据结果录入电脑系统。

②网络链接：将正式问卷的网络链接通过线上平台发给被调查者进行填答，问卷填答完成后直接提交即可，网站自动收录问卷结果。

（2）样本情况。

本研究共发放 310 份问卷，收回 302 份有效问卷，有效回收率约 97.42%。我们对研究对象进行描述性统计分析，研究样本信息如表 1-12 所示。

表 1-12　研究样本信息表（N=302）

项目	类别	数量	百分比/%
性别	男	65	21.5
	女	237	78.5
年龄	18 周岁及以下	2	0.7
	19~21 周岁	270	89.4
	22~24 周岁	30	9.9

由表 1-12 可知：在样本调查中，性别方面，男性占 21.5%，女性占 78.5%；年龄方面，18 周岁及以下的占 0.7%，19 至 21 周岁的占 89.4%，22 至 24 周岁的占 9.9%。

四、数据分析与结果

1. 信度分析

本研究采用 Cronbach's α 系数来检验量表的信度。如表 1-13 所示，亲和力、生命力、意志力、追求成功的动机在本研究中的 Cronbach's α 分别为 0.881、0.876、0.749、0.859，均大于 0.700，具有良好的内部一致性。

表 1-13　量表信度检验结果

变量	Cronbach's Alpha
亲和力	0.881
生命力	0.876
意志力	0.749
追求成功的动机	0.859

2. 共同方法偏差检验

本研究在实证分析之前采用 Harman 的单因子检验法进行了共同方法偏差检验，借助 SPSS25.0 采用未旋转的主成分分析法共提取出 15 个特征值大于 1 的因子，解释了总变异量的 63.493%，其中第一个因子解释了 21.574%，低于 50% 的判断标准，可见样本数据的共同方法偏差问题并不严重。

3. 描述性统计分析

研究模型中所有变量的均值、标准差和相关系数如表 1-14 所示。生命力、意志力均分别与创业意向显著正相关（相关系数分别为 0.214、0.168，且 $p<0.01$）；亲和力、生命力、意志力均分别与追求成功动机显著正相关（相关系数分别为 0.269、0.353、0.350，且 $p<0.01$）；追求成功动机与创业意向显著正相关（$r=0.259$，$p<0.01$）。上述结果对假设 H1-7、假设 H1-8、假设 H1-9 进行了初步验证。接下来，我们采用层次回归分析进一步检验研究假设。

表 1-14　变量的均值、标准差和相关系数

变量	Mean	S.D.	1	2	3	4	5	6
1. 性别	1.791	0.423						
2. 年龄	2.093	0.313	0.097					
3. 品格优势之亲和力	4.007	0.488	0.192**	0.082				
4. 品格优势之生命力	3.336	0.523	−0.028	0.072	0.574**			
5. 品格优势之意志力	3.259	0.554	−0.078	0.046	0.467**	0.576**		
6. 追求成功动机	2.584	0.448	−0.174**	0.061	0.269**	0.353**	0.350**	
7. 创业意向	1.902	0.951	−0.344**	−0.023	0.017	0.214**	0.168**	0.259**

注："*"和"**"分别表示在 0.05 在 0.01 水平上（双尾）显著。

4. 回归分析

（1）主效应检验。

本研究在控制性别、年龄等统计学变量影响的基础上，分别将亲和力、生命力、意志力三大优势引入以创业意向为因变量的回归方程并建立相应模型，层次回归分析结果如表1-15所示。亲和力对创业意向的作用不显著，生命力、意志力分别对创业意向有显著的正向作用（M_7：$\beta=0.205$，$p<0.001$；M_8：$\beta=0.142$，$p<0.001$），假设H1-7得到验证。这说明生命力、意志力能够显著地增强其创业意向。

（2）中介效应检验。

本研究在控制统计学变量影响的基础上，分别将亲和力、生命力、意志力三大优势引入以追求成功动机为因变量的回归方程并建立相应模型，层次回归分析结果如表1-15所示。亲和力、生命力、意志力三大优势分别对追求成功动机有显著的正向作用（M_2：$\beta=0.310$，$p<0.001$；M_3：$\beta=0.345$，$p<0.001$；M_4：$\beta=0.335$，$p<0.001$），假设H1-8得到验证。这说明大学生的亲和力、生命力、意志力三大优势能够显著地增强其追求成功的动机。

然后，本研究分别做亲和力、生命力、意志力三大优势与追求成功动机同时对因变量创业意向产生影响的回归分析。层次回归分析结果如表1-15所示。如M_{10}所示，追求成功动机对创业意向有显著的正向影响（M_{10}：$\beta=0.152$，$p<0.001$），同时，生命力对创业意向的影响仍然显著，但其预测作用明显降低（M_{11}：$\beta=0.152$，$p<0.001$，$0.152<0.205$），因此，追求成功动机在生命力和创业意向的关系之间起到了部分中介作用。如M_{11}所示，追求成功动机对创业意向有显著的正向影响（M_{11}：$\beta=0.178$，$p<0.001$），同时，意志力对创业意向的影响仍然显著，但其预测作用明显降低（M_{11}：$\beta=0.083$，$p<0.001$，$0.083<0.142$），因此，追求成功动机在意志力和创业意向的关系之间起到了部分中介作用。假设H1-9部分得到验证。

表 1-15 层次回归分析结果

变量	追求成功动机				创业意向					
	M_1	M_2	M_3	M_4	M_5	M_6	M_7	M_8	M_9	M_{10}
性别	-0.182**	-0.240**	-0.170**	-0.154**	-0.345**	-0.361**	-0.338**	-0.333**	-0.314**	-0.312**
年龄	0.079	0.059	0.053	0.061	0.010	0.005	-0.005	0.002	-0.007	-0.013
亲和力		0.310***				0.087			0.025***	
生命力			0.345***				0.205***			0.152***
意志力				0.335***				0.142***		
追求成功动机									0.198***	0.152***
拟合指标										
F	5.666***	14.671***	18.159***	17.205***	20.122***	14.296***	18.948***	15.987***	14.152**	16.268**
R^2	0.037	0.129	0.155	0.148	0.119	0.126	0.160	0.139	0.160	0.180
$\triangle R^2$	—	0.092	0.118	0.111	—	0.007	0.042	0.020	0.034	0.020

注："***""**""*"分别表示在0.001、0.01和0.05的水平显著。

五、研究结论与管理启示

1. 研究结论

本研究围绕品格优势如何影响大学生创业意向进行展开，分析了品格优势不同维度对创业意向、成就动机的影响及其作用程度，探究了追求成功动机的中介作用。我们以当代大学生为研究对象，基于个体品格优势，对其创业意向及追求成功动机进行了实证研究，结果如表1-16所示：

表1-16 研究假设实证结果

编号	研究假设	实验结果
H1-7a	亲和力对创业意向有显著的正向影响	不成立
H1-7b	生命力对创业意向有显著的正向影响	成立
H1-7c	意志力对创业意向有显著的正向影响	成立
H1-8a	亲和力对追求成功动机有显著正向影响	成立
H1-8b	生命力对追求成功动机有显著正向影响	成立
H1-8c	意志力对追求成功动机有显著正向影响	成立
H1-9a	在亲和力对创业意向的影响中，追求成功动机起中介作用	不成立
H1-9b	在生命力对创业意向的影响中，追求成功动机起中介作用	成立
H1-9c	在意志力对创业意向的影响中，追求成功动机起中介作用	成立

因此，本研究得到以下研究结论：

（1）品格优势中生命力、意志力对大学生创业意向具有显著正向影响，其中，生命力作用最明显，意志力次之；此外，亲和力对创业意向的作用不显著。

（2）品格优势中亲和力、生命力、意志力三大优势均对追求成功动机具有显著正向影响，其中，生命力作用最为明显，意志力次之，亲和力的作用相对较小。

（3）追求成功动机在品格优势中的生命力、意志力与创业意向的关系间起部分中介作用，在亲和力与创业意向的关系间不起中介作用。

2. 管理启示

对高校如何着眼于大学生自身品格优势进行创业教育，本研究能提供一定的实践依据，具体而言，可得到以下启示：

（1）对大学生进行有针对性的品格优势测量、开发与管理。

就品格优势的测量而言，高校可通过线下或线上问卷调查等方式间歇性、多时段地收集学生信息，并建立大学生品格优势及创业意向数据库，帮助具有创业意向的大学生评估自我优势。

就品格优势的开发与管理而言，高校可通过设立品格优势的提升、运用等培训课程，针对不同品格优势特质的人制定不同的优势开发与管理策略。①生命力层面：可通过校园文化建设创建富有生机与活力的校园环境，培养大学生积极向上的精神品质，促进生命力的提升；此外，可通过微笑待人、乐观训练等方式引导学生积极合理地看待世界。②意志力层面：可引导学生形成习惯，利用线上打卡、教师监督等形式，帮助学生在长期坚持中培养意志品质；此外，组织学生课间冥想、专注呼吸，在放松自身、缓解压力的过程中增强意志力。

（2）厘清动机类型，端正大学生追求成功的动机。

追求成功动机在生命力、意志力与创业意向的关系中起中介作用，通过问卷调查测试厘清大学生动机类型，端正其追求成功的动机，有利于个体在发挥品格优势的基础上增强创业意向。对此本研究从以下两个方面提出建议：

①对于追求成功动机水平高的大学生：学校可邀请创业成功人士做讲座，发挥榜样力量，因为成功的榜样或偶像对大学生行为具有替代性经验影响，能够激发大学生追求类似于榜样的成就，进而促进创业意向的增强；此外，学校通过相关培训辅导帮助大学生在充分了解自身优势及外在环境的基础上设置适宜的成就目标，促进优势的最大化利用。

②对于追求成功动机水平低的大学生：学校可通过拓展相关创业课程及举办比赛活动激发其创业兴趣，展现其自我才能，增强个体创业自信心及积极性，增强大学生追求成功的动机；同时，学校可通过教育指导帮助其建立正确的归因方式，即将自身成功归因于自身内在稳定因素，将失败归因于外在因素，从而提高自我期望与心理弹性，提高个体追求成功动机的水平。

3. 研究局限与未来展望

（1）在研究层次上，本研究从大学生个体层面出发，聚焦个体品格优势、成就动机、生命意义感等内在层面对创业意向的影响，但未考虑外界因素如社会支持等对创业意向的作用机制。因此，未来研究可以在不同情境下构建多层次的研究模型，进一步深入研究大学生创业意向的边界条件。

（2）在研究样本上，本研究选取的大学生群体具有较为简单的生活环境，社会接触较少，未考虑此次结果是否适用于具有工作经历的人群及更复杂的社会环境。因此，未来研究可以探究不同人群、不同环境下品格优势与创业意向间的关系。此外，本研究样本中女性占比大，而一般情况下女性的亲和力普遍更强，男性的意志力普遍更强，因此未来研究需调节样本的性别比，平衡男女性别比例。

第四节　品格优势、积极情绪与生命意义感关系的实证研究

一、引言

近年来，生命意义感作为一种积极的心理资源已经受到越来越多的研究者的关注[1]。弗兰克（Fankl，1963）认为，人类的首要动机就在于寻求生命的意义与目标，意义和目的的缺乏将使人深陷痛苦，甚至会影响人类工作、创造和承受苦难的能力[2]。可见，生命意义感在个体的身心健康中扮演着重要的角色[3]。它与希望相关，不仅可以促进心理健康发展，一定程度上对抑郁还有缓冲作用[4]。赵娜（2017）等研究指出大五人格、心理模拟、积极/消极情绪和

---

① STEGER M F, KAWABATA Y, SHIMAI S. The meaningful life in Japan and the united States: levels and correlates of meaning in life[J]. J Res Pers, 2008, 42（3）: 660-678.

② 高鹏, 孙茂, 张彦昭, 等. 高校大学生生命意义感及影响因素相关研究[J]. 中国高等医学教育, 2017（10）: 1002-1701.

③ KLEIMAN E M, ADAMS L M, KASHDAN T B. Gratitude and grit indirectly reduce risk of suicidal ideations by enhancing meaning in life: evidence for a mediated moderation model[J]. J Res Pers, 2013, 47（5）: 539-546.

④ MASCARO N, ROSEN D H. The role of existential meaning as a buffer against stress[J]. Journal of Humanistic Psychology, 2006, 46（2）: 168-190

亲社会行为是影响个体生命意义感体验的主要因素①。研究表明，积极情绪能够预测生命意义感②，并且能够增强个体的生命意义感③④⑤。此外，大五人格与生命意义感显著相关⑥。随着积极心理学的发展，品格优势作为一组极具代表性的积极人格特质受到广泛关注，但现有文献中关于人格特质与生命意义感的关系的研究主要是探讨大五人格或者某一侧面人格⑦与生命意义感的关系⑧，缺乏品格优势对生命意义感影响因素的研究。

因此，本研究将立足段文杰等（2012）基于中国背景提出的品格优势，研究亲和力、生命力、意志力对积极情绪及生命意义感的影响，同时建构理论来研究积极情绪对生命意义感的影响。

本研究希望做出几点贡献：首先，通过研究品格优势（亲和力、生命力、意志力）及积极情绪对生命意义感的影响，为生命意义感影响因素的研究提供新的理论融合视角；其次，揭示品格优势（亲和力、生命力及意志力）对积极情绪的影响；最后，希望为高校的生命意义感教育及大学生自我发展提供一些启示。学校可针对个体不同的品格优势，帮助大学生进行品格优势和积极情绪管理，从而增强其生命意义感。同时，大学生亦可根据自身品格优势情况，对自我情绪进行管理，以增强自身生命意义感，促进自我发展。

① 赵娜，马敏，辛自强. 生命意义感获取的心理机制及其影响因素［J］. 心理科学进展，2017，25（6）：1003-1011

② DATU J A D. The synergistic interplay between positive emotions and maximization enhances meaning in life：a study in a collectivist context［J］. Current Psychol，2016，35（3）：459-466.

③ KING L A，HICKS J A. Positive affect and the experience of meaning in life［J］. Journal of Personality and Social Psychology，2006，90（1）：179-196

④ FREDRICKSON B L. The role of positive emotions in positive psychology：the broaden-and-build theory of positive emotions［J］. American Psychologist，2001，56（3）：218-226.

⑤ HICKS J A，TRENT J，DAVIS W E. Positive affect，meaning in life，and future time perspective：an application of socioemotional selectivity theory［J］. Psychol and Aging，2012，27（1）：181-189.

⑥ HALAMA P. Relationship between Meaning in Life and the Big Five Personality Traits in Young Adults and the Elderly［J］. Studia psychologica，2005，47（3）：167-178.

⑦ 刘亚楠，张舒，刘璐怡，等. 感恩与生命意义：领悟到的社会支持与归属感的多重中介模型［J］. 中国特殊教育，2016，（4）：79-83，96

⑧ 周友焕，盛建军，张标. 高职生宽恕心理与生命意义感的关系研究［J］. 河南教育，2015（12），135-136

二、文献综述和研究假设

1. 品格优势对大学生生命意义感的影响

品格优势是从个体的认知、情感和行为中表现出来的积极心理特质，也是解释美德心理构成的过程或机制①。品格优势对个体的积极体验起着至关重要的作用②。品格优势的运用能给个体带来积极体验，使人具有积极乐观的认知和情感倾向，从而提升幸福感③，同时有研究表明，个体的主观幸福感越高，则生命意义的感知水平越高。由此推断，品格优势对大学生生命意义感具有显著的正向影响。

段文杰等（2012）兼顾中西文化的共通性和特殊性，将 24 种品格优势分为亲和力（relationship）、生命力（vitality）和意志力（conscientiousness）三大类。④ 本研究将从品格优势的三个维度论证它们对生命意义感的影响。

依据中文版品格优势 CVQ-96 的理论基础，亲和优势是指个体在人际交往中善于把握自己和他人的情感和动机，从而给自己和他人带来积极体验的优势。由此可推，亲和力强的个体，能恰当把握人际关系，给自己和他人带来积极的体验，从而增强生命意义感的体验。亲和力包含善良、团队精神、公平正义、爱与被爱、正直、领导力、宽恕、感恩。以"亲和力"中的"感恩"和"宽恕"为例，实证研究证明，感恩对生命意义感有正向预测作用，感恩与生命意义感呈正相关关系。同时，另一项研究发现，宽恕心理与生命意义感关系密切，宽恕水平的高低对生命意义感预测作用的强弱具有影响，提高个体的宽恕水平有助于提升生命意义感⑤。

因此本研究提出如下假设：

---

① PETERSON C, SELIGMAN M E P. Character strengths and virtues：A handbook and classifica-tion ［M］. Washington, DC：American Psychological Association, 2004.

② 刘美玲，田喜洲，郭小东. 品格优势及其影响结果［J］. 心理科学进展，2018，26（12），2080-2191

③ 李婷婷. 品格优势对情感幸福感的影响［D］. 长春：东北师范大学，2016.

④ DUAN W J, HO S M Y, YU B, et al.. Factor structure of the chinese virtues questionnaire ［J］. Research on Social Work Practice, 2012, 22（6）：680-688.

⑤ 周友焕，盛建军，张标. 高职生宽恕心理与生命意义感的关系研究［J］. 河南教育，2015（12），135-136

假设 H1-10a：亲和力对生命意义感有显著的正向影响。

生命力指个体心怀感恩地与人相处，对生活充满希望，总保持一种阳光积极、朝气蓬勃的状态。由此可推，生命力强的个体，喜欢以积极的心态看待事物，容易产生积极的情绪，从而增强生命意义感。生命力包含创造力、洞察力、希望、信仰等。以"生命力"中的"希望"和"信仰"为例，实证研究证明，希望对生命意义感起到积极的预测作用，希望高的个体更容易对生活产生满足感，体会到更多的幸福，其心理健康水平更高，从而增强个体对生命意义感的体验和理解①。与此同时，一项关于鼻咽癌患者生命意义感影响因素的研究发现，有信仰者比无信仰者生命意义感更强②。

因此本研究提出如下假设：

假设 H1-10b：生命力对生命意义感具有显著的正向影响。

意志力指个体自觉抵制不良因素、谨慎坚定、克己自制，能较好地进行自我管理等的能力。由此推断，意志力强的个体，能够克己自制，从而寻求到更多的生命意义感。意志力包括批判性思维、谨慎、自我调节、好学、谦虚。以"意志力"中的"自我调节"为例，实证研究证明，自我调节与积极认知情绪调节显著正相关，即自我调节能力越强，个体的积极情绪越高，从而生命意义感越强③。

因此本研究提出如下假设：

假设 H1-10c：意志力对生命意义感具有显著的正向影响。

综上所述，品格优势的亲和力、生命力、意志力与生命意义感均呈正相关关系，亲和力、意志力、生命力越强的个体，生命意义的感知水平就越高。除此之外，已有研究证明，品格优势的利用是获得有意义生活的来源④。由此推断，品格优势（及三个维度）对大学生生命意义感有显著的正向影响。

2. 积极情绪对大学生生命意义感的影响

积极情绪是一种具有正效价值的情绪，它与某种需要的满足相联系，如快

---

① 梁梦宇. 大学生人格特质、希望与生命意义感的关系研究[D].郑州：河南大学，2016.
② 康钰. 鼻咽癌患者生命意义现状调查及影响因素分析[J].解放军护理杂志 2019，36（8）：44-46.
③ 杜净译. 高中生认知情绪调节策略和意向性自我调节——自我控制的中介作用[D].西安：陕西师范大学 .2014.
④ CLEAVE B. Introducing positive psychology：A practical guide ［M］. Icon Books，2012.

乐等①。积极情绪具有拓展建构功能②，不仅能够帮助人们在短时间内积累更多正向的情绪资源，而且可以作为积极储备，帮助个体在面对压力性生活事件时保持稳定的心态，保有对生活的意义感③。

实证研究发现，积极情绪和生命意义感有显著的正相关关系，提高积极情绪可以增强生命意义感④⑤。与此同时，积极情绪还可以预测生命意义感，每天的积极情绪可以预测每天的生命意义感，使用积极词汇也可以增强生命意义感⑥。除此之外，积极情绪能增加个体的心理弹性，当个体面对压力时能缓解消极情绪，积极乐观的态度能够增加个体的主观幸福感⑦，主观幸福感增加，生命意义感的感知水平也随之提高。基于上述讨论，本研究提出如下假设：

假设 H1-11：积极情绪对大学生生命意义感有显著的正向影响

3. 品格优势对积极情绪的影响

积极情绪是一种具有正效价值的情绪，如自豪等⑧。瓦格纳（Wagner）等人发现品格优势与积极情绪有较强的正向关系。

从亲和力的内涵角度分析，亲和力强的个体可以与周围人建立并保持良好的社会关系，能妥善处理自我和外在环境的关系，对他人的情感、需求等能准确感知，反馈非常及时，从而给自我和他人都带来积极的体验。以"亲和力"的下属品格优势"感恩"为例，相关实证研究证明，感恩能促进积极情绪的

---

① 孟昭兰. 人类情绪［M］. 上海：上海人民出版社，1989.

② FREDRICKSON B L. The role of positive emotions in positive psychology the broaden and build theory of positive emotions［J］. The American Psychologist，2001，56（3）：218-226.

③ HICKS J A，TRENT J，DAVIS W E. Positive affect，meaning in life，and future time perspective an application of socioemotional selectivity theory［J］. Psychology and Aging，2012，27（1）：181-189.

④ FREDRICKSON B L，MANCUSO R A，BRANIGAN C，et al.. The undoing effect of positive emotions［J］. Motivation and Emotion，2000，24（4）：237-258.

⑤ FREDRICKSON B L. The role of positive emotions in positive psychology：The Broaden-and-Build Theory of positive emotions［J］. American Psychologist，2001（56）：218-226.

⑥ KING L A，HICKS J A，KRULL J L. Positive affect and the experience of meaning in life［J］. Journal of Journal of Personality and Social Psychology，2006，90（1）：179-196.

⑦ 王振宏. 积极情绪的概念、功能与意义［J］. 心理科学进展，2007（5）：1671-3710.

⑧ FREDRICKSON B L. Positive emotions broaden and build［J］. Advances in Experimental Social Psychology，2013，47（1）：1-53.

产生①，即在个体成长和发展过程中，感恩能激发个体产生积极应对策略。

因此本研究提出如下假设：

假设 H1-12a：亲和力对积极情绪具有显著的正向影响。

生命力强的个体，在遇到压力和挫折时，能够积极地、充满希望地去面对，保持向上的发展状态，这样的个体充满活力，产生的积极情绪也多[43]。以"生命力"的下属品格优势"希望、热情"为例，以往研究证明希望、热情总能给个体带来积极的体验，产生积极的情绪。

因此本研究提出如下假设：

假设 H1-12b：生命力对积极情绪具有显著的正向影响。

意志力强的个体，克己自制，最终结果是在未来成长为更加成功的自己，因此意志力强的人会将消极信息和情感进行转化。同时研究表明，意志力强的个体能降低自身对压力的感知程度②，会更积极地看待未来。另外，以"意志力"的下属品格优势"自我调节"为例，实证研究证明，自我调节与积极认知情绪调节显著正相关，即自我调节能力越强，积极情绪越高③。

因此本研究提出如下假设：

假设 H1-12c：意志力对积极情绪具有显著的正向影响。

综上所述，从亲和力、生命期、意志力的内涵推测，亲和力、生命力、意志力越强的个体，其产生的积极情绪也越多。

三、研究设计

1. 变量测量

（1）品格优势。本研究采用段文杰（2012）等人开发的中文长处问卷

---

① 常梦醒. 员工感恩与工作嵌入的关系——积极情绪和组织认同的作用[D].武汉：华中科技大学，2019.

② GARTLAND N，CONNOR D B，LAWTON R. Investigating the effects of conscientiousness on daily stress，affect and physical symptom processes：a daily diary study [J]. British Journal of Health Psychology，2014，19（2）：311-328.

③ 杜净译. 高中生认知情绪调节策略和意向性自我调节——自我控制的中介作用[D].西安：陕西师范大学，2014.

（CVQ-96）①。该问卷共 96 个测量题项，其中典型题项如"我对生命中所得到的一切充满感激"。

（2）积极情绪。本研究采用沃森（Watson）等②编制的情绪量表，中文版由黄丽等③修订。该量表共 20 个题项，其中典型题项如"近 1~2 星期内，我总是极其多兴奋/几乎没有兴奋"。

（3）生命意义感。本研究采用王恩娜（1992）④修订的版本。该量表共20 个题目，其中典型题项如"我的一生空虚且毫无意义/我的一生很有意义与目标"。

2. 问卷收集与样本情况

（1）问卷设计与发放。

本研究根据研究内容和研究目的，以现有的成熟度较高的量表为基础，参考选取设计研究需要的问题，并进行修改完善后形成正式问卷。正式问卷由基本信息（10 题）、品格优势（96 题）、积极情绪（20 题），以及大学生生命意义感（20 题）四个部分组成。

本研究的数据是以线上线下相结合的方式填写问卷所得到的。具体有以下两种途径：①实地调查，即研究者将打印好的问卷发给被调查者并向被调查者讲解问卷填写的基本要求，待被调查者填写完成后回收纸质版问卷，然后录入数据结果；②网络链接，即研究者把正式问卷以网络链接的形式发给被调查者，被调查者填写完成并提交后网站可自动收录填写过的问卷结果。

（2）样本情况。

本研究获得有效问卷共 302 份。研究对象的样本信息如表 1-17 所示：

---

① DUAN W J. Factor structure of the chinese virtues questionnaire［J］. Research on Social Work Practice，2012，22（6），680-688.

② WATSON D，CLARK L A. Development and validation of brief measures of positive and negative affect：the PANAS scales［J］. J Pers Soc Psychol，1988，54（6）：1063-1070.

③ 黄丽，杨廷忠，季忠民. 正性负性情绪量表的中国人群适用性研究［J］.中国心理卫生杂志，2003，17（1），54-56.

④ 王恩娜. 大学生生命意义感和心理资本的关系及干预研究［D］.兰州：兰州大学，2017.

表 1-17　样本信息

个体特征	选项	频数	百分比/%
性别	男	65	21.5
	女	237	78.5
年龄	18 岁及以下	2	0.7
	19 至 21 岁	270	89.4
	22 至 24 岁	30	9.9

由表 1-17 可知，在调查样本中，性别方面，男生占 21.5%，女生占 78.5%；年龄方面，18 周岁及以下的占 0.7%，19 到 21 周岁的占 89.4%，22 到 24 周岁的占 9.9%。

四、数据分析与结果

1. 信度分析

本研究采用 Cronbach's α 系数来检验量表的信度。亲和力、生命力、意志力、积极情绪、生命意义感测量量表在本研究中的 Cronbach's α 分别为 0.881、0.876、0.749、0.809、0.880，均大于 0.700，具有良好的内部一致性。

2. 共同方法偏差检验

本研究在实证分析之前采用哈曼（Harman）的单因子检验法进行了共同方法偏差检验，借助 SPSS19.0 采用未旋转的主成分分析法，共提取出 16 个特征值大于 1 的因子，解释了总变异量的 65.082%，其中第一个因子解释了 18.687%，低于 50% 的判断标准，可见样本数据的共同方法偏差问题并不严重。

3. 描述性统计分析

研究模型中所有变量的均值、标准差和相关系数如表 1-18 所示。亲和力、生命力、意志力均分别与积极情绪显著正相关（相关系数分别为 0.324、0.357、0.165，且 $p<0.01$）；亲和力、生命力、意志力均分别与生命意义感显

著正相关（相关系数分别为 0.226、0.222、0.217，且 $p<0.01$）；积极情绪与生命意义感显著正相关（$r=0.142$，$p<0.01$）。上述结果对假设 H1-10、H1-11 和 H1-12 进行了初步验证。接下来，我们采用层次回归分析进一步检验研究假设。

表 1-18 变量的均值、标准差和相关系数

变量	Mean	S.D.	1	2	3	4	5	6
1. 性别	1.791	0.423						
2. 年龄	2.093	0.313	0.097					
3. 亲和力	4.007	0.488	0.192**	0.082				
4. 生命力	3.336	0.523	−0.028	0.072	0.574**			
5. 意志力	3.259	0.554	−0.078	0.046	0.467**	0.576**		
6. 积极情绪	3.645	0.931	−0.072	0.027	0.324**	0.357**	0.165**	
7. 生命意义感	4.250	0.395	−0.040	−0.046	0.226**	0.222**	0.217**	0.142*

注："*"和"**"分别表示在 0.05 在 0.01 水平上（双尾）显著。

4. 回归分析

在控制性别、年龄等统计学变量影响的基础上，我们分别将亲和力、生命力、意志力引入以生命意义感为因变量的回归方程并建立相应模型。层次回归分析结果如表 1-19 所示。亲和力、生命力、意志力分别对生命意义感有显著的正向作用（M_6：$\beta=0.247$，$p<0.001$；M_7：$\beta=0.226$，$p<0.001$；M_8：$\beta=0.218$，$p<0.001$），假设 H1-10a、H1-10b、H1-10c 得到验证。这说明亲和力、生命力、意志力能够显著地增强其生命意义感。

在控制统计学变量影响的基础上，我们分别将亲和力、生命力、意志力引入以积极情绪为因变量的回归方程并建立相应模型。层次回归分析结果如表 1-19 所示。亲和力、生命力、意志力分别对积极情绪有显著的正向作用（M_2：$\beta=0.350$，$p<0.01$；M_3：$\beta=0.355$，$p<0.001$；M_4：$\beta=0.159$，$p<0.001$），假设 H1-12a、H1-12b、H1-12c 得到验证，这说明学生的亲和力、生命力、意志力能够显著地增强其积极情绪。然后，我们分别做亲和力、生命力、意志力与积极情绪同时对因变量生命意义感产生影响的回归分析。层次回归分析结果如表 1-19 所示。如 M_9 所示，积极情绪对生命意义感有显著的正向影响（M_9：$\beta=0.141$，$p<0.001$）。因此，积极情绪对生命意义感的增强有促进作用，假设 H1-11 得到验证。

表1-19 层次回归分析结果

变量	积极情绪					生命意义感			
	M_1	M_2	M_3	M_4	M_5	M_6	M_7	M_8	M_9
性别	-0.075	-0.140	-0.063	-0.062	-0.036	-0.082	-0.028	-0.018	-0.025
年龄	0.034	0.012	0.008	0.026	-0.043	-0.058	-0.060	-0.054	-0.047
亲和力		0.350***				0.247***			
生命力			0.355**				0.226***		
意志力				0.159***				0.218***	
积极情绪									0.141***
拟合指标									
F	0.954	14.060***	15.051***	3.211***	0.511	6.538***	5.687***	5.295***	2.369**
R^2	0.006	0.124	0.132	0.031	0.003	0.062	0.054	0.051	0.023
$\triangle R^2$	—	0.118	0.125	0.025	—	0.058	0.051	0.047	0.020

注:"***""**""*"分别表示在 0.001、0.01 和 0.05 的水平显著。

五、研究结论与管理启示

1. 研究结论

本研究的研究问题聚焦于品格优势、积极情绪及生命意义感之间的关系。本研究分析了品格优势、积极情绪对生命意义感的影响，以及品格优势对积极情绪的影响，并以在校大学生为研究对象，对品格优势、积极情绪、大学生生命意义感的关系进行了实证研究。结果如表 1-20 所示。

表 1-20　研究假设实证结果

编号	研究假设	实证结果
假设 H1-10a	亲和力对大学生生命意义感有显著正向影响	成立
假设 H1-10b	生命力对大学生生命意义感有显著正向影响	成立
假设 H1-10c	意志力对大学生生命意义感有显著正向影响	成立
假设 H1-11	积极情绪对大学生生命意义感有显著正向影响	成立
假设 H1-12a	亲和力对积极情绪有显著的正向影响	成立
假设 H1-12b	生命力对积极情绪有显著的正向影响	成立
假设 H1-12c	意志力对积极情绪有显著的正向影响	成立

2. 管理启示

如何增强大学生生命意义感，本研究可以得到如下启示：

（1）帮助大学生进行品格优势的管理。品格优势原本就存在于每个人的内心，但由于它是半自动的且容易受不利环境抑制，因此，品格优势需要后天的挖掘和培养①。品格优势的管理需从学校和学生个体两个层面同时进行，故本研究将从学校层面和大学生个人层面两个角度进行论述。

①学校层面。首先，学校可以在每一个重要的时间节点对大学生品格优势进行测评，例如，采用优势价值行动问卷（VIA-IS）和中文长处问卷（CVQ-

---

① 郭雯. 品格优势与美德［M］. 南京：江苏教育出版社，2013.

96）等测量工具识别大学生品格优势的侧重点。同时，考虑到品格优势相对稳定，测评可一年进行一次，如在开学时统一进行，并将测评结果及时反馈给学生。其次，学校可通过出具品格优势测评报告，分析评估结果并采取相对应的措施。例如，学校在成立学习互助小组时，可鼓励"亲和力"缺乏的同学和"亲和力"强的同学组队；而针对缺乏"意志力"的学生，学校可适当创造一些锻炼学生"意志力"的机会，举办有利于培养学生意志力的活动。最后，学校可根据品格优势的分类来管理和培养拥有不同品格优势的学生，学校可提供针对性服务，如增加专业的服务团队，宣传倾听内心呼唤、认知冥想等方法，以针对性地开发、改善、提高大学生的不同品格优势，帮助大学生进行品格优势的分类管理，进而增强大学生的生命意义感。

②个人层面。学生可参考学校反馈的测评结果，结合自我认知对自身的品格优势进行评估和定位，再根据自身具体情况，对优势进行有针对性的培养和管理，如自身的"意志力"相对缺乏，可积极参加学校举办的相关活动，通过实践强化优势的运用，弥补缺乏的品格优势。

（2）根据不同品格优势的个体，帮助其进行有针对性的积极情绪管理。品格优势的运用对积极情绪有显著的正向影响，同时，积极情绪的发挥有利于大学生生命意义感的增强。因此，根据不同品格优势的个体，帮助其进行有针对性的积极情绪管理显得尤为重要。这里也将从学校和个人两个层面进行论述。

①学校层面。首先，在课程设计方面，学校可结合品格优势（亲和力、生命力、意志力）测评结果和专业特色做出相应调整。例如，发现某专业学生普遍拥有较少的"亲和力"，面临压力时难以自我调节，易出现消极情绪，这时学校可适当增加关于积极情绪管理的课程。其次，辅导员在班会、讲座和平时的分享中可适当增添关于积极情绪、情绪管理的内容，提醒班级心理委员时刻关注班上同学的情绪，并填写表格定期汇报。最后，学校亦可开设关于学生情绪管理咨询的网上咨询室，加大引导正向的、积极的情绪的宣传。学校通过帮助大学生进行积极情绪管理，使大学生获得更多的积极情绪，增强生命意义感。

②个人层面。学生要结合自身品格优势，学会发现和保护自身的积极情绪，处理和消化自己的消极情绪。例如，"亲和力"较强的个体，在平时的学习和生活中面对压力和挫折时，可通过给自己强烈的心理暗示，从感恩、希望

等角度来思考问题，从而增强自身的积极情绪。

第五节　品格优势、公共服务动机与志愿行为关系的实证研究

一、引言

近年来，我国陆续举办了奥运会、亚运会、世博会等大型活动，很多志愿者都参与了这些活动的公共服务。《上海志愿服务发展报告（2018）》显示，从 2009 年开始，上海实名认证注册志愿者的注册率每年都呈现不断递增的趋势，2018 年，上海注册志愿者注册率达到 16.60%，比 2017 年上升了 1.62%。同时，42.9%的志愿者表示自己未来会继续参与志愿服务活动，并将增加参与时间，53.4%的志愿者则表示会保持现有参与时间。由此可见，这些志愿者从事志愿服务活动的意愿都相对强烈，未来从事志愿服务的可能性很大。事实上，上述提到的从事志愿服务活动的意愿是一类典型的公共服务动机（public service motivation，PSM）。PSM 是公共管理研究的一个热点议题，它关注的是人们从事公共服务是否具有自利之外的动机。佩里（Perry，1990）正式提出了 PSM 的概念①，并在克里斯汀（Christine，1982）等人对动机定义的基础上②，发展了 PSM 的理论框架③。

此后，国内学者针对 PSM 进行了本土化发展，并指出目前的研究主要集中在对 PSM 概念的界定及影响因素等方面④。哈姆杜拉（Hamidullah，2016）等人的研究表明，尽责性和宜人性这两种人格特质对 PSM 存在影响⑤。其研究

---

① PERRY J L, WISE LR. The motivational bases of public service[J]. Public Administration Review, 1990 (50)：367-373.

② KNOKE D, CHRISTINE W I. Individual motives and organizational incentive systems[J]. Research in the Sociology of Organizations, 1982, 1 (2)：209-254.

③ PERRY J L. Antecedents of public service motivation[J]. Journal of Public Administration Research and Theory, 1997 (7)：181-197.

④ 王亚华，舒全峰. 中国乡村干部的公共服务动机：定量测度与影响因素[J]. 管理世界，2018, 34 (2)：100-195.

⑤ HAMIDULLAH M F, RYZIN G G V, LI H. The agreeable bureaucrat：personality and psm[J]. International Journal of Public Sector Management, 2016, 29 (6)：582-595.

更多的是从宽泛的人格视角来进行探讨，而公共服务动机是一种利他的动机，这种利他的积极动机一定会受到积极人格的影响，品格优势就是其中之一。品格优势具有三个特征：第一，积极性，品格优势是一种积极人格；第二，全球性，品格优势的研究样本涵盖了全球 40 多个国家不同文化、性别、年龄等的人群；第三，具体性，最初有 24 种品格优势，分属六大类核心美德。在中国文化背景下，中国学者段文杰将品格优势划分为三种：亲和力、生命力、意志力①。

由此，本研究突破以往仅从尽责性、宜人性等人格视角去探讨影响 PSM 的因素的局限，选取段文杰划分的三种品格优势作为公共服务动机的前因，并以志愿行为作为后果，去探讨它是否可以激发志愿行为，丰富了大学生公共服务动机的前因后果的影响因素的研究成果。本研究经过梳理可以指出哪种积极的品格优势（亲和力、生命力、意志力）能提升公共服务动机和增加志愿行为，从而有利于公共服务部门或组织（学校、公职机关、志愿团队）对相应的大学生进行品格优势的测评和开发，甄选出适合公共服务、志愿服务的人才。

本研究以积极的人格，即亲和力、生命力、意志力为焦点，探讨其对公共服务动机的影响，丰富和扩充了影响公共服务动机的相关研究。本研究基于公共服务动机，探讨了其在品格优势与志愿行为之间的中介作用。同时，本研究能为高校开发、培养大学生的品格优势提供理论指导，加强对在校学生的积极人格教育；有利于引导志愿团队、公职机关关注大学生的品格优势，并测评和管理大学生相应的品格优势，鼓励其参与社会志愿服务活动，进而提升大学生的公共服务动机。

二、文献综述与研究假设

1. 大学生品格优势对公共服务动机的影响

麦卡洛和辛德（Mccullough & Synder，2000）将品格优势定义为一种可以

---

① 刘美玲，田喜洲，郭小东. 品格优势及其影响结果[J]. 心理科学进展，2018，26（12）：2180-2191.

持续地使一个人的思考和行为有益于其本人和社会的心理过程或机制①。彼得森和塞利格曼（Peterson & Seligman，2004）将品格优势定义为一组从个体的认知、情感和行为中表现出来的积极特质②。同样，尼米克（Niemiec，2014）将品格优势定义为一种能使自己和他人受益的能力，其性质是积极的，与思维、感觉和行为相类似③。由此可知，心理学家将品格优势视为能使个人和他人受益的积极人格特质④。由于本研究的研究样本主要在中国，所以本研究主要采取的是段文杰提出的关于品格优势的概念。品格优势主要分为三个维度：亲和力、生命力和意志力。

亲和力指个体善于灵活恰当地把握人际交往中自我和他人的情感、动机，从而给自我和他人带来积极体验的优势⑤。从内涵角度看，亲和力较强的个体情感细腻，善于换位思考，为他人着想，因此更加注重人与人之间的联结，与他人、集体融洽相处⑥。同时，已有研究表明，公共服务动机在概念上强调"个人关注公共利益，并且激发个人采取相应的行为"⑦。亲和力包括善良、合作、爱、宽恕、感激等具体内容。以"爱"为例，李军等（2019）通过研究发现，和谐、互利互惠的社会的建设需要我们提倡关心他人福祉，把社会利益置于自己利益之上⑧。外在行为的产生源自内在需求，当一个人需要爱、尊重、信任时，就会产生相应的外在行为，表现为参与一些具有责任感、有益的

① SNYDER C R，LOPEZ S J. Positive psychology：The scientific and practical explorations of human strengths ［M］. London：Sage publications，2006.

② PETERSON C，SELIGMAN M E P. Character strengths and virtues：a handbook and classification ［M］. Washington，DC：American Psychological Association，2004.

③ NIEMIEC R M，LISSING J. Mindfulness-based strengths practice (mbsp) for enhancing well-being，managing problems，and boosting positive relationships ［M］. Mindfulness in positive psychology：the science of meditation and wellbeing，2016.

④ 田喜洲，杜婧，许浩，等. 个体优势研究述评与未来展望［J］.重庆工商大学学报（社会科学版），2019，36（6）：42-57.

⑤ 李婷婷. 品格优势对情感幸福感的影响［D］.长春：东北师范大学，2016.

⑥ 李婷婷，刘晓明. 品格优势、应激生活事件与中学生情感幸福感的关系［J］.中国心理卫生杂志，2016，30（7）：527-533.

⑦ 谢羚，宋健，王鑫，等. 公共服务动机视角下新时代大学生使命教育研究［J］.教育教学论坛，2020（11）：6-8.

⑧ 陈军. 共情神经科学：探索亲社会行为、利他主义和道德的生物学基础［J］.学习与探索，2019（7）：139-147.

社会服务，即产生具有利他性质的公共服务动机①。

因此，本研究推测高水平的亲和力有利于大学生增强公共服务动机。基于此，本研究提出以下假设：

假设 H1-13a：亲和力对公共服务动机有显著的正向影响。

生命力指个体表现出对事物的洞察力和创新力，对生活充满希望和信念，有意识地欣赏美好的事物并怀有感恩之情，保持一种欣欣向荣、蓬勃向上的发展状态②。从内涵角度看，生命力较强的个体由于敏锐的洞察力，往往更容易发现生活中的美好事物，表现出自信开朗的精神面貌，进而表现出乐于与人分享、帮助他人等行为特征。同时，李锐等（2015）研究表明，拥有较强自我认同和自信的个体，在日常行为中，更容易做出参与公共服务为社会做贡献、在公共部门工作等的选择③。这些行为是公共服务动机的日常表现。另外，生命力包括热情、创造力、希望、洞察力、信仰、社交智力等具体内容。以"热情"为例，施让龙等（2017）的研究表明，热情作为一种源于内在的正向情感或情绪，能够预测个体的成就及行为的表现④。由此，具有高度热情的个体，其更容易做出正向行为，如投身公共服务。

因此，本研究推测高水平的生命力有利于大学生保持积极向上的心态，增强公共服务动机。基于此，本研究提出以下假设：

假设 H1-13b：生命力对公共服务动机有显著的正向影响。

意志力指个体在自我成长和发展过程中对外界不良因素的抵制和对预期目标的坚定，即一种约束本能和欲望的克己自制的能力，包括坚韧、谨慎、自我管理等。从内涵角度看，意志力反映个体的自我管理能力，表现为面对外界诱惑或本能欲望时的节制力，能够帮助个体反复深入且持久地执行目标。同时，孟凡蓉等（2011）的研究表明，合理的目标设置对增强公共服务动机具有积极作用，在充分考虑个体心理需求满意感的基础上，能够促使目标内化为员工

① 李虎，姜敏敏，刘丽虹. 动机满足视角下大学生志愿行为参与研究——基于大陆和台湾7所大学的调查数据[J]. 青少年研究与实践，2019，34（4）：80-87.
② 李婷婷. 品格优势对情感幸福感的影响[D]. 长春：东北师范大学，2016.
③ 李锐，毛寿龙. 公共服务动机文献综述研究[J]. 现代管理科学，2015（2）：100-102.
④ 施让龙，张珈祯，黄良志. 员工主动性人格特质、工作热情、知觉组织支持及职涯满意的实证研究[J]. 管理评论，2017（2）：114-128.

的公共服务动机，带来持久的动力和热情①。另外，意志力包括批判性思维、自我调节、毅力、谦虚等具体内容。以自我调节为例，班杜拉（Bandura，2003）认为只有当个体相信自身可以完成某个任务并且呈现出高度的自我效能时，才可能真正执行这个任务②。可见，拥有合理的目标更有利于个体根据实际情况进行自我调节，其公共服务动机也就更强烈。

因此，本研究推测意志力较强的大学生容易进行自我管理，设定目标，持之以恒。基于此，本研究提出以下假设：

假设 H1-13c：意志力对公共服务动机有显著的正向影响。

2. 大学生品格优势对志愿行为的影响

大学生的亲和力是能使个人与他人受益的积极人格特质。张庆鹏等（2012）的研究表明，通过志愿服务，志愿者的被尊重感需求、交友需求等能够得到满足③，也就是说志愿行为具有"利己"性质，这与亲和力的"利己"性质不谋而合。亲和力还具有使他人受益的特质。虞晓东等（2016）研究发现，志愿行为是一种利他行为，志愿者的行为是自愿且不计回报的④。李虎等（2019）发现大学生之所以参与志愿服务，原因在于其认为志愿工作是有意义的，能帮助有需要的人，是回报社会、尽公民责任的行为，表现出"利他"性质⑤。总体而言，亲和力的"利己与利他"性质，鼓励着大学生产生具有相同性质的志愿行为。

因此，本研究推测高水平的亲和力有利于大学生追求"利他"动机，积极参与志愿行为。基于此，本研究提出以下假设：

假设 H1-14a：亲和力对志愿行为有显著的正向影响。

---

① 孟凡蓉，张玲. 绩效评价目标设置与公共服务动机：心理需求满意感的中介效应[J]. 情报杂志，2011（9）：206-211.

② BANDURA A，LOCKE E A. Negative self-efficacy and goal effects revisited [J]. Journal of Applied Psychology，2003，88（1）：87-89.

③ 张庆鹏，寇彧. 自我增强取向下的亲社会行为：基于能动性和社交性的行为路径[J]. 北京师范大学学报（社会科学版），2012（1）：51-57.

④ 虞晓东，刘望秀，李玉明. 大学生志愿行为倾向、领悟社会支持对幸福感的影响[J]. 河北大学成人教育学院学报，2016（2）：109-113.

⑤ 李虎，姜敏敏，刘丽虹. 动机满足视角下大学生志愿行为参与研究——基于大陆和台湾7所大学的调查数据[J]. 青少年研究与实践，2019，34（4）：80-87.

生命力水平高的个体思维活跃，自信、乐观，充满希望与热情，始终处于蓬勃向上的积极情绪状态。人格特质中的外倾性对志愿行为具有显著影响[1]。外倾性个体常常与热情、乐观、好交际等特点相关。同时，范黎惠等（2018）研究表明，大学生参与志愿行为会受到情感的影响，积极的情感体验能够促进其持续参与志愿活动[2]。龙忆等（2012）的研究显示，大学生通过参与志愿活动，开始对自身的社会角色进行定位，肯定自己的社会地位[3]。因此，当遇到需要帮助的人时，大学生便会产生强烈的社会责任感，促使其参与志愿服务活动。

因此，本研究推测高水平的生命力有利于个体乐观生活，积极帮助他人，服务社会。基于此，本研究提出以下假设：

假设 H1-14b：生命力对志愿行为有显著正向影响。

意志力作为一种人格特质，对内可以调节心理状态，对外可以调控外在行为，有助于个体抵制不良因素，及时调整目标[4]。在参与志愿行为的过程中，不可避免地会遇见各种各样的困难，郭静静（2017）研究发现只有拥有坚定意志力的个体持续坚持自己的理想和目标，不断超越自我，才有可能实现目标[5]。另外，依据意志力的具体内容，以"毅力"为例，李虎等（2019）研究发现个体坚持志愿服务的时间越长，对志愿经历越满意，后续志愿行为的发生率也越高[6]。大学生的意志力可以激发其投身公共服务和志愿服务的动机，进而做出实际的志愿行为。

因此，本研究推测意志力较强的大学生自我调节的能力更强，克服重重困难达成目标的概率更高。基于此，本研究提出以下假设：

假设 H1-14c：意志力对志愿行为有显著正向影响。

① 桂娅. 时间概念启动和时间定价启动对不同人格特质个体志愿行为的影响[D].西安：陕西师范大学，2016.
② 范黎惠，赵守飞. 大学生参与社区志愿服务动机分析[J].安顺学院学报，2018，20（3）：81-84.
③ 龙忆，吴明蔚，龙建. 大学生志愿行为和领悟社会支持的关系研究[J].中国健康心理学杂志，2019，20（2）：286-288.
④ 周哲. 积极心理学对大学生创业心理品质的影响[J].文教资料，2018（29）：141-142.
⑤ 郭静静. 积极心理学视角下师范生创业心理品质的培养[J].科教导刊，2017（7）：154-155.
⑥ 李虎，姜敏敏，刘丽虹. 动机满足视角下大学生志愿行为参与研究——基于大陆和台湾7所大学的调查数据[J].青少年研究与实践，2019，34（4）：80-87.

3. 大学生公共服务动机的中介作用分析

国内外学者对志愿行为的定义基本一致。斯奈德和奥莫托绍（Snyder & Omoto，2008）研究表明，志愿行为是在组织背景下，个体经过思考之后，自愿地对那些需要帮助者实施的长期、无偿的助人行为[1]。在已有的文献中，公共服务动机既表现为"利他"又表现为"利己"，如克鲁森（Crewson，1997）调查发现，公共服务动机对服务性行为（帮助别人、社区服务）有正向影响[2]。布鲁尔等（Brewer et al，1998）研究发现具有公共服务动机的人更容易在公共利益驱动下做出牺牲自我利益的选择[3]。休斯顿（Houston，2000）的研究则表明公共服务动机强的人倾向于参与志愿服务、献血、捐款等公益性活动[4]。可见，公共服务动机较强的人，追求的更多的是心理上的满足，以实现自我的价值，而不单纯是追求物质上的保障。

此外，王树青等（2010）认为人格特质描述了个体在情感、行为等方面表现出的稳定差异性[5]，能从根源特质方面解释个体动机的形成及发展[6]，因而是影响人行为及动机的重要因素。同时，佩里（1997）指出人格特质的稳定性和独特性特征会对公共服务动机产生重要影响[7]。而品格优势作为一种积极人格特质，具有明显的利他性和亲社会倾向，能够唤醒大学生的公共服务动机。此外，大学生在参与志愿行为的过程中，志愿行为所体现的"奉献、友爱、合作"志愿精神能够深刻影响其公共服务动机，并促进其履行志愿行为。大学生的公共服务动机经过内化后容易使其感受积极情绪，进而对他人和社会

① SNYDER M，OMOTO A M. Volunteerism：social issues perspectives and social policy implications[J]. Social Issues & Policy Review，2008，2（1）：1-36.

② CREWSON P E. Public service motivation：Building empirical evidence of incidence and effect[J]. Journal of Public Administration Research and Theory，1997，7（4）：499-518.

③ BREWER G A，SELDEN S C. Whistle blowers in the federal civil service：new evidence of the public service ethic[J]. Journal of Public Administration Research and Theory，1998，8（3）：413-440.

④ HOUSTON D J. Public service motivation：a multivariate test [J]. Journal of Public Administration Research and Theory，2000，10（4）：713-728.

⑤ 王树青，石猛，陈会昌. 大学生自我同一性状态与"大五"人格、因果取向的关系[J]. 心理发展与教育，2010（5）：50-56.

⑥ JUDGE T A，ILIES R. Relationship of personality to performance motivation：a meta-analytic review[J]. journal of applied psychology，2002，87（4）：797-807.

⑦ PERRY J L. Antecedents of public service motivation[J]. Journal of Public Administration Research and Theory，1997（7）：181-197.

有着更为强烈的服务和奉献精神，提升其志愿行为，即品格优势是通过公共服务动机来影响志愿行为的。

基于上述分析，结合 H1-13 和 H1-14，因此，本研究提出以下假设：

假设 H1-15a：大学生公共服务动机在亲和力与志愿行为之间起中介作用。

假设 H1-15b：大学生公共服务动机在亲和力与志愿行为之间起中介作用。

假设 H1-15c：大学生公共服务动机在亲和力与志愿行为之间起中介作用。

通过以上的理论和逻辑分析，公共服务动机的中介作用如图 1-4 所示。

图 1-4　公共服务动机的中介作用

三、研究设计

1. 变量测量

①品格优势。本研究采用了段文杰等（2012）修订的中文版品格优势问卷（CVQ）[①]。该问卷包括 3 个维度，即亲和力（32 道题项）、生命力（40 道题项）、意志力（24 道题项），共 96 个题项。其中典型题项如"我一向遵守承诺，我是一个高度自律的人"。

②公共服务动机。本研究采用了寸晓刚（2013）修订的公共服务动机量表[②]。该量表包括 4 个维度，即同情心（6 道题项）、自我牺牲（4 道题项）、公共利益承诺（3 道题项）、决策吸引（3 道题项），共 16 个题项。其中典型题项如"我认为大部分的社会公共项目都是必不可少的"。

③志愿行为。本研究采用的是卡洛等人（2004）测量志愿行为（倾向）

① DUAN W J, HO S M Y, YU B, et al.. Factor structure of the chinese virtues questionnaire [J]. Social Work Practice, 2012, 22 (6)：680-688.

② 寸晓刚. 新一代大学生群体公共服务动机的实证研究[J]. 中国行政管理，2012 (3)：110-115.

的问卷①。该量表共4个测量题项，其中典型题项如"在过去，你参加过志愿活动吗"。

2. 问卷收集与样本情况

（1）问卷设计与发放。

本研究通过探讨相关的理论知识和研究目的，选取具有较高效度和信度的成熟量表，并依据实际需要进行修改完善，最终形成正式问卷。正式问卷共包括三个部分：第一部分为品格优势，共96个问题；第二部分为：公共服务动机，共16个问题，以及志愿行为，共4个问题；第三部分为基本信息，包括性别、年龄2个问题。

在问卷的发放过程中，我们主要通过以下两种形式来得到本研究的数据。

①线下调查。向被调查者说明填写问卷的具体要求，将设计好的问卷发放给被调查者进行填答，再集中收回。

②网络链接。研究者通过问卷星等形式将正式问卷的网络链接发给被调查者，被调查者填写完问卷后直接提交即可，网站自动收录填写过的问卷结果。

（2）样本情况。

本研究总计310份问卷，有效收回302份。研究样本信息如表1-21所示。

表1-21　研究样本信息（$N=302$）

个体特征	选项	频数	百分比/%
性别	男	65	21.5
	女	237	78.5
年龄	18周岁及以下	2	0.7
	19至21周岁	270	89.4
	22至24周岁	30	9.9

由表1-21可知，在调查样本中，性别方面，男生占21.5%，女生占78.5%；年龄方面，18周岁及以下占0.7%，19至21周岁占89.4%，22至24

① CARLO G，OKUN M A，KNIGHT G P，et al. . The interplay of traits and motives on volunteering：agreeableness，extraversion and prosocial value motivation [J]. Personality and Individual Differences，2005，38（6）：1293-1305.

周岁占 9.9%。

四、数据分析与结果

1. 信度分析

本研究采用 Cronbach's α 系数来检验量表的信度。亲和力、生命力、意志力、公共服务动机、志愿行为在本研究中的 Cronbach's α 分别为 0.881、0.876、0.749、0.801、0.830，均大于 0.700，具有良好的内部一致性。

2. 共同方法偏差检验

本研究在实证分析之前采用 Harman 的单因子检验法进行了共同方法偏差检验，借助 SPSS25.0 采用未旋转的主成分分析法，共提取出 10 个特征值大于 1 的因子，解释了总变异量的 63.277%，其中第一个因子解释了 23.325%，低于 50% 的判断标准，可见样本数据的共同方法偏差问题并不严重。

3. 描述性统计分析

研究模型中所有变量的均值、标准差和相关系数如表 1-22 所示。亲和力、生命力、意志力均分别与公共服务动机显著正相关（相关系数分别为 0.418、0.266、0.309，且 $p<0.01$）；亲和力、意志力均分别志愿行为显著正相关（相关系数分别为 0.188、0.149，且 $p<0.01$）；公共服务动机与志愿行为倾向显著正相关（$r=0.323$，$p<0.01$）。上述结果对假设 H1-13a、假设 H1-13b、假设 H1-13c 和假设 H1-14a、假设 H1-14b、假设 H1-14c 进行了初步验证。接下来，我们采用层次回归分析进一步检验研究假设。

表 1-22 变量的均值、标准差和相关系数

变量	Mean	S. D.	1	2	3	4	5	6
1. 性别	1.791	0.423						
2. 年龄	2.093	0.313	0.097					
3. 亲和力	4.007	0.488	0.192**	0.082				
4. 生命力	3.336	0.523	-0.028	0.072	0.574**			
5. 意志力	3.259	0.554	-0.078	0.046	0.467**	0.576**		
6 公共服务动机	4.024	0.724	0.076	-0.021	0.418**	0.266**	0.309**	
7. 志愿行为	1.165	0.376	0.180**	-0.088	0.188**	0.101	0.149**	0.323**

注："*"和"**"分别表示在 0.05 在 0.01 水平上（双尾）显著。

4. 回归分析

（1）主效应检验。

在控制性别、年龄等统计学变量影响的基础上，我们分别将亲和力、生命力、意志力引入以志愿行为为因变量的回归方程并建立相应模型，层次回归分析结果如表 1-23 所示。亲和力、生命力、意志力分别对志愿行为有显著的正向作用（M_6：$\beta = 0.167$，$p < 0.001$；M_7：$\beta = 0.115$，$p < 0.001$；M_8：$\beta = 0.170$，$p < 0.001$），假设 H1-14a、H1-14b、H1-14c 得到验证。这说明亲和力、生命力、意志力能够显著地促进其实施志愿行为。

（2）中介效应检验。

在控制统计学变量影响的基础上，我们分别将亲和力、生命力、意志力引入以公共服务动机为因变量的回归方程并建立相应模型，层次回归分析结果如表 1-23 所示。亲和力、生命力、意志力分别对公共服务动机有显著的正向作用（M_2：$\beta = 0.442$，$p < 0.001$；M_3：$\beta = 0.272$，$p < 0.001$；M_4：$\beta = 0.378$，$p < 0.001$），假设 H1-13a、H1-13b、H1-13c 得到验证。这说明学生的亲和力、生命力、意志力能够显著地增强其公共服务动机。我们再将公共服务动机引入以志愿行为为因变量的回归方程并建立相应模型，层次回归模型如 M_9 所示。公共服务动机对志愿行为有显著的正向影响（M_9：$\beta = 0.340$，$p < 0.001$）。这说明学生的公共服务动机能够显著地促进其志愿行为。

我们最后分别做亲和力、生命力、意志力与公共服务动机同时对因变量志愿行为产生影响的回归分析，层次回归分析结果如表 1-23 所示。如 M_{10} 所示，公共服务动机对志愿行为有显著的正向影响（M_{10}：$\beta = 0.291$，$p < 0.001$），同时，亲和力对志愿行为的影响不显著（M_{10}：$\beta = 0.044$，$p > 0.05$），因此，公共服务动机在亲和力和志愿行为的关系之间起到了完全中介作用。如 M_{11} 所示，公共服务动机对志愿行为有显著的正向影响（M_{11}：$\beta = 0.299$，$p < 0.001$），同时，生命力对志愿行为的影响不显著（M_{11}：$\beta = 0.033$，$p > 0.05$），因此，公共服务动机在生命力和志愿行为的关系之间起到了完全中介作用。如 M_{12} 所示，公共服务动机对志愿行为有显著的正向影响（M_{12}：$\beta = 0.283$，$p < 0.001$），同时，生命力对志愿行为的影响不显著（M_{12}：$\beta = 0.079$，$p > 0.05$），因此，公共服务动机在意志力和志愿行为的关系之间起到了完全中介作用。假设 H1-15a、H1-15b、H1-15c 得到验证。

表 1-23 层次回归分析结果

变量	公共服务动机				志愿行为							
	M_1	M_2	M_3	M_4	M_5	M_6	M_7	M_8	M_9	M_{10}	M_{11}	M_{12}
性别	0.079	-0.001	0.088	0.1053	0.190	0.159	0.194	0.205	0.131	0.159	0.168	0.175
年龄	-0.029	-0.056	-0.049	-0.0462	-0.106	-0.117	-0.115	-0.115	-0.091	-0.101	-0.100	-0.102
亲和力		0.422***				0.167***				0.044	0.033	0.079
生命力			0.272***				0.115***					
意志力				0.3192***				0.170***				
公共服务动机									0.340***	0.291***	0.299***	0.283***
拟合指标												
F	0.989	21.448***	8.628***	11.972*	6.820	7.510***	5.974***	7.736***	18.284***	12.068***	12.018***	12.481***
R^2	0.007	0.178	0.080	0.108	0.044	0.070	0.057	0.072	0.155	0.140	0.139	0.144
$\triangle R^2$	—	0.171	0.073	0.101	—	0.027	0.013	0.029	0.112	0.070	0.083	0.072

注:"***""**""*"分别表示在 0.001、0.01 和 0.05 的水平显著。

五、研究结论与管理启示

1. 研究结论

本研究围绕亲和力、生命力、意志力如何具体影响公共服务动机及志愿行为展开，分析了品格优势对公共服务动机的影响及公共服务动机的中介作用，并且以当代大学生为研究对象，基于个体品格优势，对其公共服务动机及志愿行为进行了实证研究。结果如表1-24所示。

表1-24 研究假设实证结果

编号	研究假设	实验结果
假设 H1-13a	亲和力对公共服务动机有显著的正向影响	成立
假设 H1-13b	生命力对公共服务动机有显著的正向影响	成立
假设 H1-13c	意志力对公共服务动机有显著的正向影响	成立
假设 H1-14a	亲和力对志愿行为有显著的正向影响	成立
假设 H1-14b	生命力对志愿行为有显著的正向影响	成立
假设 H1-14c	意志力对志愿行为有显著的正向影响	成立
假设 H1-15a	大学生公共服务动机在亲和力与志愿行为之间起中介作用	成立
假设 H1-15b	大学生公共服务动机在生命力与志愿行为之间起中介作用	成立
假设 H1-15c	大学生公共服务动机在意志力与志愿行为之间起中介作用	成立

2. 管理启示

（1）针对具有公共服务动机的大学生进行品格优势的测评和管理。在品格优势的测评层面，高校可通过线上专业测评软件或者线下问卷调查、访谈法等方式收集学生信息，并分维度、分层级建立相应的品格优势数据库。在品格优势的管理层面，高校应该重视大学生的品格优势教育，引导大学生认识到自身的品格优势，开设品格优势辅修课程、建立不同的优势兴趣小组等；此外，辅导员可以组建品格优势观察小组，实时跟踪、调查学生的品格优势动态及变化。

（2）针对具有不同品格优势的个体进行公共服务动机的增强。当代大学生不仅要关注自身的修养，更需要关注社会、民生，承担相应的社会责任，增强使命感和责任感。因而我们要采取多种手段，激发大学生的公共服务动机。由上述研究结论可知，大学生的亲和力对公共服务的影响最为显著，因此要积极开发大学生的亲和力。首先，高校可以与校外的公益组织合作，鼓励大学生走出校门，帮助更多的人，提高其服务水平；其次，鼓励学生用文字、图片等方式记录生活中美好的事情，进而与人分享，营造出和谐、满怀感恩的社会风气；最后，在进行公共部门的人员推荐时，将公共服务动机作为一项加分项，甄选出具有较强公共服务动机的大学生。

（3）针对具有不同品格优势的个体进行志愿行为的激励。随着中国经济的发展，越来越多的赛事、峰会陆续举办，相应的对志愿者的需求也越来越多，同时大学生志愿队伍也愈发壮大。这就要求我们不仅要关注志愿队伍的"量"，还要注重"质"。由上述研究结论可知，意志力对志愿行为的影响最为显著，因此我们要培养大学生的意志力，进而促使其实施志愿行为。首先，高校可多搭建志愿服务的平台，鼓励学生发挥自己的交际能力、组织能力，带动更多的学生参与到志愿行为中去；其次，鼓励学生积极参与到献血、支教等公益活动中去，用文字、图片等记录、分享志愿行为，感染更多的人投身于志愿活动。最后，对于意志力较弱的学生，高校可规定其必须有一定的服务时长，只有学生完成了一定的服务目标，才可以获得相应的学分。

3. 研究局限与未来展望

目前国内外学者对 PSM 的研究主要集中在概念界定、前因、影响结果等方面，并取得了一定的进展，但我们仍然有继续探寻的空间。

（1）本研究只选取了品格优势作为前因变量，事实上，其他的变量我们也需要纳入考虑。目前，学者们关于 PSM 的前因研究主要集中在人口统计学变量上，如性别、年龄、受教育程度等，并且研究对象主要为公共管理部门的员工，忽视了研究对象应当多样化，前因变量也应当重视个人的内在动机，即从工作本身获得的心理满足。

（2）PSM 的研究主要是在西方文化的背景之下开始的，其主要倡导的价值理念为个人英雄主义，与中国"牺牲小我，成就大我"的价值理念完全不同。因此，PSM 的本土化研究需要进一步加强，即在中国的背景之下，将

PSM 这一概念本土化，并明确 PSM 具有哪些维度。

（3）PSM 的研究方法有待进一步完善。目前的研究方法主要采取的是问卷调查法，调查方法较为单一。在测量方法上，我们可以扩大测量指标，并采用观察法、访谈法等多种测量方法。未来的研究应该进一步改进并完善 PSM 的测量方法。

第六节　领导品格优势对下属工作投入的影响研究

一、引言

作为积极心理学的一个核心概念，品格优势自提出以来就受到学术界的广泛关注。它指从一个人的情感、认知和行为中表现出来的一组积极特质[①]。已有研究主要集中在品格优势对个体和组织的影响上，个人层面包括个人积极体验、身心健康、工作呼唤、生活满意度和员工创造力[②③]，组织层面包括管理者选拔、发展、团队管理、领导风格、领导行为、领导角色[④⑤⑥⑦]。然而，已有研究主要聚焦于品格优势对领导自身的平行影响，缺乏领导品格优势对下属的下行影响，以及这种影响的内在作用机制。

---

① 李敏丽，孙慧敏. 基于品格优势的干预对化疗期乳腺癌患者幸福感、焦虑及抑郁情绪的影响[J]. 解放军护理杂志，2018，35（9）：1-6.

② 国建，王詠，刘兴云. 青年人婚姻满意度与品格优势的关系[J]. 中国心理卫生杂志，2015，29（5）：383-388.

③ 刘美玲，田喜洲，郭小东. 品格优势及其影响结果[J]. 心理科学进展，2018，26（12）：2180-2191.

④ SOSIK J J, GENTRY W A, CHUN J U. The value of virtue in the upper echelons: A multi-source examination of executive character strengths and performance[J]. The Leadership quarterly，2012，23（3）：367-382.

⑤ GENTRY W A, CULLEN K L, SOSIK J J, et al.. Integrity's place among the character strengths of middle-level managers and top-level executives[J]. The Leadership quarterly，2013，24（3）：395-404.

⑥ DRONNENSCHMIDT M. the relationship between character strengths, virtues, self-efficacy, and transformational leadership[J]. Dissertations & Theses - Gradworks，2014，17（3）：7-31.

⑦ DANIEL T L, SHEK, et al.. Character strengths in Chinese philosophies: relevance to service leadership[J]. International journal on disability and human development，2015，14（4）：309-318.

依据原型理论，领导原型是指下属心中认为领导者应该具备的特质，包括敏感性、智力、贡献、专制、感召力、吸引力、男性化和力量这八个维度。当领导所展现出的领导行为与下属认为的理想领导原型一致时，下属对领导者能够带领他们完成任务充满信心①。因此，本研究认为领导品格优势与理想领导原型一致，那么领导品格优势一定会对下属的态度和产出产生积极影响。依据社会交换理论，领导与下属之间是一种互惠关系②，而作为组织代言人的领导与下属之间的互惠关系本质上是下属对组织的义务③。这种下属对组织的义务最直接的表现就是下属的工作投入。

基于上述分析，本研究将在现有文献的基础上，采用实证研究方法，从原型理论和社会交换理论入手，从下属的感知义务和下属依赖两个中介变量所代表的不同路径出发，探究领导品格优势对下属工作投入的影响机制，并验证了领导能力在这一关系中的调节作用，构建研究模型来探究领导品格优势对下属工作投入的双重影响路径，从而深入探讨领导品格优势在企业管理理论和实践中的重要作用。

二、文献综述和研究假设

1. 领导品格优势与下属工作投入的影响

工作投入是一种追求个人价值实现的积极工作状态，具体表现为对工作的热忱与专注④。已有研究证实了具有某种突出品质的领导会对员工工作投入产

---

① 王婷，杨付. 领导正直的概念、测量及其展望[J]. 心理科学，2018（3）：706-712.

② BROWN M E，TREVIñO L K，HARRISON D A. Ethical leadership：A social learning perspective for construct development and testing[J]. Organizational Behavior & Human Decision Processes，2005，97（2）：117-134.

③ 刘娜. 工作自主性与任务绩效：道德型领导力和员工义务感的作用[D]. 哈尔滨：哈尔滨工业大学，2014.

④ LANGELAAN S，BAKKER A B，DOORNEN L J P V，et al.. Burnout and work engagement：Do individual differences make a difference[J]. Personality and Individual Differences，2006，40（3）：521-532.

生影响。变革型领导、谦卑领导行为、仁慈领导均能够提升员工的工作投入①②③。依据领导原型理论，具有品格优势的领导与下属认为的理想领导原型一致，下属对领导者会有积极的态度和产出。同时，依据社会交换理论，领导与下属之间是一种互惠关系，现实领导与领导原型的契合度越高，领导与员工之间的互惠关系的质量就越高④。而作为组织代言人的领导与下属之间的互惠关系本质上是下属对组织的义务。这种感知到的义务最直接的表现就是下属的工作投入。基于此，本研究提出如下假设：

假设 H1-16：领导品格优势对下属工作投入具有显著正向影响。

2. 领导品格优势对下属感知义务和下属依赖的影响

奥尔森（Olsen）等认为感知义务就是员工如果不履行某些义务，内心会产生负罪感，与个体的价值观、自我要求等有关。个体会因为组织的优待而产生回报组织的感知义务。具有品格优势的领导具有爱、善良、热情、公平等积极的心理特质，并能向下属展示积极的行为，如关心员工、赞赏员工等，能够让下属感受到领导对他们的关心。基于社会交换理论，即社会交换是交换双方一系列连续的、互惠的行为，员工会产生一种想要回报组织的义务感。另外，Kannan-Narasimhan 和 Lawrence 研究发现领导品格优势有助于提升员工对管理者的信任，而员工对领导者的信任是下属产生感知义务的重要前因⑤。

基于此，本研究提出如下假设：

假设 H1-17：领导品格优势对下属感知义务具有显著正向影响。

下属依赖是主管—下属关系中的一种特殊形式和核心内容，强调个体对组织中某一特定对象（比如对领导者）的依赖⑥。当前关于下属依赖的研究大多

① 王桢，陈乐妮，李旭培. 变革型领导与工作投入：基于情感视角的调节中介模型[J]. 管理评论，2015（9）：120-129.

② 唐汉瑛，龙立荣，周如意. 谦卑领导行为与下属工作投入：有中介的调节模型[J]. 管理科学，2015，28（3）：77-89.

③ 魏蕾，时勘. 家长式领导与员工工作投入：心理授权的中介作用[J]. 心理与行为研究，2010，8（2）：88-93.

④ EPITROPAKI O，MARTIN R. Implicit leadership theories in applied settings：factor structure，generalizability，and stability over time. [J]. Journal of Applied Psychology，2004，89（2）：293-310.

⑤ KANNAN-NARASIMHAN R，LAWRENCE B S. Behavioral integrity：how leader referents and trust matter to workplace outcomes[J]. Journal of Business Ethics，2012，111（2）：165-178.

⑥ 古银华. 下属依赖研究评述与展望[J]. 软科学，2016，30（12）：76-79.

在探讨责任型领导、包容型领导、魅力型领导等领导风格对下属依赖的影响①②。因此，本研究推断领导品格优势对下属依赖也会产生影响。根据皮格马利翁效应，当个体被积极关注后，会在自己身上创建一种自信心和高期望，从而极大地发挥自己的潜能以达到预期的行为目标③。因此，当下属感知到领导对自己有较高的期望时，下属会极大地发挥自己的潜能。同时，从需求满足的角度，领导对下属有较高的期望，实际上是给予了下属更多的责任和机会，从而满足了下属自我实现的需要④。长此以往，下属就会以更加积极主动的态度对待领导和工作，下属也会变得更加自尊、自信、自强和独立，从而降低下属依赖。基于此，本研究提出以下假设：

假设 H1-18：领导品格优势对下属依赖具有显著负向影响。

3. 下属感知义务和下属依赖的中介作用

品格优势是一种积极的心理特质，对个体的积极体验起着至关重要的作用。大量研究表明运用品格优势（尤其是希望、热情、感恩等）能给个体带来各种积极体验，进而影响员工的生产率、组织公益行为等积极结果。可见，这些积极体验很有可能就是品格优势的中介机制的体现⑤⑥⑦。

感知义务（felt obligation）是指一种个体的信念，包含个体自己应当主动关注组织的健康发展及帮助组织实现组织目标。当员工特别关注某件事，特别

① 郭亿馨，苏勇. 责任型领导对下属组织公民行为的双刃剑效应［J］. 经济与管理研究，2018，39（5）：90-102.

② HOWELL J M，AVOLIO B J. The ethics of charismatic leadership：submission or liberation［J］. The Academy of Management Executive，1992，6（1）：43-54.

③ 刘静，王志江. 企业人力资源管理中皮格马利翁效应实证研究［J］. 商业经济，2004（2）：72-73.

④ 孟宪东. 析领导皮格马利翁效应［J］. 领导科学，1995（6）：35-36.

⑤ MARTíNEZ-MARTí，M A L，RUCH W. Character strengths and well-being across the life span：Data from a representative sample of German-speaking adults living in switzerland［J］. Frontiers in Psychology，2014，5（5），1253.

⑥ MURRELL L K. Character strengths and well-being：differences in social activity among college students（unpublished doctorial dissertation）［D］. Oklahoma State University，2015.

⑦ LAVY S，LITTMAN-OVADIA H. My better self：using strengths at work and work productivity，organizational citizenship behavior，and satisfaction［J］. Journal of Career Development，2016，44（2）：95-109.

想为组织做些什么来实现自身价值时，感知义务尤为强烈①。由此可见，感知义务感是个体的一种积极体验。上述研究假设已经论证得出领导品格优势对下属感知义务具有显著正向影响，而这种下属感知义务越强，越表明组织中的员工希望为组织做些什么来实现自身价值，从而影响到工作投入②。基于此，本研究提出如下假设：

假设 H1-19：下属感知义务在领导品格优势与下属工作投入之间起中介作用。

下属依赖包含认知和动机两大成分，认知成分包括专业技术依赖和盲目崇拜两个因子，动机成分包括工作动机依赖、工作投入依赖和力求认可三个因子③。

从认知的角度看，下属会因为强烈的崇拜和依赖领导而全盘接受领导的观点，并在认知上完全忠诚领导，进而导致下属采用一种固定的解决方案和思维模式，不愿意也不会主动提出新理念④。因此，下属依赖可能会使下属在工作中盲目听从领导的指挥，不愿意提出新的观点和想法，从而有可能会减少员工的工作投入。从动机的角度看，依赖会致使下属努力争取领导的赞赏和认可，他们不会公开表达批判性意见，以避免被领导疏远，当领导缺席时下属会有迷失方向的感觉，从而降低敬业度、工作自觉性⑤。由此可以看出，下属依赖可能会降低员工工作的内部动机，从而有可能降低员工的工作投入。而上文已经从需求满足的角度论证了领导品格优势会对下属依赖产生负向影响。根据马斯洛的需求层次理论，下属依赖会使下属的被人尊重和自我实现需要得不到满

① BENNETT R. Factors influencing the break even probabilities of agency recruited low value charity donors[J]. Voluntas International Journal of Voluntary & Nonprofit Organizations，2013，24 (4)：1091 -1112.

② 孙雪. 服务型领导对组织公民行为的影响研究——以感知义务为中介[D]. 济南：山东大学，2018.

③ SILKE A E, SABINE B A double-edged sword：transformational leadership and individual creativity [J]. British Journal of Management，2013，24 (1)：54-68.

④ KEARNEY E, GEBERT D, VOELPEL S C. When and how diversity benefits teams：the importance of team members'need for cognition[J]. Academy of Management Journal，2009，52 (3)：581-598.

⑤ 古银华，卿涛，杨付，等. 包容型领导对下属创造力的双刃剑效应[J]. 管理科学，2017，30 (1)：119-130.

足。一旦需求没有被满足，负面消极的情感就会产生①，消极情绪会使个体在决策时表现出更强的风险规避倾向，不愿意承担决策可能带来的不利后果与风险②；而积极活跃的情感能增加员工投入工作的动力和能量。根据积极情绪拓展建构理论，本研究认为领导品格优势会削弱下属依赖，防范负面消极的情感也会产生，避免让员工减少工作的动力和能量。基于此，本研究提出如下假设：

假设 H1-20：下属依赖在领导品格与下属工作投入之间起中介作用。

4. 领导能力的调节作用

领导能力是指组织成员将愿景转变为现实的一种才能，对组织目标的实现有深刻的影响③。中国文化非常强调德和才的辩证关系，洪应明在《菜根谭·概论》中提到："德者，才之主，才者，德之奴。有才无德，如家无主而奴用事矣，几何不魍魉猖狂。"可见，德和才不可或缺。兼具德（品格优势）和才（能力）的领导接近人们理想中完美领导的样子。根据原型领导理论，人们在解释某种现象时，将理想中的个体视为理想型，并在这个理想型总体特征不发生改变的情况下，即当领导风格、品质等越接近员工理想中的样子时，员工对领导（或组织）的感知义务越强烈④，下属对领导的依赖越弱⑤。

基于上述分析，本研究推断，当领导能力（才）高且领导品格优势（德）强时，下属的感知义务较强，下属的依赖较弱；同样，当领导能力（才）低且领导品格优势（德）弱时，下属的感知义务较弱，下属的依赖较强，即领导能力直接影响了领导品格优势与下属感知义务、下属依赖的关系。基于此，本研究提出如下假设：

① 张宏远，赵曙明. 心理需求满足有助于员工主动行为？——自我效能感的调节作用[J]. 财经问题研究，2018（10）：137-145.

② 傅强，段锦云，田晓明. 员工建言行为的情绪机制：一个新的探索视角[J]. 心理科学进展，2012，20（2）：274-282.

③ WARREN BENNIS, HUA D S W. on becoming a leader[J]. Reading, Mass.：Addison-Wesley，2009（3）：75-81.

④ NEUBERT M J, CARLSON D S, KACMAR K M, et al.. The virtuous influence of ethical leadership behavior：evidence from the field[J]. Journal of Business Ethics，2009，90（2）：157-170.

⑤ KETS D V, MANFRED F R. The neurotic organization：diagnosing and changing counterproductive styles of management [M]. San Francisco：Jossey-Bass，1984.

假设 H1-21：领导能力在领导品格优势对下属感知义务、下属依赖的影响中起显著调节作用。

基于以上分析，本研究推断出如图 1-5 所示的研究模型。

图 1-5　本研究的研究模型

三、研究设计

1. 问卷收集与样本情况

本研究数据主要来源于江苏徐州、四川乐山、新疆乌鲁木齐三地。笔者依托所在商学院的校企合作平台和熟人引荐等渠道，通过中间人辅助的方式对15 家企业进行调研，行业主要集中在金融服务、信息技术服务等服务行业。调研开始之前，笔者与受访企业的人力资源部门协商后，预先确定参与调查的部门和人员。在征得被试同意后，向其告知此次问卷调查的目的，承诺对研究结果保密。本次调研共计收回 219 份有效问卷。问卷回收后，我们对问卷进行整理与统计后得到了样本的基本情况。样本分布构成信息如下：

在本次调研的员工样本中，性别特征方面，男性占 42.5%，女性占57.5%；年龄特征方面，25 岁以下占 16.4%，25～29 岁占 25.6%，30～34 岁占35.6%，35～39 岁占 11.4%，40 岁以上占 11.0%。学历特征方面，高中以下占5.0%，高中或中专占 15.1%，大专占 40.2%，本科占 38.8%，硕士及以上占0.9%。工作年限方面，5 年以下占 59.4%，5～10 年占 27.8%，10～15 年占4.6%，15 年以上占 8.2%。

在本次调查的领导样本中，性别特征方面，男性占 37.4%，女性占

62.6%。年龄特征方面，25 岁以下占 0.5%，25~29 岁占 15.5%，30~34 岁占 38.8%，35~39 岁占 20.1%，40 岁以上占 25.1%。学历特征方面，高中以下占 9.6%，高中或中专占 22.8%，大专占 58.4%，本科占 7.8%，硕士及以上 占 1.4%。

2. 变量测量

①领导品格优势。本研究采用 Thun 和 Kelloway 开发和构建的基于品格优势导向的领导模型测量表。该模型有三个维度：仁慈型领导（用善良、爱与被爱评估），智慧型领导（用创造力、好奇心等评估），节制型领导（用毅力、自律等评估)①，典型条目如"我的领导信守承诺"。

②下属感知义务。本研究采用刘娜使用的"感知义务"量表。该量表共有 7 个题项，典型条目如"如果不能达到我们组织的绩效标准，我会感到愧疚"。

③工作投入。本研究采用 Schaufeli 等人开发的"工作投入"量表②。该量表共 17 个题项，典型条目如"当我工作时，我忘记了周围的一切事情"。

④领导能力。本研究采用 Colquitt 开发的"领导能力"量表③。该量表共有 6 个题项，典型条目如"我的领导在他想要做的事情上是成功的"。

四、数据分析和结果

1. 同源方差检验

在对研究假设进行实证检验之前，本研究根据 Harman 的单因子检验法进

① BALLIETT T E, KEVIN K. virtuous leaders: assessing character strengths in the Workplace [J]. Revue Canadienne des Sciences de l'Administration = Canadian Journal of Administrative Sciences, 2012, 28 (3): 270-283.

② SCHAUFELI W B, SALANOVA M, VICENTE G, et al.. The measurement of engagement and burnout: a two sample confirmatory factor analytic approach[J]. Journal of Happiness Studies, 2002, 3 (1): 71-92.

③ COLQUITT J L, JONES J, HARRIS P, et al.. Bone-anchored hearing aids (BAHAs) for people who are bilaterally deaf: a systematic review and economic evaluation[J]. Health Technol Assess, 2011, 15 (26): 1-200.

行了同源方差检验，通过运用未旋转的主成分分析法分析得到了 8 个特征值大于 1 的因子，共解释了总变异量的 67.504%，其中第一个因子解释了 35.687%，小于 50% 的临界值，可见本研究所采用样本数据的同源方差问题并不严重。

2. 验证性因子分析

本研究采用验证性因子分析（CFA）的方法检验了研究模型的整体适配度。变量的测量题项较多且用于分析的数据样本量没有达到足够大的标准，强行使用初始题项所测得数据执行运算容易使估计参数产生较大的偏差，因此，本研究在执行 CFA 之前对领导品格优势、下属感知义务、工作投入和领导能力分别进行了打包处理。打包处理之后，整体模型的 CFA 结果显示，$X^2 =$ 295.004，$DF = 109$，$X^2/DF = 2.706$，GFI = 0.868，TLI = 0.914，CFI = 0.931，RMSEA = 0.088，各拟合指标均为良好，充分表明研究模型适配良好。另外，如表 1-25 所示，基准模型的拟合指标显著优于其他竞争模型，表明各变量的区分效度较好。

表 1-25 验证性因子分析结果

模型	因素	X^2/DF	GFI	CFI	TLI	RMSEA
五因子模型	领导品格优势、下属感知义务、下属依赖、工作投入和领导能力	2.706	0.868	0.931	0.914	0.088
四因子模型	合并领导品格优势和下属感知义务	5.366	0.729	0.817	0.779	0.142
三因子模型	合并领导品格优势、下属感知义务和下属依赖	6.416	0.683	0.766	0.726	0.158
两因子模型	合并领导品格优势、下属感知义务、下属依赖和工作投入	7.180	0.658	0.729	0.687	0.168
单因子模型	合并所有变量	9.414	0.575	0.628	0.574	0.196

3. 描述性统计分析

研究模型中所有变量的均值、标准差和相关系数如表 1-26 所示，领导品格优势与下属感知义务显著正相关（$r = 0.453$，$p < 0.01$），与下属依赖显著负

相关（$r = 0.531$，$p < 0.01$），与下属工作投入显著正相关（$r = 0.454$，$p < 0.01$）；下属感知义务与工作投入显著正相关（$r = 0.645$，$p < 0.01$），下属依赖与工作投入显著负相关（$r = 0.527$，$p < 0.01$）。上述结果对假设 H1-16、H1-17、H1-18 进行了初步验证。接下来，我们采用层次回归分析进一步检验研究假设。

4. 回归分析

（1）主效应检验。

在控制性别、年龄、教育程度、工作年限等统计学变量影响的基础上，本研究将领导品格优势引入以工作投入为因变量的回归方程并建立相应模型。层次回归分析结果如表 1-27 所示，领导品格优势对工作投入（M_{10}：$\beta = 0.432$，$p < 0.001$）有显著的正向作用，假设 H1-16 得到验证。这说明领导品格优势能够显著地促进其工作投入。

（2）中介效应检验。

在控制统计学变量影响的基础上，本研究将领导品格优势引入以下属感知义务、下属依赖为因变量的回归方程并分别建立相应模型。层次回归分析结果如表 1-27 所示，领导品格优势对下属感知义务有显著的正向作用（M_2：$\beta = 0.448$，$p < 0.001$），假设 H1-17 得到验证。领导品格优势对下属感知义务有显著的正向作用（M_6：$\beta = -0.528$，$p < 0.001$），假设 H1-18 得到验证。这说明领导品格优势能够显著地提升下属感知义务，能够显著地削弱下属依赖。

然后，分别做领导品格优势与下属感知义务、下属依赖同时对因变量工作投入的回归分析。层次回归分析结果如表 1-27 所示，领导品格优势对工作沉

表1-26 主要变量的相关分析、均值和标准差

变量	均值	标准差	1	2	3	4	5	6	7	8	9	10	11	12
1. 员工性别	0.425	0.495												
2. 员工年龄	2.749	1.187	0.065											
3. 员工学历	3.155	0.869	-0.132	-0.153*										
4. 员工工作年限	6.192	7.416	0.000	0.572**	-0.170*									
5. 主管性别	0.626	0.485	0.264**	0.139*	-0.036	0.071								
6. 主管年龄	3.539	1.046	-0.036	0.313**	0.109	0.323**	-0.233**							
7. 主管学历	2.685	0.805	-0.020	0.142*	0.319**	0.099	-0.116	0.235**						
8. 领导品格优势	4.216	0.628	0.167*	-0.010	-0.165*	-0.057	0.004	-0.034	-0.059					
9. 感知义务	4.244	0.734	0.055	0.135*	-0.134*	0.009	-0.018	-0.047	0.017	0.453**				
10. 下属依赖	1.978	0.682	-0.084	-0.026	0.123	0.009	-0.014	-0.058	0.046	-0.531**	-0.496**			
11. 领导能力	4.346	0.796	0.110	-0.086	-0.118	-0.161*	0.009	-0.131	-0.095	0.633**	0.569**	-0.459**		
12. 交互项	0.315	0.819	-0.073	-0.082	0.070	0.031	0.027	0.037	0.126	-0.479**	-0.189**	0.408**	-0.461**	
13. 工作投入	3.990	0.757	0.163*	0.095	-0.159*	-0.005	0.139*	0.024	-0.144*	0.454**	0.645**	-0.527**	0.566**	-0.206**

注："*"和"**"分别表示在0.05和0.01级别（双尾），相关性显著；交互项代表"领导品格优势×领导能力"。

浸的影响仍显著且作用减弱（M_{11}：$\beta=0.174$，$p<0.001$；M_{12}：$\beta=0.229$，$p<0.001$）。因此，下属感知义务、下属依赖在领导品格优势和工作投入的关系之间起到了中介作用，假设 H1-19、H1-20 得到验证。

（3）调节效应检验。

在控制统计学变量影响的基础上，本研究分别将领导品格优势、领导能力及交互项依次引入以工作投入为因变量的回归方程并分别建立相应模型。层次回归分析结果如表 1-27 所示，交互项对工作投入有显著的正向影响（M_4：$\beta=0.170$，$p<0.01$；M_8：$\beta=0.173$，$p<0.01$），假设 H1-21 得到验证。

为了更加直观地理解调节效应，本研究根据科恩（Cohen）等推荐的方法绘制了如图 1-6、图 1-7 所示的调节效应图。

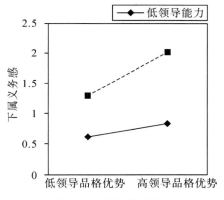

图 1-6　调节效应图 1

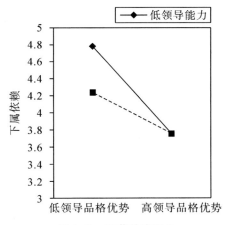

图 1-7　调节效应图 2

表 1-27 层次回归分析结果

变量	下属感知义务					下属依赖				工作投入			
	M_1	M_2	M_3	M_4	M_5	M_6	M_7	M_8	M_9	M_{10}	M_{11}	M_{12}	M_{13}
员工性别	0.042	−0.028	−0.030	−0.028	−0.065	0.017	0.018	0.019	0.114	0.047	0.063	0.053	0.064
员工年龄	0.199*	0.195*	0.192**	0.222**	−0.010	−0.005	−0.004	0.027	0.107	0.103	−0.009	0.101	0.003
员工学历	−0.123	−0.052	−0.044	−0.031	0.129	0.045	0.042	0.055	−0.115	−0.047	−0.017	−0.029	−0.011
员工工作年限	−0.096	−0.057	−0.005	−0.010	0.068	0.022	−0.002	−0.007	−0.113	−0.075	−0.042	−0.066	−0.041
主管性别	−0.069	−0.053	−0.049	−0.061	−0.017	−0.037	−0.038	−0.051	0.107	0.123	0.153**	0.109	0.142**
主管年龄	−0.092	−0.095	−0.060	−0.066	−0.102	−0.099	−0.115	−0.120	0.096	0.093	0.148**	0.056	0.122*
主管学历	0.052	0.053	0.067	0.045	0.020	0.018	0.012	−0.011	−0.119	−0.117	−0.148**	−0.110	−0.141**
领导品格优势		0.448***	0.145*	0.198**		−0.528***	−0.389***	−0.334***		0.432***	0.174**	0.229**	0.098
下属感知义务											0.574***		0.506***
领导能力			0.490***	0.535***			−0.225*	−0.179*				−0.384***	−0.201***
交互项				0.170**				0.173*					
拟合指标													
F	1.620	8.317***	14.198***	13.835***	0.910	10.824***	10.983***	10.808***	2.687	9.107***	23.975***	13.189***	23.750***
R^2	0.051	0.241	0.379	0.399	0.029	0.292	0.321	0.342	0.082	0.258	0.508	0.362	0.533
$\triangle R^2$	—	0.190	0.139	0.020	—	0.263	0.029	0.021	—	0.176	0.250	0.105	0.276

注："***""**""*"分别表示在 0.001、0.01、0.05 的水平显著；交互项代表"领导品格优势 X 领导能力"。

五、研究结论与管理启示

1. 研究结论

本研究基于实证研究调查，依据原型理论和社会交换理论，经由下属的感知义务和下属依赖两个中介变量所代表的不同路径，探究了领导品格优势对下属工作投入的影响机制，并验证了领导能力在这一关系中的调节作用。研究结果表明，领导品格优势通过正向影响下属的感知义务，以提高下属的感知义务来增加下属的工作投入；通过负向影响下属依赖，以削弱下属依赖来增加工作投入。领导能力在领导品格优势对下属的感知义务和下属依赖的影响中均起到正向调节作用。

2. 管理启示

本研究结论对于增加下属的工作投入、推动组织发展具有一定的实践意义。具体而言，可以得到以下启示：

第一，在中国传统文化中人们尤其注重领导者"德"和"才"的关系。企业在甄选职业经理人时可充分考察其品格优势，即在招聘时，首先考察其品格优势，再考虑其领导能力。无论领导能力如何，企业领导者必须具备品格优势，若领导能力较高则优先录用，若领导能力一般，则需结合企业规模及岗位特点等实际情况来决定是否录用；企业的关键岗位应由品格优势与能力都较强的领导者胜任，德才兼备才能带领企业发展。但在品格优势较强但能力较弱与品格优势较弱但能力较强的领导者之间进行选择时，需优先配置品格优势较强的领导，以树立良好的企业形象。"穷则独善其身，达则兼济天下"，在领导者具备良好的道德品质基础上，结合具体岗位特点，根据领导能力的大小来决定其岗位配置。

第二，领导从不同的角度提高下属的感知义务。已有研究指出组织支持越强，员工的感知义务越显著。组织支持感的存在强化了雇佣者和被雇佣者之间的感知关系。因此，要想提高员工的感知义务，组织必须要营造一个组织支持的环境。在组织层面上，领导者通过完善内部晋升、制定个性化的职业发展规划、提供学习培训的机会、完善激励机制等，帮助员工成长和发展，使员工感受到组织的支持和公平，从而提高员工的感知义务感。个人层面上，领导者要通过采取关心和赞赏员工、充分授予员工自主权、鼓励员工参与决策等方式，让员工感受到来自领导的信任，从而提高下属感知义务。

第三，领导应该防范下属依赖心理。领导者要用积极的心态影响下属，向下属表达自己的重视和期望，激发下属的主动性和积极性，满足下属较高层次的需求，从而促使下属实现自我成长。具体来说，领导可以适当鼓励并授权给下属，增强下属的内在动机，使下属可以在一定权限范围内独立自主地开展工作，从而减少下属依赖。同时，领导者可以采用参与式的管理模式，鼓励下属参与决策，对下属的不同意见持包容态度，从而增强下属的独立性，降低下属力求领导认可的依赖水平。

3. 研究局限与未来展望

（1）拓展领导品格优势领域其他更有实践价值的结果变量。本研究只探讨了领导品格优势对工作投入的正向影响，未来研究者可以从多个角度全面分析影响领导品格优势的原因及其导致的效果，如领导品格优势的负向影响结果。

（2）探讨多维边界条件。本研究探讨了领导能力这一边界条件，未来应从多领域多角度来论证领导品格优势的边界条件，如领导风格等。

（3）采用纵向追踪研究方法探讨领导品格优势。目前关于领导品格优势的研究多是短期测量的结果，未来应把研究扩展到长期在研究方法上，采用纵向追踪、分时点调研的方式，可避免同源误差，以增强结果的有效性。

第二章 可持续性人力资源开发与管理的短期效应——积极体验之恢复体验

第一节 恢复体验的前因研究：品格优势的视角

一、引言

大学阶段是一个进入社会的缓冲阶段，处于这个阶段中的大学生面临着一系列重大的人生课题，如大学生活的适应、专业知识的学习、交友恋爱、择业就职等。但大学生身心发展尚未完全成熟，自我调节和自我控制能力不强，加上面临着复杂的自身和社会问题，这些往往容易导致大学生强烈的心理冲突，从而产生较大的心理压力，甚至产生心理障碍或心理疾病。恢复体验作为应对压力的关键因素，得到了学者的关注。

恢复体验是一种在心理上提升恢复的机制，即个人不论通过何种恢复行为，最终达到恢复效果的一种潜在心理体验，包含心理脱离、放松体验、掌握体验和控制体验四个方面[①]。已有研究发现，恢复体验受人格特质[②]、学习任务[③]等因素影响，其中，品格优势作为积极心理学的另一核心研究领域，是指

[①] SONNENTAG S, FRITZ C. The recovery experience questionnaire: development and validation of a measure for assessing recuperation and unwinding from work[J]. Journal of Occupational Health Psychology, 2007, 12 (3): 204.

[②] POTOK P, LITTMAN O H. Does personality regulate the work stressor Psychological detachment relationship? [J]. Journal of Career Assessment, 2014, 22 (1): 43-58.

[③] 章鹏程, 刘毅, 路红. 中学生恢复体验对学习投入的影响：影响因素及其中介效应[J]. 心理研究, 2017, 10 (6): 68-77.

反映在个体的认知、情绪和行为方面的一组积极人格特质①。已有研究并未直接探讨品格优势对恢复体验的直接影响，但品格优势作为个体的一组积极人格特质，对学生恢复体验可能产生重要作用。对于大学生群体而言，品格优势总体水平更高的个体，在学习与生活中更能够体验到优势得到认可，以及优势得到发挥带来的沉浸感，即学习更投入，感受到更强的生活意义、生命意义感，以及觉得自己更幸福②。从品格优势的结构模型来看，更具有意志力的个体具有更多的责任心，做事更勤奋，更有计划性，并且能减弱自身对压力的感知能力。因此，本研究认为，品格优势可以通过减弱对压力的感知，增加积极的情绪状态等产生恢复体验。

品格优势理论指出，如果善于在日常生活中运用品格优势，将会最大限度地增强个体的幸福体验③。该理论表明，优势运用在品格优势的效用发挥过程中具有重要作用。品格优势和优势运用都反映了个体对自身优势的知觉，但是品格优势是个体对自身所拥有的优势的知觉，而优势运用是个体所感知到的对自身整体优势的运用情况④。了解自身品格优势的个体运用优势的机会和可能性更大，而运用优势得到的正向反馈结果又加深了个体对其品格优势的认识和思考，于是就形成了良性循环⑤⑥。在品格优势对恢复体验产生影响的过程中，优势运用也发挥着重要作用。大学生在学习之余对自身品格优势等进行优势运用，可以减少自身资源的损耗，提高工作的效率，从而获得积极的响应来更好

① PETERSON C，SELIGMAN M E P. Character strengths and virtues：a handbook and classification[J]. New York：American Psychological Association & Oxford University Press，2012，162（4）：419-421.

② 田喜洲，刘美玲. 基于个体优势的工作重塑[J]. 心理科学进展，2017，25（9）：1579-1596.

③ SELIGMAN M E P. Authentic happiness：Using the new positive psychology to realise your potential for lasting fufllment[M]. New York：Free Press，2002.

④ GOVINDJI R，LINLEY P A. Strengths use，self-concordance and well-being：implications for strengths coaching and coaching psychologists[J]. International Coaching Psychology Review，2007，2（2）：143-153.

⑤ TAKAHASHI M，MORIMOTO Y. Development of the Japanese version of the strength knowledge scale（SKS）and investigation of its reliability and validity[J]. Japanese Journal of Personality，2015，24（2）：170-172.

⑥ GOVINDJI R，LINLEY P A. Strengths use，self-concordance and well-being：Implications for strengths coaching and coaching psychologists[J]. International Coaching Psychology Review，2007，2（2）：143-153.

地进行恢复体验。因此，我们认为在品格优势对恢复体验产生影响的过程中，优势运用发挥了重要的中介作用。

根据资源保存理论，个体总是努力获取、保有和维护所珍惜的资源，其中个人特征资源包括自我效能①。拥有较多资源的个体不仅不易受到资源损失的影响，而且更有能力获得资源，由此揭示了资源增值螺旋效应。自我效能感是个体对完成既定学习任务的自身能力的预期②和能否完成既定任务的信念③，自我效能感强的大学生，对自身优势运用更为自信，更有能力获取资源。因此，我们认为自我效能感在优势运用与恢复体验之间起调节作用。

基于此，本研究从较为新颖的视角出发，立足于蓬勃兴起的积极心理学，对品格优势自身进行探讨，以优势运用为中介变量，拟打开优势运用影响下品格优势影响恢复体验的"黑箱"。这对大学生乃至企业人员寻求如何运用自身优势以获得更好的恢复体验，有较大的理论和现实意义。

首先，依托资源保存与优势运用理论来考察品格优势对恢复体验的影响过程机制，有助于丰富品格优势对恢复体验影响的理论视角。根据资源保存理论④，应对工作要求会导致资源损耗，进而影响个体身心健康与幸福体验。因此，个体需要获取新的资源，来补偿所受损耗或失去的资源，品格优势的运用则有助于个体获得新资源，并进而促进恢复体验的获得。本研究能为大学生获得恢复体验和提高学习兴趣提供指导；可以帮助大学生树立品格优势；可以为大学生指引优势运用的正确方向；可以用问卷来测评学生优势，对不同学生进行规划；可以将恢复体验这一学术用语生活化，让学生了解恢复体验的概念内涵，使其产生恢复的意识。在心理脱离培训方面，学生应掌握心理脱离策略和原理，如静坐冥想、了解学习—非学习分割规范、进行角色转换、在生活中分割学习时间等策略，可以帮助他们避免学习和生活的冲突。

① HOBFOLL S E. Conservation of resource caravans and engaged settings[J]. Journal of Occupational and Organizational Psychology, 2011, 84 (1)：116-122.

② BARRERA M. Distinctions between social support concepts, measures and models[J]. Am J Comm Psychol, 1986 (14)：413-445.

③ DALE H S, TRISHA P G. Self-efficacy and skill development：influence of task strategies and attributions[J]. The Journal of Educational Research, 1986, 79 (4)：238-244.

④ HOBFOLL S E. Conservation of resources：a new attempt at conceptualizing stress[J]. American Psychologist, 1989 (44)：513-524.

二、文献综述与研究假设

1. 品格优势与恢复体验

品格优势是个体通过认知、情感和行为表现出来的一组积极人格特质[1]，具有稳定的个体差异且受外在环境的影响，包括亲和力、生命力、意志力三个维度[2]。恢复体验是一种在心理上提升恢复的机制，即个人不论通过何种恢复行为，最终达到恢复效果的一种潜在心理体验，包含心理脱离、放松体验、掌握体验和控制体验四个方面[3]。已有研究发现，个体人格特质对恢复体验有显著影响[4]，品格优势作为人格特质的一种，本位认为其对恢复体验可能存在一定影响。以下将从亲和力、生命力、意志力三大优势分别进行论述。

（1）亲和力指个体善于灵活恰当地把握人际交往中自我和他人的情感、动机，从而给自我和他人带来积极体验的优势[5]。亲和力强调个体在人际交往中的优势。已有研究发现，恢复体验包含社群体验[6]及关联性[7]等人际交往维度，这说明个体可以通过与周围群体进行良好的人际交往产生良好的心理恢

① PETERSON C, SELIGMAN M E P. Character strengths and virtues: A handbook and classifica-tion[J]. New York: American Psychological Association & Oxford University Press, 2012, 162 (4): 419-421.

② DUAN W, HO S M Y, YU B, et al.. Factor structure of the Chinese virtues questionnaire[J]. Research on Social Work Practice, 2012, 22 (6): 680-688.

③ SONNENTAG S, FRITZ C. The recovery experience questionnaire: development and validation of a measure for assessing recuperation and unwinding from work[J]. Journal of Occupational Health Psychology, 2007, 12 (3): 204.

④ POTOK P, LITTMAN O H. Does personality regulate the work stressor Psychological detachment relationship? [J]. Journal of Career Assessment, 2014, 22 (1): 43-58.

⑤ DUAN W, HO S M Y, YU B, et al.. Factor structure of the Chinese virtues questionnaire[J]. Research on Social Work Practice, 2012, 22 (6): 680-688.

⑥ MOJZA E J, LORENZ C, SONNENTAG S, BINNEWIES C. Daily recovery experiences: the role of volunteer work during leisure time[J]. Journal of Occupational Health Psychology, 2010, 15 (1), 60-74.

⑦ BOSCH C, S S, PINCK A S. What makes for a good break? A diary study on recovery experi-ences during lunch break[J]. Journal of Occupational and Organizational Psychology, 2018, 91 (1): 134-157.

复，这从侧面证实了亲和力对恢复体验的积极作用。同时，以幽默为例，我们一般认为，幽默是指一种行为的方式特征，它给人带来快乐、愉悦和精神上的快感，是个体亲和力的标志之一。已有研究发现，运用幽默技巧组织活动、开展调研、谈话沟通，总能够保持旺盛的精力和良好的心态[1]。人际交往中给他人带来积极体验的亲和力，有利于帮助个体更好地融入群体和更顺利地与他人交往，产生积极的心态，增加员工内部资源，从而影响恢复体验。因此，我们提出：

假设 H2-1a：亲和力对恢复体验有显著的正向影响。

（2）生命力指个体表现出的对事物的洞察力和创新力，对生活充满希望和信念，有意识地欣赏美好的事物并怀有感恩之情，保持一种欣欣向荣、蓬勃向上的发展状态[2]。从生命力的内涵来看，生命力强的个体常常保持积极乐观的态度，对待压力和困境能够发挥优势，产生积极的情绪体验[3]。生命力帮助个体保持对工作的激情与活力，帮助个体产生恢复体验。例如，已有的对员工工作激情的研究发现，员工的和谐型激情会正向预测恢复体验[4]，这是由于员工适当的在工作上的热情和努力，能帮助员工从工作中脱离，产生放松和心理脱离等恢复体验。同理，大学生对学习所保有的生命力增加了他们在应对压力过程中的心理资本，从而增加了其恢复体验。因此，我们提出：

假设 H2-1b：生命力对恢复体验有显著的正向影响。

（3）意志力指个体在自我成长和发展过程中对外界不良因素的抵制、对预期目标的坚定，即一种约束本能和欲望的克己自制的能力，包括批判性思维、自我调节、谨慎、毅力、好学、谦虚等品格优势[5]。拥有意志力的个体在控制自身态度和行为方面具有一定的优势。具体体现在，一方面，学生可以更自由地控制自己应对压力时的态度，不会沉浸在压力状态中难以脱离，相比其

① 马林. 非言语沟通在秘书工作中的运用探究[D]. 广州：暨南大学，2014.

② DUAN W，HO S M Y，YU B，et al.. Factor structure of the Chinese virtues questionnaire[J]. Research on Social Work Practice，2012，22（6）：680-688.

③ 李婷婷，刘晓明. 品格优势、应激生活事件与中学生情感幸福感的关系[J]. 中国心理卫生杂志，2016，30（7）：527-533.

④ DONAHUE E G，FOREST J，VALLERAND R J，et al.. Passion for work and emotional exhaustion：the mediating role of rumination and recovery[J]. Applied Psychology：Health and Well-Being，2012，4（3）：341-368.

⑤ DUAN W，HO S M Y，YU B，et al.. Factor structure of the Chinese virtues questionnaire[J]. Research on Social Work Practice，2012，22（6）：680-688.

余同学更容易产生心理脱离，更有利于恢复体验的产生。另一方面，拥有意志力的个体在行为控制方面的能力较强，能够调节自身学习时间，通过间歇的放松或者闲暇时间的学习等产生放松和掌握的体验。其中，自我调节作为意志力的一种，体现了个体在面临压力与困境时，能够调节自身行为，在闲暇时间通过参加课余活动增加学生的掌握体验。因此，我们提出：

假设 H2-1c：意志力对恢复体验有显著的正向影响。

2. 优势运用的中介作用分析

霍妮（Horney）和罗杰斯（Rogers）指出，优势运用是人们具有的建设性的方向性倾向，能够引导个体激发自己的潜能。人们渴望表达和激活自己，认为当这样做时，他们就更像自己，从而获得幸福和活力。品格优势原本就存在于每个人的内心，正如马斯洛的"类本能"，是半自动、不太强烈的，容易受不利环境抑制的，需要后天挖掘和培养的积极心理品质[①]。这说明品格优势不会自动显现，而是需要充分安全的环境和条件。亲和力通过恰当灵活地把握人际交往的情感动机，给自己与他人带来积极体验；生命力通过自身的创新力表现出一种蓬勃的态势，对周边事物起积极影响；意志力则通过对不良因素的抵制来提升自我管理能力，从而促进自身优势运用[②]。

同时已有研究指出，那些更善于利用自己优势的人会产生更强的幸福感[③]。具体来说，更强的力量使用与更强的自尊、活力、积极的影响和更低的感知压力有关[④]。此外，当我们利用自己的优势时，我们自我感觉良好，能够更好地实现目标，我们正在努力发挥我们的潜力[⑤]。优势运用能让我们从压力中脱离出来，运用自身优势做自己的事，在帮助学生放松的同时，也让学生在闲暇时间学习知识；并且对员工而言，能增加他们的资源，带来恢复体验。

---

① 郭雯，刘翔平. 品格优势与美德[M]. 南京：江苏教育出版社，2013.

② 李婷婷，刘晓明. 对普高生和中职生品格优势的纵向干预研究[J]. 应用心理学，2016，22（3）：245-254.

③ SELIGMAN M E P，STEEN T A，PARK N，et al. Positive psychology progress：Empirical validation of interventions[J]. American Psychologist，2005（60）：410-421

④ WOOD A M，LINLEY P A，MALTBY J，et al.. Using personal and psychological strengths leads to increases in well-being over time：a longitudinal study and the development of the strengths use questionnaire[J]. Personality and Individual Differences，2011，50（1）：15-19.

⑤ LINLEY P A，HARRINGTON S. Strengths coaching：a potential-guided approach to coaching psychology[J]. International Coaching Psychology Review，2006（1）：37-46.

具体来说，根据优势运用理论，运用自身身体、性格、语言等方面的优势，有助于我们更快地获得胜任感和自信心，这样一个螺旋上升过程有助于提升人们的主观幸福感[1][2]。基于以上分析，我们可以推断优势运用可以使个人更灵活轻松地面临挑战，促进其掌握体验维度，从而产生恢复体验。同时，恢复体验理论认为，人们从事具体的业余活动，之所以能够达到身心恢复的目的，是因为这些业余活动能够激发有助于身心恢复的潜在心理感受[3]。根据资源保存理论[4]，个体需要获取新的资源来补偿损耗或失去的资源，而运用自身优势进行这些业余活动带来的心理成就则可以促进身心的恢复，使心理资源得以保持。

根据前文，对自身品格优势等进行优势运用，可以减少自身资源的损耗，提高工作的效率，从而获得积极的响应来更好地进行恢复体验。据此，本研究提出：

假设 H2-2：优势运用在品格优势对恢复体验的影响中发挥中介作用。

3. 自我效能感的调节作用

自我效能感是个体对自己是否具有完成某个特定目标的能力的信念[5]。自我效能感直接影响着人们在活动过程中内在潜能的发挥，对调节和控制人们的行为具有重要的价值和意义。已有研究发现，自我效能感会影响个体对与任务绩效有关的各种因素的感知和判断[6]。同时研究表明，与自我效能感较高的员工相比，自我效能感较低的员工对环境条件会更为敏感[7]。在优势运用过程

---

[1] 高正亮，童辉杰. 积极情绪的作用：拓展-建构理论[J]. 中国健康心理学杂志，2010，18 (2)：246-249.

[2] 郭小艳，王振宏. 积极情绪的概念、功能与意义[J]. 心理科学进展，2007 (5)：810-815.

[3] 吴伟炯，刘毅，谢雪贤. 国外恢复体验研究述评与展望[J]. 外国经济与管理，2012 (11)：46-53.

[4] HOBFOLL S E. Conservation of resources：a new attempt at conceptualizing stress[J]. American Psychologist，1989 (44)：513-524.

[5] BANDURA A. Self-efficacy and health behaviour[J]. Cambridge handbook of psychology, health and medicine，1997 (3)：160-162.

[6] 李永周，王月，阳静宁. 自我效能感、工作投入对高新技术企业研发人员工作绩效的影响研究[J]. 科学学与科学技术管理，2015，36 (2)：173-180.

[7] 周浩，龙立荣. 基于自我效能感调节作用的工作不安全感对建言行为的影响研究[J]. 管理学报，2013，10 (11)：1604-1610.

中，高自我效能感的员工相信自己能够发挥自身优势。

同时，根据资源保存理论，自我效能感较高的员工对自身能力充满信心，相信凭借对自身优势的运用可以克服遇到的困难，并且达成好的结果，因此他们所感知到的压力也较小，从而促进自身获得恢复体验。相反，自我效能感低的员工对自身能力缺乏信心，因此他们所感知到的压力也较大，对工作压力或负面情绪的应对能力也更差，也就更难以促进自身获得恢复体验。已有研究也指出，拥有高自我效能感的个体相信他们能够克服挑战，因此他们能在休息时获得更多的资源，能更好地运用体验使自己得到恢复[1]。与自我效能感低的个体相比，自我效能感高的个体获得的恢复体验更强[2]。

综上，本研究提出：

假设 H2-3：在优势运用对恢复体验的影响中，自我效能感具有显著的正向调节效应，即自我效能感高的人，在运用自身优势时更容易（从压力中恢复）产生恢复体验；自我效能感低的人，在运用自身优势时较难（从压力中恢复）产生恢复体验。

基于以上的理论和逻辑分析，本节研究提出如图 2-1 所示的理论模型：

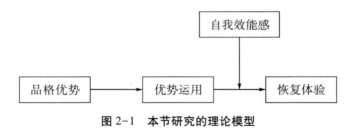

图 2-1　本节研究的理论模型

① CHEN G, GULLY S M, EDEN D. Validation of a new general self-efficacy scale[J]. Organizational Research Methods, 2001, 4（1），62-83.

② SONNENTAG S, KRUEL U. Psychological detachment from work during off-job time：The role of job stressors, job involvement, and recovery-related self-efficacy[J]. European Journal of Work & Organizational Psychology, 2006, 15（2）：197-217.

三、研究设计

1. 变量测量

（1）品格优势。本研究采用段文杰等开发的中文长处问卷（CVQ-96）。该量表共 96 个测量题项，其中亲和优势共有 32 个测量题项，典型题项如"能为小朋友做些小事让我感到很享受"；生命力共有 40 个测量题项，典型题项如"我总能想出新方法去做事情"；意志力共有 24 个测量题项，典型题项如"我的朋友欣赏我能客观地看待事物"[①]。

（2）优势运用。本研究采用王焕贞，江琦和侯璐璐（2017）开发的量表。该量表共有 14 个测量题项，典型题项如"我总是能够发挥我的优势"[②]。

（3）恢复体验。本研究采用 Sonnentag 和 Fritz 提出和开发的量表，将组织情境下改编为学生情境下进行测量，一共含 16 个题项，典型题项如"我能按照自己想要的方式去处理下课之后的事情"[③]。

（4）自我效能感。本研究采用 Schwarzer Robin 编制，王才康等修订的一般自我效能感量表（General Self-Efficacy Scale，GSES）的中文版。该量表含 10 个题项，典型题项如"如果我尽力去做的话，我总是能够解决问题的"[④][⑤]。

2. 研究方法

本研究主要应用了以下几种研究方法：

---

① DUAN W, HO S M Y, YU B, et al.. Factor structure of the Chinese virtues questionnaire[J]. Research on Social Work Practice, 2012, 22（6）：680-688

② 王焕贞，江琦，侯璐璐. 大学生品格优势对主观幸福感的影响：优势运用和压力性生活事件的作用[J].心理发展与教育，2017, 33（1）：95-104.

③ SONNENTAG S, FRITZ C. The recovery experience questionnaire：development and validation of a measure for assessing recuperation and unwinding from work[J].Journal of Occupational Health Psychology，2007, 12（3）：204.

④ SCHWARZER R, JERUSALEM M. Measures in health psychology：A user's portfolio[J]. Causal and Control Beliefs, 1995（2）：35-37.

⑤ 王才康，胡中锋，刘勇. 一般自我效能感量表的信度和效度研究[J].应用心理学，2001（1）：37-40.

（1）文献分析法。本研究在确定选题后对现有相关文献进行收集、整理，并进一步分析获取所需的研究内容，梳理研究涉及的概念内涵和相关理论。

（2）问卷调查法。本研究的问卷是来自对已有成熟量表的直接运用及改编，采用抽样调查的方式，得到了本研究所需要的数据资料和信息。

（3）统计分析方法。

①信度分析：是检验测量结果一致性、稳定性和可靠性程度的一种统计分析方法。信度系数越高说明测量结果可靠程度越高。本研究采用 Cronbach's α 系数来检验量表的信度。α 系数大于 0.7 表明信度较高；介于 0.35 到 0.7 为可接受；低于 0.35 表明信度低，则不能接受。

②共同方法偏差检验：预测变量与效标变量之间由于数据来源相同等原因会出现人为共变误导研究结果，共同方法偏差检验正是消除这一系统误差的控制方法。其中 Harman 单因素检验的方法简单易用，根据未旋转的因素分析结果，若只析出一个因子或某个因子解释力特别大，即可判定存在严重的共同方法偏差。

③描述性统计分析：通过计算概括性数据对变量进行统计性描述，包括数据的频数分析、集中趋势分析、离散程度分析等。本研究主要是采用均值、标准差和相关系数来描述研究模型中的所有变量，对研究假设进行初步检验。

④回归分析：是对具有相关关系的变量进行测量的一种统计方法，目的是进一步确定变量间相互依赖的定量关系。本研究采用层次回归分析来检验研究假设。

3. 问卷收集与样本情况

（1）问卷设计与发放。

本研究通过研究涉及的理论知识和研究目的，选取具有较高效度和信度的成熟量表，设计研究需要的问题，并进行修改完善，最终形成正式问卷。正式问卷共包括五个部分：第一部分为品格优势，共 96 个题项；第二部分为优势运用，共 14 个题项；第三部分为恢复体验，共 16 个题项；第四部分为自我效能感，共 10 个题项；第五部分为基本信息，包括姓名、学号、性别、年龄、班级排名 5 个题项。

本研究在数据收集方式上，通过线下、线上结合的形式发放问卷来收集相关数据。具体途径包括以下两种：①实地调查，将打印好的纸质问卷发给被调查者并说明问卷填写的基本要求，等被调查者填写完成后进行回收并录入数据结果；②网络链接，研究者把正式问卷的网络链接发给被调查者，被调查者填写完问卷后直接提交即可，网站自动收录问卷结果。

（2）样本情况。

本研究共发放 310 份问卷，收回 302 份有效问卷，有效回收率为 97.42%。对研究对象进行描述性统计分析，在调查样本中，性别方面，男生占 21.5%，女生占 78.5%；年龄方面，18 周岁及以下的占 0.7%，19 到 21 周岁的占 89.4%，22 到 24 周岁的占 9.9%。

四、假设检验与结果分析

1. 信度分析

本研究采用 Cronbach's α 系数来检验量表的信度。亲和力、生命力、意志力、优势运用、自我效能感、恢复体验测量量表在本研究中的 Cronbach's α 分别为 0.881、0.876、0.749、0.955、0.884、0.747、均大于 0.700，具有良好的内部一致性。

2. 共同方法偏差检验

本研究在实证分析之前采用 Harman 的单因子检验法进行了共同方法偏差检验，借助 SPSS25.0 采用未旋转的主成分分析法共提取出 20 个特征值大于 1 的因子，解释了总变异量的 67.778%，其中第一个因子解释了 27.733%，低于 50% 的判断标准，可见样本数据的共同方法偏差问题并不严重。

3. 描述性统计分析

研究模型中所有变量的均值、标准差和相关系数如表 2-1 所示，亲和力、生命力、意志力均分别与优势运用显著正相关（相关系数分别为 0.304、0.525、0.381，且 $p<0.01$）；亲和力、生命力、意志力均分别与自我效能感显著正相关（相关系数分别为 0.164、0.386、0.228，且 $p<0.01$）；优势运用与恢复体验显著正相关（$r=0.408$，$p<0.01$）；优势运用与恢复体验显著正相关

（$r = 0.423$，$p < 0.01$）。上述结果对假设 2-2、2-3 和 2-3 进行了初步验证。接下来，我们采用层次回归分析进一步检验研究假设。

表 2-1 变量的均值、标准差和相关系数

	Mean	S. D.	1	2	3	4	5	6	7
1. 性别	1.791	0.423							
2. 年龄	2.093	0.313	0.097						
3. 亲和力	4.007	0.488	0.192**	0.082					
4. 生命力	3.336	0.523	-0.028	0.072	0.574**				
5. 意志力	3.259	0.554	-0.078	0.046	0.467**	0.576**			
6. 优势运用	4.375	0.994	-0.074	0.011	0.304**	0.525**	0.381**		
7. 恢复体验	3.586	0.484	-0.087	-0.064	0.164**	0.386**	0.228**	0.423**	
8. 自我效能感	2.591	0.489	-0.165**	-0.021	0.158**	0.462**	0.325**	0.650**	0.344**

注："*"和"**"分别表示在 0.05 在 0.01 水平上（双尾）显著。

4. 回归分析

（1）主效应检验。

我们在控制性别、年龄等统计学变量影响的基础上，分别将亲和力、生命力、意志力引入以恢复体验为因变量的回归方程并建立相应模型。层次回归分析结果如表 2-2 所示，亲和力、生命力、意志力分别对恢复体验有显著的正向作用（M_6：$\beta = 0.193$，$p < 0.001$；M_7：$\beta = 0.390$，$p < 0.001$；M_8：$\beta = 0.227$，$p < 0.001$），假设 2-1 得到验证。这说明亲和力、生命力、意志力能够显著地促进其获得恢复体验。

（2）中介效应检验。

我们在控制统计学变量影响的基础上，分别将亲和力、生命力、意志力引入以优势运用为因变量的回归方程并建立相应模型。层次回归分析结果如表 2-2 所示，亲和力、生命力、意志力分别对优势运用有显著的正向作用（M_2：$\beta = 0.331$，$p < 0.01$；M_3：$\beta = 0.525$，$p < 0.001$；M_4：$\beta = 0.378$，$p < 0.001$），假设 2-2 得到验证。这说明学生的亲和力、生命力、意志力能够显著地提升其优势运用。然后，分别做亲和力、生命力、意志力与优势运用同时影响因变量恢复体验的回归分析，层次回归分析结果如表 2-2 所示。如 M_9 所示，优势运用

对恢复体验有显著的正向影响（M_9：$\beta = 0.401$，$p < 0.001$），同时，亲和力对恢复体验的影响不显著（M_9：$\beta = 0.060$，$p > 0.05$），因此，优势运用在亲和力和恢复体验的关系之间起到了完全中介作用。如 M_{10} 所示，优势运用对恢复体验有显著的正向影响（M_{10}：$\beta = 0.297$，$p < 0.001$），同时，生命力对恢复体验的影响仍然显著，但其预测作用明显降低（M_9：$\beta = 0.234$，$p < 0.001$，$0.234 < 0.390$，见 M_7），因此，优势运用在亲和力和恢复体验的关系之间起到了部分中介作用。如 M_{11} 所示，优势运用对恢复体验有显著的正向影响（M_{11}：$\beta = 0.390$，$p < 0.001$），同时，意志力对恢复体验的影响仍然显著，但其预测作用明显降低（M_{11}：$\beta = 0.079$，$p < 0.001$，$0.079 < 0.027$，见 M_8），因此，优势运用在意志力和恢复体验的关系之间起到了部分中介作用。假设 2-3 得到了验证。

（3）调节效应检验。

我们在控制统计学变量影响的基础上，分别将优势运用、自我效能感及交互项（优势运用＊自我效能感）依次引入以恢复体验为因变量的回归方程并分别建立相应模型。层次回归分析结果如表 2-2 所示，交互项对恢复体验有显著的正向影响（M_{12}：$\beta = 0.107$，$p < 0.05$），说明学生的自我效能感在优势运用与恢复体验的关系中起到了正向调节作用，即学生的自我效能感越高，其优势运用对恢复体验的促进作用越强。

表2-2 层次回归分析结果

变量	优势运用						恢复体验					
	M_1	M_2	M_3	M_4	M_5	M_6	M_7	M_8	M_9	M_{10}	M_{11}	M_{12}
性别	-0.076	-0.137*	-0.057	-0.044	-0.081	-0.117	-0.068	-0.062	-0.062	-0.050	-0.045	-0.030
年龄	0.019	-0.002	-0.021	-0.002	-0.056	-0.068	-0.085	-0.068	-0.067	-0.079	-0.067	-0.061
亲和力		0.331**				0.193***						
生命力			0.525***				0.390***		0.060	0.234***		
意志力				0.378**				0.227***			0.079***	
优势运用									0.401***	0.297***	0.390***	0.353
自我效能感												0.098
优势运用*自我效能感												0.107**
拟合指标												
F	0.879	12.361***	113.204***	49.506***	1.602	4.805***	19.162***	6.514***	17.310***	21.604***	17.565***	15.193**
R^2	0.006	0.111	0.28	0.147	0.011	0.046	0.162	0.062	0.189	0.225	0.191	0.204
$\triangle R^2$	—	0.105	0.274	0.142	—	0.036	0.151	0.051	0.143	0.064	0.130	0.011

注："***""**""*"分别表示在0.001、0.01和0.05的水平显著。

五、研究结论与启示

1. 研究结论

本研究围绕品格优势对恢复体验的影响展开，基于品格优势相关理论及自我效能感理论，选取恢复体验作为因变量、优势运用作为中介变量、自我效能感作为调节变量，从资源保持视角和放松体验视角探讨优势运用影响下品格优势对恢复体验的影响。研究发现：①品格优势（亲和力、生命力和意志力）对恢复体验有显著正向影响；②优势运用在品格优势（亲和力、生命力和意志力）对恢复体验的影响中起中介作用；③自我效能感在优势运用对恢复体验的影响中起正向调节作用。

2. 管理建议

恢复体验主要作用于压力所带来的负面效应，已有研究发现恢复体验对学生学业的表现有正向影响①。大学生在学习过程中，学习与社交活动时间的不匹配、就业压力大等问题容易给他们造成压力。为了避免压力过大导致学生产生一系列生理及心理问题，从本研究结果出发，学校可以采取相应措施，帮助学生通过获得恢复体验产生正向的心理和行为。

第一，识别和培养品格优势，并帮助学生学会优势运用。本研究发现，品格优势的亲和力、生命力和意志力三个维度均会对恢复体验有显著正向影响，因此，对优势的识别和培养就变得至关重要了。首先，识别品格优势。学校可以通过品格优势测量量表，如优势价值行动问卷（VIA-IS）和中文长处问卷（CVQ-96）来识别学生的品格优势，并将测量结果反馈给学生，让学生更了解自身品格优势，并将优势运用到学习和生活中。其次，培养品格优势。根据三个维度品格优势的积极影响，以及初始识别的个体品格优势的差异，学校可以通过课堂或课外训练进行干预，针对性地帮助学生培养品格优势。最后，帮助学生学会应用品格优势。在优势运用方面，学校的引导和政策是非常重要

---

① 章鹏程，刘毅，路红. 中学生恢复体验对学习投入的影响：影响因素及其中介效应［J］. 心理研究，2017，10（6）：68-77.

的，很多情况下，学生即使发现了自己的优势也很难发挥，此时，针对不同的品格优势特征，学校可以组织不同的社团活动或竞赛活动，通过学分激励以及实战训练的形式帮助学生发挥优势。

第二，培养学生的自我效能感。自我效能感是优势运用和恢复体验的边界，拥有较高自我效能感的学生相信自己能发挥优势，对结果的预期是积极的，此时学生的心态更加积极，资源耗费较少，更能产生较高的恢复体验。因此，帮助学生建立自我效能感对其学习和生活都有显著正向影响。首先，帮助学生制定短期的可实现的目标和实现路径。通过目标的实现，学生自我效能感也会相应提高。其次，通过情绪感染提高学生自我效能感。班杜拉认为，情绪和生理状态与自我效能感的形成有着重要联系。强烈的情绪通常会妨碍行为的表现而降低效能期待，积极稳定的情绪和生理状态会提高自我效能感。教师的情绪和学生的情绪对培养学生的自我效能感都很重要，因此，引导学生进行表情训练也是培养自我效能感的有效途径之一。教师可以引导学生做表情训练，让学生经常自觉地调整自己的面部表情，使之呈现出愉快、自信的精神面貌，这样有利于帮助学生体验积极的自我情绪，进而培养自我效能感。同时，学校需要帮助学生进行自我效能感的迁移。个体往往在某一方面具备优势，因此，其对具有优势的行动有较高的自我效能感。学校可以通过学科之间的相互结合，通过学科综合竞赛或活动，形成学习小组，使学生发挥所长，将自我效能感迁移到其他领域。

3. 研究局限与未来展望

（1）本研究主要研究的是品格优势对恢复体验的影响。然而，此次研究的对象局限于重庆某高校的部分大学生，样本空间较小，研究所得的结论可能存在偏差。因此，在未来研究中可以扩大样本空间，甚至选取国外大学生等作为研究对象。

（2）本研究采用的恢复体验借鉴了国外学术界已有的成熟的恢复体验理论，由于民族文化的差异，这种理论体系与我国文化背景无法完全匹配。因此，未来的研究可以将恢复体验的研究同本土文化相结合，建立并完善适合本国的恢复体验理论。

第二节　恢复体验的后果研究：学业表现的视角

一、引言

2020年1月3日，中国青年报社联合中青校媒和丁香医生共同发布了《2020中国大学生健康调查报告》。该报告样本覆盖了全国40余所高校的12 117名大学生，报告发现，60%以上的大学生具有较大的学业压力。斯蒂文·霍布福尔指出应对压力会导致个体资源的流失[1]，而恢复体验（Recovery Experience）则是个体从压力情境中恢复的心理过程[2]，可见，恢复体验有助于个体应对和缓解压力带来的损害。

目前，国内外学者对恢复体验的影响研究主要体现在增加个体积极情绪、提高身心健康[3]、增加产出[4]等方面。已有研究多以工作场景下的恢复体验为主，但恢复体验在学习领域也发挥着不可忽视的作用。章鹏程在研究中指出，恢复体验与学习投入呈显著正相关，并且对学习投入状态具有正向预测作用[5]。学习投入是学生学业成就（Academic Achievement）的重要预测指标[6][7]，

①　STEVAN E H. Social and psychological resources and adaptation[J]. Review of General Psychology，2002，6（4）：307-324.

②　SONNENTAG S，FRITZ C. The recovery experience questionnaire：development and validation of a measure for assessing recuperation and unwinding from work[J]. Journal of Occupational Health Psychology，2007，12（3）：204-221.

③　FRITZ C，SONNENTAG S. Recovery，well-being，and performance related outcomes：the role of workload and vacation experiences[J]. Journal of Applied Psychology，2006，91（4）：936-945.

④　KEVIN J，ESCHLEMAN，JAMIE M，et al. . Benefiting from creative activity：the positive relationships between creative activity，recovery experiences，and performance related outcomes[J]. Journal of Occupational and Organizational Psychology，2014，87（3）：579-598.

⑤　章鹏程，刘毅，路红. 中学生恢复体验对学习投入的影响：影响因素及其中介效应[J]. 心理研究，2017，10（6）：68-77.

⑥　ARCHAMBAULT I，PAGANI L，FITZPATRICK C. Transactional associations between classroom engagement and relations with teachers from first through fourth grade[J]. Learning and Instruction，2013（23）：1-9.

⑦　LEE，J. The relationship between student engagement and academic performance：is it a myth or reality[J]. Journal of Educational Research，2014，107（3）：177-185.

而学业成就又是检验和改善学校教育的重要标准之一①，应当得到各界的重视。但研究发现，在时间压力、班级氛围等对学生学习投入的影响中，恢复体验仅作为中介变量发生作用，并未直接揭示其对大学生学业成就的影响，可见，目前关于恢复体验对大学生学业成就的影响及研究较为缺乏，仍需我们进一步探索。恢复体验的重要理论基础是资源保存理论（Conservation of Resources Theory，COR）②。因此，本研究将在已有研究的基础上，从资源保存理论视角探讨恢复体验对学业成就的影响。根据资源保存理论，人们总是在积极努力地构建、维持和保护他们认为的宝贵资源③，恢复体验则可以帮助个体保存现有资源或（和）获得新资源，从而使得个体资源能够充分发挥作用。已有研究指出，自我效能感（Self-Efficacy）即一种心理资源④，依据社会支持理论（Social Support Theory），其应用价值在于通过社会支持系统帮助个体提高社会的资源统筹度⑤，这便说明社会支持可以帮助个体保存并统筹资源。因此，本研究基于资源保存理论和社会支持理论，选取学业自我效能感（Academic Self-Efficacy）作为中介变量、领悟社会支持为调节变量，研究在大学生学习活动中，恢复体验是如何对其学业成就产生影响的。

本研究根据资源保存理论，聚焦于学业自我效能感这一个体因素，揭示其在恢复体验与学业成就关系中发挥的作用，丰富了影响恢复体验对学业产出的作用研究。本研究基于社会支持理论，分析了在恢复体验对大学生学业成就的影响中，领悟社会支持对其发挥的调节作用，从大学生内部心理资源和外部社会支持两个方面厘清了恢复体验对大学生学业成就的作用机制，扩大了恢复体验的应用边界。本研究能为高校培养高学业产出的学生提供理论指导。高校在培养学生时应重视恢复体验，充分发挥恢复体验对大学生学业成就的积极作用。本研究有利于引导教育工作者和家庭关注大学生学业自我效能感和领悟社会支持的状况。教育工作者和家庭可以通过心理咨询、加强社会支持建设等各种方式持续引导大学生提升学业自我效能感，获得更多社会支持，从而取得更

---

① 王雁飞，李云健，黄悦新. 大学生心理资本、成就目标定向与学业成就关系研究[J]. 高教探索，2011（6）：128-136，148.

② HOBFOLL S E. The influence of culture，community，and the nested-self in the stress process：advancing conservation of resources theory[J]. Applied Psychology，2001，50（3）：337-421.

③ HOBFOLL S E. Conservation of resources：a new attempt at conceptualizing stress[J]. The American Psychologist，1989，44（3）：513-524.

④ LUTHANS F，YOUSSEF C. Human，social，and now positive psychological capital management：investing in people for compitvie advantage[J]. Organizational Dynamics，2004，33（2）：143-160.

⑤ 谭敏. 社会支持理论在教育研究中的应用[J]. 教育评论，2019（3）：8-14.

高的学业成就。

二、文献综述和研究假设

1. 恢复体验与学业成就

恢复体验是指个体在心理上提升恢复的机制，即个人不论通过何种恢复行为，最终达到恢复效果的一种潜在心理体验，包含心理脱离、放松体验、掌握体验和控制体验四个方面。学业成就是经过一定的教学或训练所学到的，在一个比较明确的、相对限定的范围内的学习效果，是指一个人的知识和能力技能达到教育要求的水平[①]。

第一，作为恢复体验的重要理论基础之一，资源保存理论认为个体总是努力获取、保有和维护所珍惜的资源，这些资源包括物质（object）资源、条件（condition）资源、个人特征（personal characteristic）资源和能量（energies）资源等，其中个人特征资源包括自我效能[②]。拥有较多资源的个体不仅不易受到资源损失的攻击，而且更有能力获得资源，由此揭示了资源增值螺旋效应（Gain Spiral）。增值螺旋是指拥有充足珍贵资源的个体不但更有能力获得资源，而且所获得的这些资源会产生更大的资源增量。同时，在某个生活领域获取的新资源具有溢出效应（Spillover Effect），可被应用在其他领域[③]。由此，学生便可以在恢复体验过程中恢复并获取有价值的资源，这些资源的溢出可以使学生将更多有价值的资源应用到学习活动中去。

第二，已有研究指出恢复体验对学业成就的影响还可以通过学业投入来实现。索内塔格通过研究发现恢复体验能够提高员工的工作投入[④]，章鹏程等在此研究基础上将恢复体验引入学习领域，并发现恢复体验与学习投入呈显著正相关关系，这说明提高学生的恢复体验有利于提高其学习投入，而学习投入是学生学业成就的重要预测指标。好的恢复体验效果能够促进学生提高学习投

① 马惠霞，龚耀先. 成就测验及其应用[J]. 中国心理卫生杂志，2003（1）：60-62，30.

② HOBFOLL S E. Conservation of resource caravans and engaged settings[J]. Journal of Occupational and Organizational Psychology，2011，84（1）：116-122.

③ IVCEVIC Z. Artistic and everyday creativity：an act-frequency approach[J]. The Journal of Creativity Behavior，2007，41（4）：271-290.

④ SONNENTAG S, MOJZA E J, DEMEROUTI E, et al.. Reciprocal relations between recovery and work engagement：the moderating role of jobstressors[J]. Journal of Applied Psychology，2012，97（4）：842-853.

入，从而取得更好的学业成就。综上，本研究提出：

假设 H2-4：恢复体验对学业成就有显著的正向影响。

2. 恢复体验与学业自我效能感

根据资源保存理论，人们可以通过恢复体验来保护现有的或（和）获取新的有价值的资源，并运用这些资源来提高自己获取资源的能力。恢复体验能够帮助个体获得、保存自我效能感，学业自我效能感又是自我效能感在学业领域的具体表现，由此我们推测：恢复体验能够帮助学生获得并增强学业自我效能感。此推测可通过恢复体验的四个维度：心理脱离、放松体验、掌握体验和控制体验来说明。具体以掌握体验和控制体验为例：

掌握体验是指个体参加一些有挑战性且能够学习新技能的活动①，已有学者指出个体可以通过参与提供挑战体验的非工作活动，获得胜任感和自信心②③。掌握体验与自信存在正相关关系，而自我效能感是人们对自身能否利用所拥有的技能去完成某项工作的自信程度④。通过研究，吴伟炯也发现获得掌握体验有助于个体获得自我效能感等新的内在资源⑤。也就是说，作为自我效能感在学习领域的具体表现，学业自我效能感也能够通过掌握体验获得。

控制体验则是指员工在非工作情境下自由选择、决定从事某活动的时间和方式的体验，这种体验也可以提高个体的自我效能感。石冠峰也指出个体在恢复体验中体会到的控制感能够增强个体的自我效能感，即一段令人满意的恢复体验能给个体带来自我效能感等重要资源。良好的恢复体验能够增强个体的自信，从而强化个体的自我效能感，也就在一定程度上增强了个体的学业自我效能感。综上，本研究提出：

假设 H2-5：恢复体验对学业自我效能感有显著的正向影响。

① CARMELI A, et al. How leaders cultivate social capital and nurture employee vigor：implications for job performance[J]. Journal of Applied Psychology, 2009, 94（6）：1553-1561.

② HAHN V C, BINNEWIES C, SONNENTAG S, et al.. Learning how to recover from job stress：effects of a recovery training program on recovery, recovery-related self-efficacy, and well-being[J]. Journal of Occupational Health Psychology, 2011, 16（2）：202-216.

③ SONNENTAG S, BINNEWIES C, MOJZA E J. "Did you have a nice evening？" A day-level study on recovery experiences, sleep, and affect[J]. Journal of Applied Psychology, 2008, 93（3）：674-684.

④ BANDURA A. Self-efficacy：toward a unifying theory of behavioral change[J]. Psychological Review, 1977, 84（3）：191-215.

⑤ 吴伟炯，刘毅，谢雪贤. 国外恢复体验研究述评与展望[J]. 外国经济与管理, 2012, 34（11）：46-53.

3. 学业自我效能感的中介作用

学业自我效能感指学生对完成既定学习任务的自身能力的预期。申克则将其定义为学生在学习过程中，能否完成既定任务的信念①。国内学者在国外已有概念的基础上，对学业自我效能感进行了定义，其中，获得国内学者广泛认可的是梁宇颂的定义。梁宇颂将学业自我效能感定义为个体对自身成功完成学业任务所具有能力的判断与自信②。

已有研究指出，自我效能感与学业成就存在密切关系。杨心德研究表明，自我效能感与学习目标显著相关，自我效能感强的学生倾向于选择既适合其能力水平又具有挑战性的目标，从而强化了他们的动机和努力程度，导致获得较好的学习成绩③。自我效能感对学生的学习成绩有重要影响④，王振宏也有相似的研究结果⑤。此外，国外学者通过研究指出自我效能感会影响学业成就⑥⑦⑧，而且自我效能感是学生能否取得良好学业成绩的重要条件⑨。作为自我效能感在学习领域内的具体表现，学业自我效能感是个体对自身成功完成学业任务所具有能力的判断与自信，相对于一般自我效能感，它更能够在学习领域中发挥作用。因此，本研究推测：学业自我效能感也能够预测学业成就等学业表现，并对其产生正向影响。

根据以上分析，恢复体验对学业自我效能感存在影响，而学业自我效能感

① DALE H S, TRISHA P G. Self-efficacy and skill development: influence of task strategies and attributions[J]. The Journal of Educational Research, 1986, 79 (4): 238-244.

② 梁宇颂. 大学生成就目标、归因方式与学业自我效能感的研究[D]. 武汉：华中师范大学, 2000.

③ 杨心德, 徐钟庚, 陈朝阳. 初中生的自我有效感及其对学习目标的影响[J]. 心理发展与教育, 1993 (3): 11-17.

④ HUANG C J. Discriminant and incremental validity of self-concept and academic self-efficacy: a meta-analysis[J]. Educational Psychology, 2012, 32 (6): 777-805.

⑤ 王振宏. 初中学生学业自我效能与学业成就关系研究[J]. 心理发展与教育, 1999 (1): 39-43.

⑥ CHOI N. Self-efficacy and self-concept as predictors of college students' academic performance [J]. Psychology in the Schools, 2005, 42 (2): 197-205.

⑦ FRANK P. Self-efficacy beliefs in academic settings[J]. Review of Educational Research, 1996, 66 (4): 543-578.

⑧ SCHUNK D H. Self-efficacy and education and instruction[J]. Plenum, 1995, 281-303.

⑨ SCHUNK D H, PINTRICH P R, MEECE J L. Motivation in education: theory, research and application[M]. Upper Saddle River, NJ: Pearson/Merrill Prentice Hall. 2010.

又对学业成就产生影响，因此，我们推断学业自我效能感在恢复体验与学业成就的关系中起中介作用。综上，本研究提出：

假设H2-6：在恢复体验对学业成就的影响中，学业自我效能感起中介作用。

4. 领悟社会支持的调节作用

依据社会支持理论，社会支持作为一种重要的弹性资源，包括客观支持、主观体验到的支持及对支持的利用度，其中主观体验到的支持也称领悟社会支持[1]。领悟社会支持作为社会支持的主观方面，是影响青少年学业成就的重要因素，是个体在社会中对受尊重、被支持和理解的情感体验和满意程度[2][3]，是对社会支持的期望和评价，以及对可能获得的社会支持的信念[4]。

当个体的领悟社会支持水平高时，个体能体验到更多社会支持，应对危机时更倾向于勇敢积极地应对，心理更会朝着积极、健康的方向发展[5]。同时，詹森和兹莱发现社会支持能给个体带来积极的情绪，以及实现对事物的预期和掌控感[6]。赵汗青通过研究也发现，在社会支持理论中，如果个体在需要时能得到或相信他们能得到社会支持，他们就会有更好的精神和健康状态，并且身心功能可以发挥得更好[7]。另外，王建平等也指出个体在社会中越能够感受到被尊重、被其他人支持和理解，其处理好情境唤起的信念越强[8]，这种信念是个体能处理好事情的一种自信。这说明，领悟社会支持水平高时，个体能够获

① 肖水源，杨德森. 社会支持对身心健康的影响[J]. 中国心理卫生杂志，1987（4）：183-187.

② BARRERA M. Distinctions between social support concepts, measures and models[J]. Am J Comm Psychol, 1986（14）：413-445.

③ PIERCE G R, SARASON I G, SARASON B R. General and relationship-based perceptions of social support：are two constructs better than one？[J]. Journal of Personality and Social Psychology, 1991, 61（6）：1028-1039.

④ DUNKEL S C, BENNETT T L. Differentiating the cognitive and behavioral aspects of social support[M]. New York：Wiley, 1990.

⑤ 林静，涂巍. 大学生积极心理品质与应对方式、领悟社会支持的关系[J]. 中国健康心理学杂志，2015, 23（2）：225-228.

⑥ GENCON T, ZLALE Y. Direct andindirect effects of social support on psychological well-being[J]. Social Behavior and Personality, 2004, 32（5）：449-458.

⑦ 赵汗青. 大学生社会支持系统中的偏差与对策[J]. 经济师，2004（12）：96-97.

⑧ 王建平，李董平，张卫. 家庭经济困难与青少年社会适应的关系：应对效能的补偿、中介和调节效应[J]. 北京师范大学学报（社会科学版），2010（4）：22-32.

得并更好地保存包括掌控感、自信在内的许多积极的心理资源。当个体的领悟社会支持水平高时，个体从恢复体验中获得的资源就越多、对自己完成学业的自信就越强烈，从而，个体的学业自我效能感也能够得到强化。

已有研究指出，领悟社会支持与大学生抑郁呈负相关①，它能够削弱青少年的抑郁情绪②且对个体心理健康具有增益性功能③。由此可知，领悟社会支持水平低时，个体的抑郁情绪无法得到控制和削弱，积极情绪便会减少。这时，个体的自信等积极资源无法保存，个体对自身完成学习任务的信心便会减弱，其学业自我效能感也无法增强。综上，本研究提出：

假设 H2-7：在恢复体验对学业自我效能感的影响中，领悟社会支持起正向调节作用。

基于以上的理论和逻辑分析，本节研究提出如图 2-2 所示的研究模型。

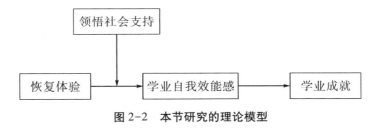

图 2-2　本节研究的理论模型

三、研究设计

1. 变量测量

（1）恢复体验。本研究采用的量表含 16 个题项，其中典型题项如"我能按照自己想要的方式去处理下课之后的事情"。

① 程月影，陈力，彭涛，等. 大学生自我效能感、社会支持与抑郁的关系研究[J]. 哈尔滨医科大学学报，2017，51（6）：560-561，567.

② CHENG C. Getting the right kind of support：functional differences in the type of social support on depression for Chinese adolescents. Journal of Clinical Psychology，1998（54）：845-849.

③ BRISSETTE I，SCHEIER M F，CARVER C S. The role of optimism in social network development，coping，and psychological adjustment during a life transition[J]. Journal of Personality and Social Psychology，2002，82（1）：102-111.

（2）学业自我效能感。本研究采用施瓦泽·罗宾①编制，王才康等修订的"一般自我效能感量表（General Self-Efficacy Scale，GSES）"的中文版②。该量表含 10 个题项，其中典型题项如"如果我尽力去做的话，我总是能够解决问题的"，我们在前面都加上"在学业中"，比如"在学业中，如果我尽力去做的话，我总是能够解决问题的"。

（3）领悟社会支持。本研究采用的量表取自刘畅③的研究。该量表含 12 个题项，其中典型题项如"在发生困难时我可以依赖我的朋友们"。

（4）学业成就。本研究采用以王雁飞编制的绩效评价量表为基础修订的大学生学业成就量表。该量表含 19 个题项，其中典型题项如"我主动请求承担富有挑战性任务的情况"。

2. 问卷收集与样本情况

（1）问卷设计与发放。

本研究通过研究涉及的理论知识和研究目的，选取具有较高效度和信度的成熟量表，设计研究需要的问题，并进行修改完善，最终形成正式问卷。正式问卷共包括五个部分：第一部分为恢复体验，共 16 个题项；第二部分为自我效能感，共 10 个题项；第三部分为领悟社会支持，共 12 个题项；第四部分为大学生学业成就，共 19 个题项；第五部分为基本信息，包括姓名、学号、性别、年龄、班级排名 5 个题项。

本研究是通过线下、线上结合的形式发放问卷来收集相关数据的。具体途径包括以下两种：①实地调查，将打印好的纸质问卷发给被调查者并说明问卷填写的基本要求，等被调查者填写完成后进行回收并录入数据结果；②网络链接，研究者把正式问卷的网络链接发给被调查者，被调查者填写完问卷后直接提交即可，网站自动收录问卷结果。

---

① SCHWARZER R，JERUSALEM M. Measures in health psychology：A user's portfolio[J]. Causal and control beliefs，1995（2）：35-37.

② 王才康，胡中锋，刘勇. 一般自我效能感量表的信度和效度研究[J]. 应用心理学，2001（1）：37-40.

③ 刘畅. 大学生领悟社会支持与心理健康的关系：一般自我效能感的中介作用及干预研究[D]. 郑州：河南大学，2018.

（2）样本情况。

本研究共发放 310 份问卷，收回 302 份有效问卷，有效回收率为 97.42%。对研究对象进行描述性统计分析，具体结果如表 2-3 所示。

表 2-3　样本信息表

个体特征	选项	频数	百分比/%
性别	男	65	21.5
	女	237	78.5
年龄	18 周岁及以下	2	0.7
	19~21 周岁	270	89.4
	22~24 周岁	30	9.9

由表 2-3 可知，在调查样本中，性别方面，男生占 21.5%，女生占 78.5%；年龄方面，18 周岁及以下的占 0.7%，19 到 21 周岁的占 89.4%，22 到 24 周岁的占 9.9%。

四、数据分析与结果

1. 信度分析

本研究采用 Cronbach's α 系数来检验量表的信度。恢复体验、学业自我效能感、学业成就、领悟社会支持、测量量表在本研究中的 Cronbach's α 分别为 0.747、0.884、0.933、0.938，均大于 0.700，具有良好的内部一致性。

2. 共同方法偏差检验

本研究在实证分析之前采用 Harman 的单因子检验法进行了共同方法偏差检验，借助 SPSS19.0 采用未旋转的主成分分析法共提取出 20 个特征值大于 1 的因子，解释了总变异量的 67.944%，其中第一个因子解释了 21.506%，低于 50% 的判断标准，可见样本数据的共同方法偏差问题并不严重。

3. 描述性统计分析

研究模型中所有变量的均值、标准差和相关系数如表 2-4 所示，恢复体验与学业成就显著正相关（$r=0.207$，$p<0.01$）；恢复体验与学业自我效能感显著正相关（$r=0.344$，$p<0.01$）；自我效能感与学业成就显著正相关（$r=0.307$，$p<0.01$）。上述结果对假设2-4、2-5和2-6进行了初步验证。接下来，我们采用层次回归分析进一步检验研究假设。

表2-4　变量的均值、标准差和相关系数

变量	Mean	S. D.	1	2	3	4	5
1. 性别	1.791	0.423					
2. 年龄	2.093	0.313	0.097				
3. 恢复体验	3.586	0.484	−0.087	−0.064			
4. 学业自我效能感	2.591	0.489	−0.165**	−0.021	0.344**		
5. 学业成就	4.224	0.624	0.078	−0.009	0.309**	0.307**	
6. 领悟社会支持	5.171	1.084	0.099	−0.055	0.207**	0.262**	0.455**

注："＊"和"＊＊"分别表示在0.05在0.01水平上（双尾）显著。

4. 回归分析

（1）主效应检验。

本研究在控制性别、年龄等统计学变量影响的基础上，将恢复体验引入以学业成就为因变量的回归方程并建立相应模型。层次回归分析结果如表2-5所示，恢复体验对学业成就行为有显著的正向作用（M_6：$\beta=0.318$，$p<0.001$），假设2-4得到验证。这说明学生恢复体验能够显著地促进其学业成就。

（2）中介效应检验。

本研究在控制统计学变量影响的基础上，将恢复体验引入以学业自我效能感为因变量的回归方程并建立相应模型。层次回归分析结果如表2-5所示，恢复体验对学业自我效能感有显著的正向作用（M_2：$\beta=0.333$，$p<0.001$），假设2-5得到验证。这说明学生的恢复体验能够显著地提升其学业自我效能感。

然后，做恢复体验与学业自我效能感同时对因变量学业成就的回归分析。层次回归分析结果如表2-5所示，学业自我效能感对学业成就有显著的正向影响（M_7：$\beta=0.249$，$p<0.001$）。同时，恢复体验对学业成就的影响依然显著，但其预测作用明显降低（M_7：$\beta=0.235$，$p<0.001$，$0.235<0.318$）。因

表 2-5　层次回归分析结果

变量	自我效能感				学业成就		
	M_1	M_2	M_3	M_4	M_5	M_6	M_7
性别	-0.164	-0.137	-0.164	-0.150	0.080	0.106	0.140
年龄	-0.005	0.014	0.025	0.023	-0.017	0.001	-0.003
恢复体验		0.333***	0.286***	0.296***		0.318***	0.235***
自我效能感			0.220***	0.231***			0.249***
恢复体验*领悟社会支持				0.104*			
拟合指标							
F	4.162	15.778***	16.603***	14.172*	0.963	11.830***	14.130***
R^2	0.027	0.137	0.183	0.193	0.006	0.106	0.16
$\triangle R^2$	—	0.110	0.046	0.010	—	0.100	0.053

注:"***""**""*"分别表示在 0.001、0.01 和 0.05 的水平显著。

此，学业自我效能感在恢复体验和学业成就的关系之间起到了部分中介作用，假设 2-6 得到验证。

（3）调节效应检验。

本研究在控制统计学变量影响的基础上，分别将恢复体验、领悟社会支持及交互项（恢复体验 * 领悟社会支持）依次引入以学业自我效能感为因变量的回归方程并分别建立相应模型。层次回归分析结果如表 2-5 所示，交互项对学业成就有显著的正向影响（ M_4：$\beta = 0.104$，$p < 0.05$），假设 2-7 得到验证。这说明学生的领悟社会支持对恢复体验与学业自我效能感的关系起到了正向调节作用，即学生领悟的社会支持越高，其恢复体验对学业自我效能感的促进作用越强。

五、研究结论与管理启示

1. 研究结论

本研究围绕恢复体验对大学生学业成就的影响展开，基于恢复体验相关理论，选取恢复体验作为因变量、学业自我效能感作为中介变量、领悟社会支持和乐观作为调节变量，从资源保存视角探讨恢复体验对大学生学业成就的影响。

研究结果表明：①恢复体验对学业成就有显著的正向影响；②恢复体验对学业自我效能感有显著的正向影响；③学业自我效能感在恢复体验对大学生学业成就的作用过程中发挥着中介作用；④在恢复体验对学业自我效能感的影响中，领悟社会支持起正向调节作用。

2. 管理启示

本研究所得出的结论对学生个人及其家庭、教育工作者有极大的借鉴价值。根据相关理论学生能够从恢复体验中得到资源，并充分运用这些资源进行学习活动，从而在学习中获得更大的成就。这便要求学生个人及其家庭、教育工作者共同努力，高度关注学生心理状况并适当引导，使学生能够获得更多的恢复体验。

（1）大学生、家庭和教育工作者都应对恢复体验给予高度重视，并帮助大学生获得恢复体验。

在学生个人层面，学生应主动获取恢复体验。①学生要尽量将休闲和学习区分开，在学习时间内积极高效地进行学习并完成学习任务，给自己充足的休闲时间以获得恢复体验；②在感受到压力时，及时通过听音乐、冥想、散步等不具有挑战性的活动进行放松，尽快恢复已耗损的资源；③丰富休闲时间的活动，结合个人的兴趣爱好选择不同的休闲方式，通过运动、阅读、学习新技能等方式实现自我挑战，积累心理资源；④根据自身条件对时间进行分配，以自己有把握的方式处理事务，获得自己对事件的主动权和控制感。在教育工作者层面，学校、教师等应为学生获得恢复体验创造并提供良好的条件。①不布置过于繁重的课业任务，尽量不让学习任务侵占学生的休闲时间，给学生充足的休闲时间；②必要时可以在教学中穿插一些轻松的话题或不具备挑战性的小游戏，让学生在学习活动中得到适当的放松；③丰富学习形式，除传统的授课型讲课方式以外，可以增加实验、小组讨论、实地考察、社会调查等形式的作业考察，让学生拥有更广阔的学习空间，获取更多书本以外的知识；④遵从学生的发展意愿，在课业安排和完成方式上给予学生更大的自主权，允许学生在保证课业完成质量的前提下选择自己更为感兴趣的方式。

（2）针对不同恢复体验水平的大学生应提供针对性的社会支持，以促进其提升学业自我效能感。

大学生恢复体验水平越高，其领悟到的社会支持越多，在学业活动中可利用的资源越充足，也就更容易获得自信心、提升学业自我效能感，可见社会支持对于大学生的学习十分重要。因此，针对恢复体验水平低的大学生，学校、教师、教辅人员及学生家庭应努力为其提供支持。第一，在课堂内，学校、教师及教辅人员应做到如下四点：①制订合理的教学计划，为学生提供专业对口的知识和充足的学习时间；②配置高质量的师资力量和硬件设施，为学生提供优秀的教师资源和良好的学习环境；③为学生提供完善的学习资源，丰富线上教学资源，如在线文档、线上视频等，让学生拥有更多的资源，在课堂之外也能自主学习；④对学习表现优秀的学生要给予肯定，对表现平平的学生也要给予鼓励，贯彻实施"评奖评优"等措施。第二，在课堂以外，家庭的支持也必不可少：①理解支持学生的学习活动，为其提供适当的设施和条件；②当学生在学习上遭受挫折时给予支持和鼓励，取得成就时给予适当的肯定，让学生能够在学习上保持平和的心态。

（3）应重视学业自我效能感对学业成就的积极作用，并多途径提升学业自我效能感。

学业自我效能感作为一种心理资源，来源于个体以往的成功经验，并且学业自我效能感的提升能够帮助学生获取更高层次的学业成就，这便要求学生自己和教育工作者高度关注学生过去的经历。学生个人可以从两个方面来提升学业自我效能感：①积极主动地对以往的学习经历进行反思和总结，总结在类似事件上成功的经验，分析失败原因并得出教训，在努力避免重复失败的同时将成功的经验运用到未来的学习中；②对于自己的学习要充满信心，相信自己有能力且能够运用以往成功经验在未来学习中获得成就。教育工作者也可从两个方面帮助学生：①尽量关注和了解学生过去的经历，帮助学生从以往经历中汲取经验和教训，并将其运用到日常学习中；②运用自身经验和能力，给予学生适当的鼓励和引导，让学生有自信在学习活动中充分发挥能动性。

3. 研究局限与未来展望

（1）本研究研究的对象局限于重庆某高校的部分经管类大学生，样本空间较小，研究所得的结论可能存在偏差，并且不适用于理工类大学生。因此，未来的研究可以扩大样本空间，增加对理工科大学生恢复体验的研究，尤其是对压力水平普遍较高的沿海、一线城市大学生的研究，甚至可以选取国外大学生等作为研究对象，以扩大样本空间。

（2）本研究中研究的领悟社会支持是指个体所感受到的来源于各方面的总的支持。在现实生活中，大学生所感受到的社会支持往往来源于家人、老师、朋友等不同方面，对于不同的大学生来说，他们所领悟到的来自不同主体的社会支持往往不同。所以，未来的研究可以探索家人、朋友等不同主体对大学生领悟社会支持的影响。

第三节　恢复体验和压力性生活事件作用下情绪智力
对学业成就的影响研究

一、引言

2019 年 10 月，中国人民大学发布了"拟对 16 名大学生予以退学的决定"而广受外界关注。这些学生在校期间应修未修及不及格的课程累积超过 20 学分而被要求退学。上述现象从本质上反映了大学生学业成就不尽如人意的现状。那么，影响大学生的学业成就的主要因素究竟是智力因素还是非智力因素呢？在著名心理学家丹尼尔·戈尔曼（Daniel Goleman）的畅销书《情商》（*Emotional intelligence*）（情商即情绪智力，下文一律采用学术概念情绪智力）中认为，情商（EQ）比智商更为重要。一个人能否取得成功，智商只起到20% 的作用，剩下的 80% 取决于情商。可见，作为非智力因素的情商，即情绪智力能够让学生获得学业成就。那么，情绪智力对大学生学业成就的影响是怎样的呢？

根据以往研究，学者们主要分析了情绪智力对大学生学业成就的直接影响[①②]，并未研究其中的机理。由资源保存理论可知，情绪智力是一种重要的情绪资源[③]，高情绪智力个体能够更好地从应激状态中脱离出来进行资源的恢复[④]，有效保存个体的情绪资源，这种情绪资源有助于个体更好地投入到学业中，从而获得较高的学业成就。个体从应激状态恢复的过程称为恢复体验[⑤]。故本研究引入了恢复体验作为情绪智力与大学生学业成就之间的中介变量。此

①　李宪印，杨娜. 情绪智力与大学生学业成就关系的实证研究——以地方普通高校为例[J]. 中国成人教育，2016（7）：78-81.

②　吴峰，王曦. 大学生情绪智力对学业成就的影响——基于结构方程模型实证研究[J]. 教育学术月刊，2017（1）：59-65.

③　HOBFOLL S E. The influence of culture, community, and the nested-self in the stress process: Advancing conservation of resources theory[J]. Applied Psychology, 2001, 50（3）：337-421.

④　高健，于春泉，尹立群，李力生，王秀云，王泓午. 情绪智力及其相关因素对大学生心理健康的影响[J]. 中国健康心理学杂志，2011, 19（10）：1251-1254.

⑤　KINNUNEN U, MAUNO S, SILTALOPPI M. Job insecurity, recovery and well-being at work: recovery experiences as moderators[J]. Economic and Industrial Democracy, 2010, 31（2）：179-194.

外，情绪智力作为一种特质①，根据特质激发理论，个体内在特质与外部情境之间具有某种联系，这种联系可以对个体行为产生一定的预测作用②。已有研究指出，对于不同水平的情绪智力的个体，他们的行为在压力性生活事件的作用下具有显著差异③。在压力性生活事件的作用下，高情绪智力个体能够更好地从应激状态中脱离出来进行资源的恢复④。因此，我们依据特质激发理论，选取压力性生活事件作为一种重要的激发情境，影响情绪智力对大学生恢复体验的作用，即本研究引入压力性生活事件作为情绪智力与大学生恢复体验之间关系的调节变量。

相比以往的探讨情绪智力对学业成就的直接影响，本研究从资源保存理论视角和特质激发理论的视角出发，开创性地探讨了恢复体验在情绪智力和学业成就之间的中介作用，以及在压力性生活事件调节下，情绪智力水平不同的个体恢复体验的差异，揭示了在具体变量下情绪智力对学业成就的作用机制。立足当前大学生学业成就受到广泛关注的背景，本研究再次关注了情绪智力对学业成就的影响，此外还探讨了恢复体验的重要性，尤其是帮助那些低情绪智力个体以积极的方式应对压力性生活事件的重要作用，倡导高校应帮助学生进行有效的压力管理，提升恢复体验，使大学生获得情绪资源并保存，从而能更好地投入学业，以提升学业成就。

二、文献综述和研究假设

1. 情绪智力对大学生学业成就的影响

如前所述，情绪智力分为特质观和能力观。本研究采用特质观的观点，以

---

① BAR ON R, BROWN J M, KIRKCALDY B D. Emotional expression and implications for occupational stress: an appli-cation of the emotional quotient Inventory (EQ-i) [J]. Personality and Individual Differences, 2000, 28 (6): 1107-1118.

② TETT R P, BURNETT DAWN D. Apersonality trait-based interactionist model of job performance[J]. The Journal of Applied Psychology, 2003, 88 (3): 500-517.

③ 蔡妤荻, 叶宝娟. 压力性生活事件、情绪智力与工读生毒品使用的关系[J]. 中国临床心理学杂志, 2016, 24 (2): 314-316.

④ 高健, 于春泉, 尹立群, 等. 情绪智力及其相关因素对大学生心理健康的影响[J]. 中国健康心理学杂志, 2011, 19 (10): 1251-1254.

Ba on 和 Petrides 等为代表的学者将情绪智力的内涵延伸到与情绪情感关联领域的个性特质①。

马强等指出个体的情绪智力越高，自身的积极情绪越多②，而积极情绪的拓展——建构理论指出各种积极情绪，如快乐、兴趣、满足和爱等虽不尽相同，但都能够提高人的知行能力，建构人们的资源。情绪具有拓展和建构两大功能，能够反映个体幸福感，利于个体的成长与发展，积极情绪拓展功能主要表现在能够拓展个体的思维和行动范畴，包括个体的感知、行为等范畴。Fredrickson 认为在拓展功能的基础上，它还可以帮助个体构建持久的社会、身体、智力和心理等资源③，补充这些资源会对学业成就产生影响④⑤⑥。董妍等研究得出积极的学业情绪对学业成就产生正向影响⑦。因此，情绪智力有助于学业成就的提升。

龙玉川等对 364 名大学生开展研究，发现情绪智力与大学生学业成就存在显著正相关关系⑧；刘玉娟以 3~6 年级的学生为被试，研究发现其特质情绪智力与学业成就呈显著正相关⑨。综上，本研究提出：

假设 H2-8：情绪智力对大学生学业成就有正向影响。

2. 情绪智力对大学生恢复体验的影响

Sonnentag 和 Fritz 对恢复体验进行了初步界定，恢复体验是指员工从工作

---

① SALOVEY P J D. Emotional intelligence [J]. Imagination, Cognition and Personality, 1990 (3)：185-211.

② 马强，冯婷，辛洁，等. 护士情绪智力、积极情绪与工作投入的关系研究[J]. 护理研究，2016，(1)：120-121.

③ FREDRICKSON B L. What good are positive emotions[J]. Review of General Psychology, 1998 (3)：300-319.

④ 王振宇，刘萍. 动机因素，学习策略，智力水平对学生专业成就的影响[J]. 心理学报，2000 (1)：65-69.

⑤ 王艳霞. 家庭文化资本对子女学业成就的影响[J]. 当代教育论坛（学科教育研究），2007 (8)：37-38.

⑥ 冯志远，徐明津，黄霞妮，等. 留守初中生学校气氛、心理资本与学业成就的关系研究[J]. 中国儿童保健杂志，2015 (12)：1246-1248，1252.

⑦ 董妍，俞国良. 青少年学业情绪对学业成就的影响[J]. 心理科学，2010 (4)：934-937，945.

⑧ 龙玉川，唐平，张涛. 364 名大学生的情商和智商高低对学习成绩影响的相关性研究[J]. 泸州医学院学报，2002 (2)：185-186.

⑨ 刘玉娟. 小学生特质型情绪智力的发展研究[J]. 中国特殊教育，2008 (8)：75-80.

要求中得到恢复的心理过程，包含心理脱离、放松体验、控制体验和掌握体验四个维度①。本研究将从以上四个维度来阐述情绪智力对恢复体验的影响。

首先，高情绪智力的个体更容易实现心理脱离。学者们指出高情绪智力个体往往含有高积极情绪，而积极情绪特质较明显的个体更加容易实现心理状态与工作状态的脱离②。

吴维库等提出情绪智力较高的个体在工作时往往更容易找到有效的方式，适当地运用和支配自己的情感资源③，可见，这一类情绪智力较高的个体拥有较高的自我效能感和控制感④⑤⑥。Spector 等的研究表明，拥有较强自我效能感和控制感的个体对自己能够成功完成某事或者避免消极结果更加有自信，所以他们更擅长从工作中脱离⑦。

其次，高情绪智力个体能更高频率产生放松体验。Michael Harvey 指出高情绪智力个体会以积极的方式去处理所面临的压力⑧，如跑步、看书等。耿彦丽等论证了情绪智力与休闲活动偏好和参与都呈显著正相关⑨，而这些积极的休闲活动（比如阅读、散步）等能够带来放松体验。

再次，高情绪智力个体可能有着良好的控制体验。吴伟炯等认为在非工作

① SONNENTAG S，FRITZ C. The recovery experience questionnaire：Development and validation of a measure for assessing recuperation and unwinding from work[J]. Journal of Occupational Health Psychology，2007（3）：204.

② 马强，冯婷，辛洁，等. 护士情绪智力、积极情绪与工作投入的关系研究[J]. 护理研究，2016（1）：120-121.

③ 吴维库，余天亮，宋继文. 情绪智力对工作倦怠影响的实证研究[J]. 清华大学学报（哲学社会科学版），2008（S2）：122-133，144.

④ 严标宾，张兴贵，林知. 员工情绪智力对工作绩效的影响——自我效能感的中介效应[J]. 软科学，2013（12）：49-52.

⑤ 王叶飞，谢光荣. 情绪智力、自我领导与大学生压力应对方式的关系：积极情感与自我效能感的中介作用[J]. 中国临床心理学杂志，2016（3）：558-560，565.

⑥ 申曦，何丹，何菲，等. 大学生情绪智力与自我效能：自我领导的中介作用[J]. 中国健康心理学杂志，2017（3）：437-440.

⑦ SPECTOR P E，JEX S M，CHEN P Y. Relations of incumbent affect related personality traits with incumbent and objective measures of characteristics of jobs[J]. Journal of Organizational Behavior，2010，（1）：59-65.

⑧ NANCY H L，MICHAEL H. The trait of curiosity as a predictor of emotional intelligence[J]. Journal of Applied Social Psychology，2007（7）：1545-1561.

⑨ 耿彦丽，胡炳政，胡伟国. 中学生情绪智力与课外休闲[J]. 宁波教育学院学报，2014（04）：117-121.

状态的行为自主能够带来控制体验①。情绪智力能够正向预测生活满意度②，而生活满意度较高的个体其行为自主性也较高。下班后自由安排时间、以自己的方式处理事务等行为能够带来控制体验。

最后，高情绪智力个体掌握感更强。叶晓倩指出积极的情绪能够充实人的精力、提升能力、提高工作效率，是个体从事一切行为的巨大动力③，罗榛等研究表明，高情绪智力个体往往拥有较高的积极情绪④，他们在成功完成某事后，往往能够带来对事物的掌控感。据此，本研究推断，情绪智力越高的个体，其恢复体验水平越高。

综上，本研究提出：

假设 H2-9：情绪智力对大学生恢复体验有正向影响。

3. 恢复体验的中介作用

Kinnunen 将恢复体验定义为个体从应激反应中恢复过来的一个过程⑤。Fritz 和 Sonnentag2005 年提出恢复体验能够帮助个体缓解工作压力⑥，提升工作绩效⑦⑧。学业成就作为衡量学业状况的重要指标，在很大程度上代表了学生的学业绩效。章鹏程提出中学生恢复体验与学习投入显著正相关⑨，蒋承等

---

① 吴伟炯，刘毅，谢雪贤. 国外恢复体验研究述评与展望[J]. 外国经济与管理，2012（11）：44-51.

② 许远理，熊承清. 大学生情绪智力对主观幸福感的预测效应分析[J]. 心理研究，2009（04）：77-81.

③ 叶晓倩，李玲，王瑜芬. 情绪智力视角的大学生团队意识与创新力开发[J]. 当代职业教育，2017（1）：76-80.

④ 罗榛，金灿灿. 中国背景下情绪智力与心理健康关系的元分析[J]. 心理发展与教育，2016（5）：623-630.

⑤ KINNUNEN U，MAUNO S，SILTALOPPI M. Job insecurity，recovery and well-being at work：recovery experiences as moderators [J]. Economic and Industrial Democracy，2010（2）：179-194

⑥ FRITZ C，SONNENTAG S. Recovery，health，and job performance：Effects of weekend experiences[J]. Journal of Occupational Health Psychology，2005（3）：187-199.

⑦ 吴伟炯，刘毅，谢雪贤. 国外恢复体验研究述评与展望[J]. 外国经济与管理，2012（11）：44-51.

⑧ 李祥梅，李爱梅. 奖励度假能激励员工？——度假恢复体验对工作幸福感、工作绩效的影响[J]. 中国商论，2014（9）：59-60.

⑨ 章鹏程，刘毅，路红. 中学生恢复体验对学习投入的影响：影响因素及其中介效应[J]. 心理研究，2017（6）：68-77.

研究证明了学习投入又会对学业成就产生正向影响①。

叶宝娟等指出个体需要同时处理来自家庭、学业等社会各方面的压力②。大学生群体除了应对繁重的学业压力，他们可能还要处理家庭、社会关系，这非常容易给他们造成资源耗损③，心理资源过度损耗会对学业成就产生负向影响④。丁璐等提出情绪智力的各个维度与积极应对行为显著正相关⑤，袁贵勇研究发现高情绪智力个体在面临压力时会以积极方式应对⑥，王叶飞等人也得到了类似结论⑦。依据资源保存理论，积极应对有利于减少个体的资源损耗，获得新资源。个体未产生恢复体验时，对工作要求往往感知到更大的压力，而情绪智力可以调节个体对压力的知觉⑧，这利于学生更好地将资源投入学业，以获得学业成就。

鉴于此，我们认为较高情绪智力的个体更容易产生较高水平的恢复体验，进而对学业成就产生正向影响。

综上，本研究提出：

假设 H2-10：恢复体验在情绪智力和大学生学业成就之间产生中介作用。

4. 压力性生活事件的调节作用

单怀海等认为压力性生活事件是指在日常生活中，可能会使个体由于压力而产生焦虑、困扰等负面情绪的负性生活变动⑨。

---

① 蒋承，孙海杰，罗尧. 本科生学业成就影响因素分析[J]. 教育发展研究，2015（19）：21-26.

② 叶宝娟，李董平，陈启山，等. 青少年感觉寻求与烟酒使用的关系：一个有中介的调节模型[J]. 心理发展与教育，2011（4）：417-424.

③ 田丽. 大学生的学习倦怠述评[J]. 社会心理科学，2013（1）：3-6.

④ 祝婧媛. 中学生学习倦怠及其影响因素[D]. 上海：华东师范大学，2006.

⑤ 丁璐，孙红. 医学生情绪智力与应对方式相关研究[J]. 卫生职业教育，2010（21）：100-102.

⑥ 袁贵勇. 大学生情绪智力、应对方式对心理健康的影响[J]. 中国健康心理学杂志，2008（8）：27-29.

⑦ 王叶飞，谢光荣. 情绪智力、自我领导与大学生压力应对方式的关系：积极情感与自我效能感的中介作用[J]. 中国临床心理学杂志，2016（3）：558-560，565.

⑧ VERGARAM M B，SMITH N，KEELE B. Emotional intelligence, coping responses, and length of stay as correlates of acculturative stress among international university students in thailand[J]. Procedia Social and Behavioral Sciences，2010（5）：1498-1504.

⑨ 单怀海，严和骏，樊彬. 学生时期精神疾病与生活事件的调查[J]. 中国心理卫生杂志，1990（5）：203-204.

Tett 和 Burnett 提出特质激活理论（Trait Activation Theory，TAT）指出外部情境与个体内在特质之间存在着某种有机联系，并且这种有机联系对个体的行为具有预测作用①。我们依据特质激发理论，选取压力性生活事件作为一种重要的情境，分析压力性生活事件如何调节情绪智力与大学生恢复体验之间的关系。

学者们发现在压力性情境下，高情绪智力个体能够更好地管控自身情绪，采取适当的行为以应对压力②③。蔡妤荻等以494名工读生作为被试对象，探究被试对象在压力性生活事件作用下，不同情绪智力个体行为表现的差异，发现随着压力性生活事件的增多，高情绪智力学生的不良行为并未增加，而低情绪智力的个体则无法恰当地管控自身情绪及行为④。高情绪智力个体能够以积极的情绪面对压力性生活事件，更趋向于进行积极应对，获得恢复体验。

综上，本研究提出：

假设 H2-11：压力性生活事件正向调节情绪智力对学业成就的影响。

综上所述，本节研究的理论模型如图2-3所示。

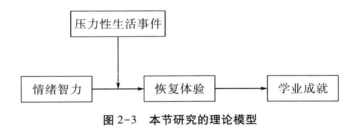

图2-3　本节研究的理论模型

①　TETT R P，BURNETT D D. A personality trait based interactionist model of job performance [J]. The Journal of Applied Psychology，2003（3）：500-517.

②　KING M，GARDNER D. Emotional intelligence and occupa-tional stress among professional staff in New Zealand[J]. International Journal of Organizational Analysis，2006（3）：186-203.

③　CHANG C P，CHANG F J. Relationships among traditional Chinese personality traits，work stress，and emotional intelligence in workers in the semiconductor industry in Taiwan ［J］. Quality&Quantity，2010（4）：733-748.

④　蔡妤荻，叶宝娟. 压力性生活事件、情绪智力与工读生毒品使用的关系[J]. 中国临床心理学杂志，2016（2）：314-316.

三、研究设计

1. 变量测量

（1）情绪智力。本研究采用由刘艳梅、陈红修订的中文版情绪智力量表（SSEIS）[1]，共21题。

（2）学业成就。本研究采用武丽丽修订的《大学生意志力量表的编制及其与学业成就的关系》[2]，其基础量表是王雁飞编制的绩效评价量表。

（3）恢复体验。本研究采用的是 Sonnentag 和 Fritz 所编制的量表[3]，共计16题。

（4）压力性生活事件。本研究采用了刘贤臣等编制的青少年自评生活事件量表（ASLEC）[4]。

2. 问卷收集及样本情况

（1）问卷设计与发放。

本问卷包括五个部分，第一部分为基本信息，囊括了姓名、性别、年龄等信息；第二部分为个体特征问卷，共21个题项；第三部分为学业表现问卷，共19个题项；第四部分为心理状态问卷，共16个题项；第五部分为压力承受情况问卷，共27个题项。

（2）样本情况。

此次调查共收集到310份问卷，获得302份有效问卷，对研究对象的基本信息进行描述性统计分析后，其结果如表2-6所示。

---

① 刘艳梅. Schutte 情绪智力量表的修订及特点研究[D]. 重庆：西南大学，2008.

② 武丽丽. 大学生意志力量表的编制及其与学业成就的关系[D]. 太原：山西医科大学，2016.

③ SONNENTAG S，FRITZ. The recovery experience questionnaire：Development and validation of a measure for assessing recuperation and unwinding from work[J]. Journal of Occupational Health Psychology，2007（3）：204.

④ 刘贤臣，刘连启，杨杰，等. 青少年生活事件量表的编制与信度效度测试[J]. 山东精神医学，1997（1）：15-19.

表 2-6 统计量

个体特征	选项	频率	百分比/%	有效百分比/%	累计百分比/%
性别	男	65	21.5	21.5	21.5
	女	235	77.8	77.8	99.3
年龄	≤18 岁	2	0.7	0.7	0.7
	19~21 岁	270	89.4	89.4	90.1
	22~24 岁	30	9.9	9.9	100
民族	汉族	264	87.4	87.4	87.4
	少数民族	38	12.6	12.6	100

四、数据分析与结果

1. 信度分析

本研究采用 Cronbach's α 系数来检验量表的信度。情绪智力、恢复体验、学业成就、压力性生活事件测量量表在本研究中的 Cronbach's α 分别为 0.874、0.747、0.993、0.925，均大于 0.700，具有良好的内部一致性。

2. 共同方法偏差检验

本研究在实证分析之前采用 Harman 的单因子检验法进行了共同方法偏差检验，借助 SPSS19.0 采用未旋转的主成分分析法共提取出 13 个特征值大于 1 的因子，解释了总变异量的 67.319%，其中第一个因子解释了 15.451%，低于 50%的判断标准，可见样本数据的共同方法偏差问题并不严重。

3. 描述性统计分析

研究模型中所有变量的均值、标准差和相关系数如表 2-7 所示，情绪智力与学业成就显著正相关（$r = 0.299$，$p < 0.01$）；情绪智力与恢复体验显著正相关（$r = 0.303$，$p < 0.01$）；恢复体验与学业成就显著正相关（$r = 0.309$，$p < 0.01$）。上述结果对假设 2-8、2-9 和 2-10 进行了初步验证。接下来，我们

采用层次回归分析进一步检验研究假设。

表 2-7　变量的均值、标准差和相关系数

变量	Mean	S. D.	1	2	3	4	5
1. 性别	1.791	0.423					
2. 年龄	2.093	0.313	0.097				
3. 情绪智力	3.525	0.599	0.021	0.037			
4. 恢复体验	3.586	0.484	-0.087	-0.064	0.303**		
5. 学习成就	3.129	0.703	0.078	-0.009	0.299**	0.309**	
6. 压力性生活事件	1.969	0.687	0.031	-0.004	-0.010	-0.124*	-0.160**

注："*"和"**"分别表示在 0.05 在 0.01 水平上（双尾）显著。

4. 回归分析

（1）主效应检验。

本研究在控制性别、年龄等统计学变量影响的基础上，将情绪智力引入以学业成就为因变量的回归方程并建立相应模型。层次回归分析结果如表 2-8 所示，情绪智力对学业成就行为有显著的正向作用（M_6：$\beta = 0.299$，$p < 0.001$），假设 2-8 得到验证。这说明学生情绪智力能够显著地促进其学业成就。

（2）中介效应检验。

本研究在控制统计学变量影响的基础上，将情绪智力引入以恢复体验为因变量的回归方程并建立相应模型。层次回归分析结果如表 2-8 所示，情绪智力对恢复体验有显著的正向作用（M_2：$\beta = 0.308$，$p < 0.001$），假设 2-9 得到验证。这说明学生的情绪智力能够显著地提升其恢复体验。

然后，做情绪智力与恢复体验同时对因变量学业成就的回归分析。层次回归分析结果如表 2-8 所示，恢复体验对学业成就有显著的正向影响（M_7：$\beta = 0.249$，$p < 0.001$）。同时，情绪智力对学业成就的影响依然显著，但其预测作用明显降低（M_7：$\beta = 0.222$，$p < 0.001$，$0.222 < 0.299$）。因此，恢复体验在情绪智力和学业成就的关系之间起到了部分中介作用，假设 2-10 得到验证，这说明恢复体验在大学生情绪智力和学业成就之间具有中介作用。

（3）调节效应检验。

本研究在控制统计学变量影响的基础上，分别将情绪智力、压力性生活事

表 2-8　层次回归分析结果

变量	恢复体验					学业成就	
	M_1	M_2	M_3	M_4	M_5	M_6	M_7
性别	-0.081	-0.087	-0.083	-0.087	0.080	0.075	0.096
年龄	-0.056	-0.067	-0.068	-0.055	-0.017	-0.028	-0.011
情绪智力		0.308***	0.306***	0.319***		0.299***	0.222***
恢复体验							0.249***
压力性生活事件			-0.119***	-0.127***			
情绪智力 * 压力性生活事件				0.106*			
拟合指标							
F	1.602	11.656***	10.041***	8.842*	0.963	10.501***	13.213***
R^2	0.011	0.105	0.119	0.130	0.006	0.096	0.151
$\triangle R^2$	—	0.094	0.014	0.011	—	0.089	0.055

注："***""**""*"分别表示在0.001、0.01和0.05的水平显著。

件以及交互项（情绪智力＊压力性生活事件）依次引入以恢复体验为因变量的回归方程并分别建立相应模型。层次回归分析结果如表2-8所示，交互项对恢复体验有显著的正向影响（M_4：$\beta = 0.106$，$p < 0.05$），假设2-11得到验证。这说明压力性生活事件对其大学生情绪智力与恢复体验的关系起到了正向调节作用，即压力性生活事件越多，其情绪智力对恢复体验的促进关系越强。

五、研究结论与管理启示

1. 研究结论

本研究得到如表2-9所示的研究结论：

（1）情绪智力对大学生学业成就具有显著的正向影响。

（2）情绪智力对大学生恢复体验具有显著的正向影响。

（3）恢复体验在情绪智力和大学生学业成就之间具有中介作用。

（4）压力性生活事件正向调节情绪智力对大学生恢复体验的影响。

表2-9　研究假设实证结果

编号	研究假设	实证结果
假设 H2-8	情绪智力对大学生学业成就有正向影响	成立
假设 H2-9	情绪智力对恢复体验有正向影响	成立
假设 H2-10	恢复体验在情绪智力和大学生学业成就之间具有中介作用	成立
假设 H2-11	压力性生活事件正向调节情绪智力对大学生恢复体验的影响	成立

2. 管理启示

（1）高校应重点关注情绪智力的个体差异。情绪智力不仅对学生个体有一定影响，还对其学业成就有着正向影响。在教学工作中应该将不同情绪智力的学生筛选出来，对不同情绪智力的学生应有的放矢地进行管理，对情绪智力较高的学生，其管理自身情绪及行为的能力可能较强，因此适当关注即可；而情绪智力较低的学生，其情绪和行为管理能力可能较弱，易对学业和生活产生不利影响，高校应予以重点关注。

（2）通过活动和课程提升恢复体验。长期处于学习状态，尤其是学业压力较大或学生个体对学习内容并不感兴趣，容易使学生产生"学业倦怠"，所以有必要对学生开展恢复体验提升训练。高校应鼓励劳逸结合，提倡学生在非学习状态时参加有益的社会活动，实现心理脱离；不定期开展休闲娱乐活动以及一些关于提升个体积极情绪的讲座，以科学的方式尽量减少消极情绪，使个体得到放松；鼓励学生自主开展活动，如兴趣社团的建立等，提升学生自主感；定期举办各种竞赛，如数学竞赛、英语演讲等，让学生参与到有挑战性且有趣的项目中，在活动中获得掌控体验。

（3）针对压力性生活事件的差异性与共性，高校心理辅导中心应进行专业化、模块化建设。高校辅导中心应该兼顾学生的普遍诉求和阶段性个体差异。大学生群体的大学压力性生活事件有一定共性，所以也可能产生相似的心理困扰，如低年级学生群体需要短时间内适应新环境，在这个过程中容易产生心理不适和迷茫感。高校心理辅导中心可以用更专业化、模块化的方式在辅导中心内布局，如划分团体辅导部以解决如学业压力等共性问题，个体咨询部解决个人经历困惑等方面问题。

3. 研究局限与未来展望

（1）恢复体验的本土化。东西方文化差异较大，西方主要是以个人主义文化为主，而东方更加盛行集体主义，而面子、关系、人情等因素都是影响东方人恢复体验的重要因素，所以恢复体验需要结合具体文化进行本土化研究。

（2）样本的局限性。本研究的结论为情绪智力对学业成就具有正向影响，而部分研究认为情绪智力对学业成就并无显著影响，这可能是研究对象的差异所导致的。本研究主要以高校商科类专业学生作为被试群体，在以后的研究中希望能够对研究样本加以扩充。

第四节　恢复体验视角下玩兴对学业成就的影响研究

一、引言

唐代韩愈的《进学解》中写道"业精于勤，荒于嬉；行成于思，毁于随"，阐述了"学业因玩乐而荒废"的道理。由此可见，在中国的传统文化中，玩乐和勤学被认为是对立的概念。那么玩乐是否一定会导致学业荒废呢？我们梳理现有文献发现，玩兴这一积极心理特质蕴含了"玩乐"的含义。"玩兴"最早由 Webster 进行界定，即"在休闲或游戏中所具有的发自个人内部的态度"。现有文献中关于玩兴和学习的关系有两种观点：第一种观点认为玩兴使学生更投入学习[①]；第二种观点认为玩兴控制不当会出现负面影响[②]。可见，学者们对玩兴和学习关系的认识仍存在着争议。作为学习效果的直接体现，学业成就是评价高等教育教学效果、育人成效及学生全面发展状况的一项有效指标[③]。那么，玩兴对学业成就究竟有何影响效果？这其中的"黑箱"和边界机制又是如何的呢？

以往的研究根据成就动机理论，发现玩兴对成就动机产生影响[④]，成就动机又会促进学业成就的提升[⑤]，而玩兴能够使个体从应激状态中脱离出来保存个体资源（如时间、精力），从而从应激中获得恢复[⑥]。然而，当前有关玩兴和学业成就关系的研究却未从资源保存理论的角度进行过讨论。个体通过玩兴获得更多的资源（如时间、精力），从而投入学习，进而获得学业成就。这里所描述的个体从应激中恢复的心理过程就是恢复体验[⑦]。因此，本研究引入恢复体验作为玩兴和学业成就之间的中介变量。另外，根据特质激活理论，特质的效应在逆情境下更容易激发出来，作为一种特质，玩兴的效应在何种情境下更容易激发呢？已有研究认为个体对完美主义的追求，会造成时间、精力等资

---

① 洪毓孜. 个人玩兴与团队玩兴气氛对团队创造力绩效之影响[D]. 商雄：中山大学，2004.

② LYTTLE J. The judicious use and management of humor in the workplace[J]. Business Horizons，2007，50（3）：239-245.

③ 朱生营. 大学生学业成就研究综述[J]. 教书育人（高教论坛），2016（27）：36-38.

④ 刘晓玲，李丽娜，崔向军，等. 大学生玩兴与成就动机的关系研究[J]. 中国全科医学，2012，15（24）：2823-2825.

⑤ 王振宇，刘萍. 动机因素、学习策略、智力水平对学生学业成就的影响[J]. 心理学报，2000，32（1）：65-69.

⑥ 徐长江，张静文，石伟. 业精于勤，亦精于嬉：工作与游戏中的玩兴[J]. 心理技术与应用，2015（3）：59-64.

⑦ SONNENTAG S，FRITZ C. The recovery experience questionnaire：development and validation of a measure for assessing recuperation and unwinding from work[J]. Journal of Occupational Health Psychology，2007，12（3）：204.

源的损耗，个体无法通过恢复体验完成资源的恢复①。生命意义与完美主义显著正相关②，个体的生命意义感越高，越容易追求完美主义，从而越难获得恢复体验。由此，本研究引入生命意义感作为玩兴和恢复体验之间的调节变量。

基于以上分析，本研究从资源保存理论和特质激活理论的视角出发，引入恢复体验作为中介变量，生命意义感作为调节变量，从而回应了玩兴和学业成就关系的争议，相关研究结果可以为当代高校提高人才培养质量提供建议。

二、研究假设与文献综述

1. 大学生玩兴与学业成就

作为一个积极心理学的概念，玩兴有特质观和状态观两种定义。本研究采用的是玩兴的特质观定义。该类定义认为玩兴是一种通过给自己和他人提供乐趣、幽默和娱乐的方式来构建或重新构建情境的倾向。高玩兴特质的个体具有典型的有趣的、幽默的、自然的、不可预知的、冲动的、活跃的、精力充沛的、爱冒险的、好交际的、外向的、高兴的、幸福的，易于通过讲笑话、戏弄、扮小丑，以及表现得傻气来展现好玩的行为③。特质理论认为特质是构成人格的最小单位，是激发与指导个体的各种反应的恒常的心理结构。已有研究认为包括人格特征在内的非智力因素水平的高低是影响学生学业成就的最主要的原因④。由此，本研究推断作为"一种自发构建或重构情境的特质"的玩兴可能对学业成就产生影响。

刘晓玲等人的研究结果显示，大学生在玩兴量表中的总分及各因子得分与

---

① 张斌，谢静涛，蔡太生. 完美主义人格的结构及特点[J]. 中国心理卫生志，2013，27（3）：215-219.

② 王芳. 完美主义、自我效能感、心理控制源与生命意义感的相关研究[D]. 天津：天津大学，2012.

③ BARNETT L A. The nature of playfulness in young adults[J]. Personality & Individual Differences，2007，43（4）：949-958.

④ LEINO J，LINSTEDT J P. A Study of Learning Styles[D]. Helsinki：University of Helsinki，1989.

成就动机量表的总分、追求成功因子呈正相关①。而成就动机是个体对自己认为重要的、有价值的工作乐意去做，并力求达到成就的内在动力②，来自个体力求达到成就的内在动力对个体有更强烈、持久的引导作用③，已有研究指出内在动机与学业成就呈显著的正相关④。由此，本研究推断较高的玩兴预示着个体能够产生较强的成就动机，从而维持更强烈持久的内在动力，使个体力求达到较高学业成就。

基于以上分析，本研究提出：

假设 H2-12：大学生玩兴对学业成就有显著正向影响。

2. 大学生玩兴与恢复体验

恢复体验分为放松体验、心理脱离、掌握体验与控制体验四个维度。其中，放松体验是指个体处于一种休闲状态；心理脱离是指个体心理上与工作（或学习）脱离，在非工作（或学习）时间里不从事、也不想从事与工作有关的任何事情；掌握体验是指个体参加一些有挑战性且能够学会新技能的活动；控制体验是指个体对他的日常生活有控制的愿望，可以描述为个体有资格从两个或者更多的选择中做出决定。

下面将依次论述大学生玩兴对恢复体验不同维度的影响。其一，徐长江等研究认为工作与游戏中的玩兴能帮助个体恢复精神、放松心情、舒缓压力，从而使人们以更好的状态投入工作⑤。由此，本研究也推断大学生玩兴有助于增加放松体验。其二，Sonnentag 等研究证实个体面临的工作要求越高，下班后

① 刘晓玲，李丽娜，崔向军，等. 大学生玩兴与成就动机的关系研究[J]. 中国全科医学，2012，15（24）：2823-2825.

② 龚艺华. 大学生父母教养方式与成就动机的相关研究[J]. 中国学校卫生，2007，28（3）：278-279.

③ WILLIAM H S, JANE W. When is play productive? [J]. Social Science Electronic Publishing, 1991，1（1）：71-90.

④ 王振宇，刘萍. 动机因素、学习策略、智力水平对学生学业成就的影响[J]. 心理学报，2000，32（1）：65-69.

⑤ 徐长江，张静文，石伟. 业精于勤，亦精于嬉：工作与游戏中的玩兴[J]. 心理技术与应用，2015（3）：59-64.

越难实现心理脱离，也越容易感受到无力感[1]，而高玩兴个体更容易减轻厌倦感、紧张感[2]。当大学生面对沉重的课业压力时，高玩兴的个体会削弱压力所带来的紧张感，协助个体以一种积极态度处理压力问题，使得个体心理上与学习脱离，在非学习时间里不从事、也不想从事与学习有关的任何事情；由此，本研究也推断大学生玩兴有助于增加心理脱离。其三，Csikszentmihalyi 指出高玩兴的个体更容易受到挑战性任务的刺激，主动完成具有挑战性的工作以获取愉悦的情绪体验[3]。拥有这种倾向的个体乐于参加一些有挑战性且能够学会新技能的活动，从而更容易获得掌握体验；由此，本研究也推断大学生玩兴有助于增加掌握体验。其四，玩兴的一个重要特点为自由自发地从事活动，不拘泥于外在强制的规定或限制。自由自发地从事活动的前提是个体有资格从两个或者更多的选择中做出决定，即对自己的生活拥有控制体验。由此，本研究也推断大学生玩兴有助于增加控制体验。基于此，本研究提出：

假设 H2-13：大学生玩兴对恢复体验有显著正向影响。

3. 恢复体验的中介作用

已有研究指出恢复体验可以帮助员工减轻工作压力，提高工作绩效[4][5]。Hahn 等研究表明放松体验能够降低员工工作倦怠水平，提升员工工作效率[6]。石冠峰和刘朝辉在研究中发现员工恢复体验积极影响工作绩效[7]。学业成就是衡量学生学业状况的一个重要指标。因此，学业成就很大程度上代表了学生的

---

① SONNENTAG S, BAYER U V. Switching off mentally：predictors and consequences of psychological detachment from work during off-job time[J]. Journal of Occupational Health Psychology，2005，10（4）：393-414.

② 张树连. 大学生玩兴量表的编制及其发展特点研究[D]. 重庆：西南大学，2011.

③ CSIKSZENTMIHALYI M. Finding flow[J]. Psychology Today，1997，30（4）：46-51.

④ FRITZ C, SONNENTAG S. Recovery，health，and job performance：effects of weekend experiences[J]. Journal of Occupational Health Psychology，2005，10（3）：187-199.

⑤ BINNEWIES C, SONNENTAG S, MOJZA E J. Recovery during the weekend and fluctuations in weekly job performance：A week-level study examining intra-individual relationships[J]. 2010，83（2）：419-441.

⑥ HAHN V C, BINNEWIES C, SONNENTAG S, et al. Learning how to recover from job stress：effects of a recovery training program on recovery，recovery-related self-efficacy，and well-being[J]. Journal of Occupational Health Psychology，2011，16（2）：202-216.

⑦ 石冠峰，刘朝辉. 员工恢复体验对工作绩效的影响机制研究[J]. 科技进步与对策，2019，36（18）：147-153.

学习绩效。由此,本研究也推断大学生的恢复体验能积极影响学生的学业成就。

考虑到个体不仅在学校中学习,而且也在玩中学习①。上述已论证大学生玩兴对恢复体验有显著正向影响。个体可以在玩中学,获得恢复体验。根据努力—恢复模型,个体可以努力通过在"玩中学"补充心理资源,进而以更好状态投入学习,提升学业成就。基于此,本研究提出:

假设 H2-14:恢复体验在大学生玩兴对学业成就的影响中具有显著的中介效应。

4. 生命意义感的调节作用

根据特质激活理论,特质的效应在逆情境下更容易激发出来。本研究推断作为一种特质,玩兴的效应在生命意义感低的情境下更容易激发。生命意义感是一种能赋予个体存在感、有方向感与价值感的目标,在实现此目标的过程中,个体可以获得成为有价值的人的认同感②。Frankl 认为意义疗法包括三种相互联系的基本理论观点:意志的自由、意义意志及生命的意义,其中特别强调了人要在苦难中寻找意义③。已有研究认为个体对完美主义的追求,会造成时间、精力等资源的损耗,个体无法通过恢复体验完成资源的恢复。生命意义与完美主义显著正相关④,个体的生命意义感越高,越强调人要在苦难中寻找意义,这时个体越容易追求完美主义,越不倾向于以一种玩乐的态度从事活动,从而难以获得恢复体验。相反,生命意义感低的时候,为了避免生命意义感缺少而产生的空虚,人们采用了种种代偿方法,如求权意志和享乐意志等⑤,这种享乐意志会促使个体发现活动中好玩有趣的成分,从而使个体的资源得以恢复,从而获得恢复体验。综上,本研究提出:

① 李斌. 论"玩"对青少年健康成长的意义[J].体育文化导刊,2009(11):19-22,51.

② CRUMBAUGH J C. Everything to gain:a guide to self-fulfillment through logoanalysis[M]. Chicago:Nelson-hall Company,1973.

③ FRANKL V E. Man's Search for Meaning(Revised.)[M]. New York:Simon arch Schuster,1985.

④ 王芳. 完美主义、自我效能感、心理控制源与生命意义感的相关研究[D].天津:天津大学,2012.

⑤ 周红. 追溯与理解———略论弗兰克尔的意义治疗学说及实践意义[J].深圳大学学报,2011,18(3):77-81.

假设 H2-15：生命意义感在大学生玩兴对恢复体验的影响中具有显著的负向调节效应。也就是说，生命意义感越高，大学生玩兴对恢复体验的影响越小；生命意义感越低，大学生玩兴对恢复体验的影响越大。

三、研究设计

1. 研究样本

为了减少系统偏差并增强样本代表性，我们在重庆某高校不同年级、不同专业选取了三个班的学生作为研究样本，并采取纵向调研的方法，每隔两周搜集一次数据。第一次收集"大学生玩兴"和"生命意义感"的数据，间隔两周后，第二次收集"恢复体验"的数据，又间隔两周后，第三次收集"学业成就"的数据。本研究共发出 350 份调研问卷，最终获取 302 份有效问卷，问卷有效回收率为 86.29%。有效样本的基本特征分布如表 2-10 所示。

表 2-10　有效样本的基本特征分布

项目	类别	数量	百分比/%
性别	男	67	22.2
	女	235	77.8
年龄	19~21 周岁	270	89.40
	22~24 周岁	32	10.60
民族	汉族	264	87.42
	少数民族	38	12.58

2. 研究工具

（1）大学生玩兴。本研究采用张树连编制的大学生玩兴量表，包括"乐在其中""乐于创造，解决问题""放松身心，自在表现""幽默自在，自得其乐""童心未泯，好玩有趣""自我坚持，积极完成"6 个维度，共计 29 个题项。示例题项如"我觉得自己常有天真浪漫的想法""我觉得自己童心未泯"等。问卷采用 Likert 5 点计分法，1~5 分别代表完全不同意、比较不同意、不好说、比较同意、完全同意。

（2）恢复体验。采用 Sonnentag 和 Fritz 提出和开发的量表，包括心理脱离、放松、掌握体验和控制体验 4 个维度，共计 16 个题项。为了更契合本研究中的样本，我们将题项中"工作"换成"学习"。示例题项如"我能决定自己下课之后如何分配时间。""我觉得我可以决定课下要做什么"等。问卷采用 Likert 4 点计分法，1~4 分别代表完全不同意、比较不同意、比较同意、完全同意。

（3）学业成就。采用王雁飞等使用的学业成就量表[①]，包括学习奉献、任务绩效、人际促进、总绩效 4 个维度，共计 19 个题项。示例题项如"我主动解决学习、工作中存在问题的情况""我坚持克服困难以便完成学习和工作任务的状况"等。问卷采用 Likert6 点计分法，1~6 分别代表完全不同意、不同意、比较不同意、比较同意、同意、完全同意。

（4）生命意义感。本研究采用台湾学者宋秋蓉修订的版本[②]，包括对生命的热忱维度、生活目标维度、自主感维度、逃避维度和对未来期待维度这 5 个维度，该量表共 20 个题目。问卷采用 7 点评分："1"与"7"代表两种极端的感受，"4"是代表介于中间的状态（如不能做出决定时选择）。问卷的总分界于 20 分到 140 分，分为三个标准：明显缺乏生命意义、生命意义与目标不确定、有明确的生活目标与意义，三个标准的划分点分别为 92 分和 112 分，总分得分高表明个体生命意义感强。为了便于分析，本研究将其赋值 1~3 分，"1"代表"明显缺乏生命意义"，"2"代表"生命意义与目标不确定"，"3"代表"有明确的生活目标与意义"。

四、假设检验与结果分析

1. 信度分析

本研究采用 Cronbach's α 系数来检验量表的信度。大学生玩兴、生命意义感、恢复体验、学业成就测量量表在本研究中的 Cronbach's α 分别为 0.911、0.820、0.747 和 0.933，均大于 0.700，具有良好的内部一致性。

---

① 王雁飞，李云健，黄悦新. 大学生心理资本、成就目标定向与学业成就关系研究[J]. 高教探索，2011（6）：128-136.

② 宋秋蓉. 青少年生命意义之研究[D]. 彰化：彰化师范大学辅导研究所，1992.

2. 验证性因子分析

本研究鉴于所有测量量表均为成熟量表，因此，采用验证性因子分析（CFA）的方法来检验整体模型的适配度。整体模型的 CFA 结果显示，$\chi2 = 13\ 221.89$，$df = 3\ 396$，$\chi2/df = 3.893$，$RMSEA = 0.048$，$SRMR = 0.043$，$CFI = 0.951$，$TLI = 0.937$，各拟合指标均在可接受范围之内，充分表明本研究模型适配良好。同时，如表 2-11 所示，原模型的拟合指标优于各竞争模型，这表明模型适配良好，各变量间具有较高的区分性。

表 2-11　验证性因子分析结果（$N = 302$）

模型	$\chi2$	df	$\chi2/df$	RMSEA	SRMR	CFI	TLI
四因子模型 A B C D	13 221.89	3 396	3.893	0.048	0.043	0.951	0.937
三因子模型（A+B C D）	13 453.76	3 317	4.056	0.101	0.124	0.434	0.419
三因子模（A+D B C）	14 727.85	3 317	4.440	0.107	0.105	0.362	0.346
二因子模（A+B+ D C）	14 840.70	3 319	4.471	0.107	0.107	0.356	0.340
单因子模型（A+B+C+D）	15 548.09	3 302	4.708	0.110	0.108	0.317	0.300

注：A 代表大学生玩兴，B 代表恢复体验，C 代表学业成就，D 代表生命意义感。

3. 共同方法偏差检验

为了有效避免共同方法偏差，本研究采取纵向调研方法，在三个不同时点分三次搜集问卷数据，从而在很大程度上控制了共同方法偏差。此外，本研究在实证分析之前采用 Harman 的单因子检验法进行了共同方法偏差检验，借助 SPSS25.0 采用未旋转的主成分分析法共提取出 20 个特征值大于 1 的因子，解释了总变异量的 68.387%，其中第一个因子解释了 21.506%，低于 50%的判断标准，可见样本数据的共同方法偏差问题并不严重[①]。

4. 描述性统计分析

研究模型中所有变量的均值、标准差和相关系数如表 2-12 所示，玩兴与生命意义感显著正相关（$r = 0.135$，$p < 0.05$）；玩兴与学业成就显著正相关（$r = 0.353$，$p < 0.01$）；恢复体验与学业成就显著正相关（$r = 0.309$，$p < 0.01$）。上述结果对假设 2-12、2-13 和 2-14 进行了初步验证。接下来，我们采用层

---

① SIEMSEN E, ROTH A, OLIVEIRA P. Common method bias in regression models with linear, quadratic, and interaction effects[J]. Organizational Research Methods, 2010, 13 (3): 456-476.

次回归分析进一步检验研究假设。

表 2-12　变量的均值、标准差和相关系数

变量	Mean	S.D.	1	2	3	4	5	6
1. 性别	1.791	0.423						
2. 民族	1.132	0.368	0.029					
3. 年龄	2.093	0.313	0.097	0.153**				
4. 玩兴	3.754	0.503	0.049	0.106	0.023			
5. 生命意义感	4.250	0.395	-0.040	0.100	-0.046	0.135*		
6. 恢复体验	3.586	0.484	-0.087	0.054	-0.064	0.451**	0.206**	
7. 学业成就	4.224	0.624	0.078	-0.011	-0.009	0.353**	0.366**	0.309**

注："*"和"**"分别表示在0.05在0.01水平上（双尾）显著。

5. 回归分析

（1）主效应检验。

在控制性别、民族、年龄等统计学变量影响的基础上，本研究将玩兴引入以学业成就为因变量的回归方程并建立相应模型。层次回归分析结果如表 2-13 所示，玩兴对学业成就行为有显著的正向作用（M_6：$\beta=0.355$，$p<0.001$），假设 2-12 得到验证。这说明学生玩兴能够显著地促进其学业成就。

（2）中介效应检验。

在控制统计学变量影响的基础上，本研究将玩兴引入以恢复体验为因变量的回归方程并建立相应模型。层次回归分析结果如表 2-13 所示，玩兴对恢复体验有显著的正向作用（M_2：$\beta=0.455$，$p<0.001$），假设 2-13 得到验证。这说明学生的玩兴能够显著地提升其恢复体验。

然后，做玩兴与恢复体验同时对因变量学业成就的回归分析。层次回归分析结果如表 2-13 所示，恢复体验对学业成就有显著的正向影响（M_7：$\beta=0.199$，$p<0.001$）。同时，玩兴对学业成就的影响依然显著，但其预测作用明显降低（M_7：$\beta=0.265$，$p<0.001$，$0.265<0.355$）。因此，恢复体验在玩兴和学业成就的关系之间起到了部分中介作用，假设 2-14 得到验证。

本研究采用 MPLUS 统计分析软件，利用 Bootstrap 方法进一步验证了学生恢复体验在玩兴与学业成就之间的中介作用，研究结果表明中介效应系数为 0.105，95%的置信区间为［0.030，0.198］，不包含零。假设 H2-13 获得进一步支持。

表 2-13　层次回归分析结果

变量	恢复体验				学业成就		
	M_1	M_2	M_3	M_4	M_5	M_6	M_7
性别	-0.082	-0.103*	-0.097	-0.097	0.080	0.064	0.084
民族	0.066	0.019	0.005	0.009	-0.011	-0.048	-0.052
年龄	-0.066	-0.067	-0.059	-0.058	-0.015	-0.016	-0.003
玩兴		0.455***	0.437***	0.453***		0.355***	0.265***
恢复体验							0.199***
生命意义感			0.139***	0.137**			
玩兴*生命意义感				-0.143**			
拟合指标							
F	1.500	20.871***	18.514***	17.128***	0.652	11.209***	11.460***
R^2	0.015	0.219	0.238	0.258	0.007	0.131	0.162
$\triangle R^2$	—	0.205	0.223	0.020	—	0.125	0.031

注："***""**""*"分别表示在 0.001、0.01 和 0.05 的水平显著。

（3）调节效应检验。

在控制统计学变量影响的基础上，本研究分别将玩兴、恢复体验及交互项（玩兴 * 恢复体验）依次引入以学业成就为因变量的回归方程并分别建立相应模型。层次回归分析结果如表 2-13 所示，交互项对学业成就有显著的负向影响（M_4：$\beta = -0.143$，$p < 0.010$），假设 H2-15 得到了验证。这说明学生的生命意义感对其玩兴与学业成就的关系起到了负向调节作用，即生命意义感越强，其玩兴对恢复体验的促进关系越弱。

五、研究结论与启示

1. 研究结论

本研究立足于玩兴与学业成就这一争议问题，依据资源保存理论和特质激发理论，以当代大学生为研究对象，探讨大学生玩兴对于学业成就的作用机制，以及恢复体验和生命意义感在其中所发挥的作用。

研究结果表明：①大学生玩兴能够显著提高其恢复体验水平，促进学业成就的实现；②大学生较高的恢复体验水平能够显著提升其学业成就；③大学生的恢复体验在玩兴与学业成就的关系之间起到了部分中介作用；④生命意义感在大学生玩兴与恢复体验的关系之间起到了负向调节作用，生命意义感越低，玩兴对恢复体验的促进作用就越强。

2. 管理启示

2019 年 10 月，《教育部关于深化本科教育教学改革，全面提高人才培养质量的意见》发布，该意见指出，高校要严把考试和毕业出口关，坚决取消毕业前补考等"清考"行为。本研究结论对高校着眼于取消补考、清考行为，提高大学生学业成就，提高人才培养质量，具有一定实践意义。

（1）高校要认可学生玩兴的存在，容许玩兴的发挥。①高校可以开展丰富多彩的课余活动，而不是只开展与学习相关的活动。要让每个学生都能发现并参与自己喜欢并擅长的游戏活动，为创造力的表达找到适当的途径。②给学生一些自主决定空间，比如让学生参与学校校徽、校服等各种设计工作等，让大学生们可自行设计自己支配的空间环境，激发学生的玩兴和好奇心，在玩中开展学习。

（2）引导大学生树立正确的生命意义观。①引导大学生追求适度的完美主义，学习为自己制定合理的理想目标，为人生发展制定合理、科学的规划，不对自己进行严苛强求，追求过分完美。②引导大学生建立正确的归因方式，当面对挫折、困难、失败时，使用调整心态、调节情绪、总结经验和转换视角等自我调节机制，有效调节压力，恢复个体资源。③各大高校应该适时举办心理健康讲座，密切关注在校大学生的特殊完美主义倾向，并且适时干预，使大学生正确认识生命意义，拥有良好的精神面貌和高质量的生活。

（3）针对不同玩兴特质的人，制订不同恢复体验引导计划。

一方面，对于玩兴低的学生，要激发其内在特质，创造放松氛围，提高其恢复体验水平。以下将从恢复体验的四个维度分别论述：①控制体验方面，要增强学生识别活动可控性的能力，提高自我效能感，鼓励学生勇于参加各项活动。②心理脱离方面，学生可以学习并掌握心理脱离的策略和原理，在学习和生活之间进行角色合理转换，建立起学习和生活的边界，进行心理脱离。③掌握体验方面，学生可以回忆非学习情境下的掌握体验，如一次成功的演讲经历，一次成功的长跑比赛等，来提高自我效能感，提高掌握体验水平。④放松体验方面，高校心理健康教育可以给同学介绍健康的放松策略，如渐进式肌肉放松法等；学生亦要养成良好作息习惯，保证日常充足睡眠，提升睡眠质量，或在空闲时间进行阅读、散步、听音乐等休闲活动，达到放松恢复的目的。

另一方面，对于玩兴高的学生，引导其进行正确的恢复体验。尽管本研究结果是玩兴对恢复体验有正向影响，但不可否认不当玩兴会产生不良影响，对于玩兴仍需正确引导。以下将从恢复体验四个维度进行论述。①控制体验方面，提高大学生目标设置、计划执行及时间管理能力，合理有效安排自我恢复体验和学习时间，避免发生恢复体验占用学习时间的情况。②心理脱离方面，学习建立合理边界，对学习亦要认真对待，不以过于玩耍、嬉戏的态度对待。③掌握体验方面，运用个体高玩兴，学习一些具有挑战性的活动，如爬山、演奏乐器，获得新的内在资源，增强个人能力和开阔眼界。④放松体验方面，要选择合适的放松方式，不以过于激烈的方式进行放松，合理获得放松体验。

3. 研究局限与未来展望

一方面，研究层次和方法上，本研究主要以问卷法进行研究，因此只能静态、间接地对玩兴和其后果进行描述性、相关性研究，既不能在特定情境下研究两者关系，又无法操纵具体变量，直接考察两者的动态作用机制。

另一方面，研究情境上，余嫔修订了组织玩兴氛围量表，指出组织玩兴氛围会影响工作场所的员工玩兴。然而，本研究仅仅对大学生个体玩兴的特质进行研究，对大学生而言，家庭、学校层面的组织玩兴氛围是否会影响大学生玩兴？这种影响是否会对学业成就产生影响？如果会，这种影响机制对学业成就的影响也有待进一步探讨。

第三章　可持续性人力资源开发与管理的中期效应——积极关系之高质量关系

第一节　分配公平氛围、高质量关系与团队绩效关系的实证研究

一、引言

新一轮科技革命和产业变革的到来，使大企业之间的竞争日趋白热化，不同行业的企业、不同业务领域之间相互交叉、渗透融合与协调发展的趋势日益凸显。知识型工作团队作为一种有效的、适应时代发展的新型组织形式，因其自身的灵活性成为高新技术企业应对高动荡性外部环境、处理企业危机，以及获取核心竞争力的重要因素。因此，如何有效管理知识型团队并最大限度提升团队绩效成为现代企业管理者所要解决的关键问题。

已有研究从不同层面探讨的影响团队绩效的关键因素，涉及员工个体特质因素、团队过程因素、组织环境因素等诸多方面。分配公平氛围作为团队层面的重要因素，一直是研究者们关注的一大焦点。无论理论研究还是实证研究，都支持分配公平氛围对工作绩效具有预测作用的观点[1][2]。以往研究者发现，在员工的分配公平感知预测工作绩效的过程中，存在一些中间变量，如组织支

---

① LIPPONEN J, WISSE B. Shared perceptions of perceived justice as a predictor of externally rated departmental level academic performance[J]. Journal of Occupational and Organizational Psychology, 2010, 83 (4): 1065-1074.

② WHITMAN D S, CALEO S, CARPENTER N C, et al.. Fairness at the collective level: a meta-analytic examination of the consequences and boundary conditions of organizational justice climate[J]. Journal of Applied Psychology, 2012, 97 (4): 776-791.

持感①、心理安全②、伦理氛围③等，但这些都强调的是，个体对组织客观事实的感知会作用于组织公平对工作绩效的影响。团队成员的人际沟通与互动过程还没有得到广泛关注。为了进一步挖掘和揭示分配公平氛围对知识型团队绩效的作用过程，本研究引入"高质量关系"这一变量，将其作为分配公平氛围与团队绩效之间的中介变量。

高质量关系是为实现组织任务而进行的人际沟通与互动的过程，其注重组织人际关系协调与和谐的程度④，包括共享目标、共享知识与相互尊重三个维度。

本研究认为，在分配公平氛围中工作的知识型员工，其对公平的基本要求得到了满足，会愿意扩展人际关系网络，在组织中构建起高质量关系。此外，在知识型团队中，成员间的互相尊重、相互沟通与共享知识是发挥知识型团队优势的主要方式⑤。也就是说，高质量关系能够有效促进知识型团队绩效的提升。并且，由于个体特质会对个体行为的效果造成影响⑥，因此，本研究认为，分配公平氛围是否能够有效地促进高质量关系的构建，取决的员工的人格特质。

鉴于此，本研究以知识型工作者为研究对象，基于信息加工理论，探究分配公平氛围通过高质量关系对团队绩效产生影响的机制，并试图将主动性人格这个个体人格变量作为分配公平氛围与高质量关系的调节变量，综合个体人格因素和团队成员互动过程进行研究。研究结论进一步丰富了知识型团队绩效研究领域的理论成果，并为希望提升知识型团队绩效的管理者提供具体指导。

---

① 朱仁崎，孙多勇，彭黎明. 组织公平与工作绩效的关系：组织支持感的中介作用[J]. 系统工程，2013，31（6）：30-36.

② 张燕，解蕴慧，王泸. 组织公平感与员工工作行为：心理安全感的中介作用[J]. 北京大学学报（自然科学版），2015，51（1）：180-186.

③ ELCI M，KARABAY M E，AKYUZ B，et al.. Investigating the mediating effect of ethical climate on organizational justice and burnout：a study on financial sector[J]. Procedia - Social and Behavioral Sciences，2015：587-597.

④ GITTELL J H. Coordinating mechanisms in care provider groups：relational coordination as a mediator and input uncertainty as a moderator of performance effects[J]. Management Science，2002，48（11）：1408-1426.

⑤ HAMBRICK L D C. Factional groups：a new vantage on demographic faultlines，conflict，and disintegration in work teams[J]. Academy of Management Journal，2005，48（5）：794-813.

⑥ TETT R P，BURNETT D D. A personality trait-based interactionist model of job performance [J]. Journal of Applied Psychology，2003，88（3）：500-517.

二、理论基础与研究假设

1. 分配公平氛围与团队绩效

在组织中，分配公平氛围（distributive justice climate）被用来描述人们在分配奖励和资源时所共有的公平观念或看法[①]。团队绩效（team performance）是反映团队成员对于团队任务和团队目标的完成程度[②]。根据社会信息加工理论[③]，个体对组织事件的判断会受到周围环境的影响，因为个体希望在社会可接受信念的引导下达成共识。因此，组织中的员工倾向于对该组织的实践和价值观做出类似的解释，从而形成组织氛围。也就是说，分配公平氛围作为组织氛围向员工提供社会信息，进而影响员工信息加工的心理和行为反应。事实上，员工可能将分配公平氛围解释为组织经济成果的保证，有此保证，他们对于自己取得的绩效能够获得相应的回报更具有信心[④]。这意味着，组织的分配公平是对员工工作绩效和关系绩效进行激励的基础[⑤]，换句话说，当员工感知到组织的分配公平氛围，其个人的工作表现和工作满意度会得到提升，进而影

① WHITMAN, DANIEL S, CALEO, et. al.. Fairness at the collective level: a meta-analytic examination of the consequences and boundary conditions of organizational justice climate[J]. Journal of Applied Psychology, 2012, 97 (4): 776-791.

② DEVINE D J, PHILIPS J L. Do smarter teams do better: a meta-analysis of cognitive ability and team performance[J]. Small Group Research, 2001, 32 (5): 507-532.

③ PFEFFER S J. A social information processing approach to job attitudes and task design[J]. Administrative Science Quarterly, 1978, 23 (2): 224-253.

④ COLQUITT J A, SCOTT B A, RODELL J B, et al.. Justice at the millennium, a decade later: a meta-analytic test of social exchange and affect-based perspectives[J]. Journal of Applied Psychology, 2013, 98 (2): 199-236.

⑤ ARYEE S, ZHEN X C, BUDHWAR P S. Exchange fairness and employee performance: An examination of the relationship between organizational politics and procedural justice[J]. Organizational Behavior & Human Decision Processes, 2004, 94 (1): 1-14.

响整个团队的工作绩效①②。除此之外，有效的分配公平氛围也是一个指标，表明组织重视员工的贡献，并以公平的方式对待他们，此时员工愿意投入时间和精力来完成工作任务和实现组织目标，进而促进团队绩效的提升③。因此，本研究提出：

假设 H3-1：分配公平氛围对团队绩效有显著正向影响。

2. 高质量关系与团队绩效

本研究利用高质量关系的概念来进一步理解团队绩效的关系基础。由 Gittell④ 开发的关系协调，包括三种高质量关系——共享目标、共享知识和相互尊重。关系协调用以描述组织人际关系的程度，是成员间彼此沟通和人际关系相互加强的过程，即为实现任务目标需要以彼此沟通、互动的方式提升人际关系质量⑤。事实上，组织的高质量关系中，共享目标维度在一定程度上统一了来自不同地域，具有不同知识结构、不同文化背景的员工的价值理念，融合了个人目标与团队目标，达成团队的一致愿景，形成组织承诺，降低了团队冲突的概率，促进团队合作⑥。

共享知识维度能够促使员工更愿意彼此交换知识，应用知识，并整合和创造新知识，进而提升组织知识管理和知识创造的能力⑦。研究表明，知识型团

① LESTER S W, KORSGAARD B M M A. The antecedents and consequences of group potency： a longitudinal investigation of newly formed work groups[J]. Academy of Management Journal, 2002, 45 (2)：352-368.

② LIPPONEN J, WISSE B. Shared perceptions of perceived justice as a predictor of externally rated departmental level academic performance[J]. Journal of Occupational & Organizational Psychology, 2011, 83 (4)：1065-1074.

③ ZHOU L, LI M. Distributive justice climate and job performance：the mediating role of industrial relations climate[J]. Social Behavior & Personality An International Journal, 2015, 43 (1)：145-152.

④ Relational Coordination： Coordinating Work through Relationships of Shared Goals, Shared Knowledge and Mutual Respect. 2006.

⑤ Gittell J H. Coordinating mechanisms in care provider groups：relational coordination as a mediator and input uncertainty as a moderator of performance effects[J]. Management Science, 2002, 48 (11)：1408-1426.

⑥ 查成伟，陈万明，唐朝永. 高质量关系、失败学习与企业创新绩效[J]. 管理评论，2016，28 (2)：175-184.

⑦ BART V D H, DER J A. Knowledge sharing in context：the influence of organizational commitment, communication climate and CMC use on knowledge sharing[J]. Journal of Knowledge Management, 2004, 8 (6)：117-130.

队成员所具备及隐含的各种能力和资源凝聚在一起，可以使团队完成那些超越个体认知能力的复杂任务。相互尊重维度能够拉近成员的人际距离，促进人际互动，维护和营造信任和谐的组织环境，这有利于团队成员积极履行各自的角色职能，有效促进个人绩效和团队绩效的提升①。总而言之，在关系协调中发现的这些共享目标、共享知识和相互尊重的高质量关系，通过支持在组织分工中扮演不同角色的成员之间的高质量沟通，有助于增强组织的信息处理能力，促使工作的有效协调②。除此之外，有研究表明，组织成员之间关系的质量是改善工作环境、提升工作绩效的基础③。因此，本研究提出：

假设 H3-2：高质量关系对团队绩效有显著正向影响。

3. 高质量关系的中介作用

本研究认为在分配公平氛围的影响下组织更能够建立起高质量关系。基于社会信息加工理论，分配公平氛围属于组织与成员、成员与成员之间的隐性信息交流。虽然没有正式书面的规定，也并未受到组织强制力的支持，但是分配公平氛围作为信息、作为信息线索来源，仍然对员工的信息加工和行为方式产生显著影响。因此，在分配公平氛围影响下的员工，能够在员工和组织之间形成长期雇佣关系和相互承诺，逐步提升其对组织的认同感和归属感，提高工作满意度和增强责任意识和组织凝聚力，从而建立并维护和谐的人际关系。分配公平氛围是个体主观感受，是个体对公平的描述。员工感知到组织的分配公平氛围，会促进彼此的充分理解和相互尊重，此时员工更倾向于付出，会增加与同事的合作，这有利于维护组织共有价值观和实现组织目标④。另外，已有研究指出，组织的分配公平氛围与员工的知识共享行为相关，前者使员工将组织

① GITTELL J H. Relational Coordination [M] // Wiley Encyclopedia of Management. John Wiley & Sons, Ltd, 2015.

② CARMELI A, GITTELL J H. High-quality relationships, psychological safety, and learning from failures in work organizations[J]. Journal of organizational behavior, 2009, 30 (6): 709-729.

③ JANE E. DUTTON, BELLE ROSE RAGINS. Exploring Positive Relationships at Work [M]. Taylor and Francis: 2006-11-30.

④ WHITMAN D S, CALEO S, CARPENTER N C, et al.. Fairness at the collective level: a meta-analytic examination of the consequences and boundary conditions of organizational justice climate[J]. Journal of Applied Psychology, 2012, 97 (4): 776-791.

看成自己的一部分，更易形成对组织的关心和责任感①，并通过成员间的信任关系，影响知识共享机制的建立②。而相信组织、共享目标、共享知识是高质量关系的重要组成部分，这说明分配公平氛围对高质量关系有着显著的正向促进作用。

根据前文对分配公平氛围与团队绩效的关系、分配公平氛围与高质量关系及高质量关系与团队绩效的关系的探讨，本研究进一步推断，分配公平氛围与团队绩效之间可能还存在着间接的正相关关系，即分配公平氛围可以通过影响高质量关系来作用于团队绩效。因此，本研究提出：

假设 H3-3：分配公平氛围对高质量关系有显著正向影响。

假设 H3-4：高质量关系在分配公平氛围对团队绩效的影响中具有显著的中介效应。

4. 主动性人格的调节作用

个体对组织环境的感知存在差异的原因，通常与稳定的人格特质有关。同时，其也会影响个体特质对个体行为的影响效果③。所以，分配公平氛围对组织中高质量关系的影响依赖于个体特质因素，两者间关系受到重要边界因素的影响。为了更好地分析知识型团队的分配公平氛围对高质量关系的影响，本研究进一步探究了主动性人格这一人格特质因素的调节作用。主动性人格（proactive personality），是指个体为达到更好的状态，通过采取主动行为、探寻新的途径以影响外部环境的一种倾向人格④。在组织中，高主动性人格的个体相对来说不易受环境因素的限制，他们发现机会、改变环境，通过预期、规划、针对性行为等方式来获得更好的工作表现⑤。而低主动性人格的个体倾向于被

① KATHRYN M B，SRIVASTAVA A. Encouraging knowledge sharing：the role of organizational reward systems[J]. Journal of Leadership and Organizational Studies，2002，9（1）：64-76.

② LIN C P. To share or not to share：modeling knowledge sharing using exchange ideology as a moderator[J]. Personnel Review，2007，36（3）：457-475.

③ TETT R P，BURNETT D D. A personality trait-based interactionist model of job performance [J]. Journal of Applied Psychology，2003，88（3）：500-517.

④ BATEMAN T S，CRANT J M. The proactive component of organizational behavior：A measure and correlates[J]. Journal of Organizational Behavior，1993（14）：103-118.

⑤ GRANT A M，ASHFORD S J. The dynamics of proactivity at work[J]. Research in Organizational Behavior，2008（28）：1-34.

动地对环境做出反应，他们消极应对问题，不喜欢做出改变，无法识别机会，更不用说主动采取行为以创造机会①。

结合社会信息加工理论，分配公平氛围作为组织情境线索源，向员工传递了组织公平的社会信息，而不同的人格特质对团队氛围的感知和态度是不同的，处理信息的行为方式也不同。主动性人格的高低也会导致个体行为反应的不同②。首先，对主动性人格领域的研究表明，主动性人格越高的个体更愿意表现出积极的行为③④。研究表明，高主动性人格的员工为适应组织发展的需要，积极主动搜寻外部知识与信息以增加知识积累和提升工作技能，会与其他组织成员进行信息交换，建立团队的知识共享机制。而知识共享是高质量人际关系的重要组成部分⑤⑥。其次，相比于低主动性人格的个体，高主动性人格的个体更重视职业成功，往往会主动寻求各种机会或渠道来实现其目标⑦。如，Thompson⑧的研究表明，建立和维护良好的人际关系网络通常是个体获得更多机会的前提条件之一。主动性人格越高的个体越擅长在团队中构建有效的社会网络，使自己的想法得到支持。所以，当高主动性人格的个体在分配公平氛围的组织情境中，更可能积极主动地处理团队中的人际关系，并试图与组织的其他成员建立高质量关系；相反，主动性人格越低的成员，越倾向于减少自己的付出，他们希望让事情本身发生改变而不是自己主动采取行为。所以当他们感知到组织的分配公平的时候，因为其本身不愿意做出改变，逃避与组织环

① ZHAO H, SEIBERT S E, LUMPKIN G T. The relationship of personality to entrepreneurial intentions and performance: a meta-analytic review[J]. Journal of Management, 2010, 36（2）: 381-404.

② SEIBERT S E. Proactive personality and career success[J]. Journal of Applied Psychology, 1999（84）: 416-427.

③ SCOTT E S, MARIA L K, CRANT J M. What do proactive people do? a longitudinal model linking proactive personality and career success[J]. Personnel Psychology, 2006, 54（4）: 845-874.

④ SEIBERT S E, CRANT J M, KRAIMER M L. Proactive personality and career success[J]. Journal of Applied Psychology, 1999（84）: 416-427.

⑤ BARTOL K M, SRIVASTAVA A. Encouraging knowledge sharing: the role of organizational reward systems[J]. Journal of Leadership & Organizational Studies, 2002, 9（1）: 64-76.

⑥ Relational Coordination: Coordinating Work through Relationships of Shared Goals, Shared Knowledge and Mutual Respect. 2006.

⑦ SEIBERT S E, CRANT J M, KRAIMER M L. Proactive personality and career success[J]. Journal of Applied Psychology, 1999（84）: 416-427.

⑧ THOMPSON J A. Proactive personality and job performance: A social capital perspective[J]. Journal of Applied Psychology, 2005（90）: 1011-1017.

境的互动，从而导致降低与其他团队成员间的交流与合作，降低成员间关系的质量①的后果。因此，本研究推断主动性人格会加强分配公平氛围对高质量关系的正面影响。本研究指出：

假设 H3-5：主动性人格在分配公平氛围对高质量关系的影响中具有显著的正向调节效应。

综上所述，高质量关系在分配公平氛围与团队绩效之间起中介作用。同时，主动性人格强化分配公平氛围对高质量关系的正向影响。因此，根据合理推测，本研究的研究模型可能属于被调节的中介模型，即团队的分配公平氛围弱时，与低主动性人格的成员相比，高主动性人格的成员更容易通过高质量关系提高团队绩效；反之，当团队的分配公平氛围强时，与高主动性人格的成员相比，低主动性人格的成员更不容易通过高质量关系提高团队绩效。因此，本研究提出：

假设 H3-6：高质量关系在分配公平氛围与团队绩效之间的中介效应中，主动性人格发挥着调节作用。

综上所述，本节研究的理论模型如图 3-1 所示。

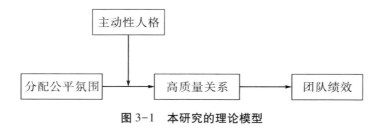

图 3-1　本研究的理论模型

三、研究设计

1. 数据收集与样本描述

本研究的样本是来自重庆、四川的高新技术行业的 75 家企业的虚拟团队。

① GONG Y, CHEUNG S Y, WANG M, et al.. Unfolding the proactive process for creativity integration of the employee proactivity, information exchange, and psychological safety perspectives[J]. Journal of Management, 2012, 38 (5): 1611-1633.

此次调查采取分阶段多次问卷调查形式，第一阶段通过问卷形式对员工基本信息、所在团队基本信息、团队分配公平、主动性人格和团队高质量关系等变量进行数据收集，第二阶段通过问卷形式对团队绩效等结果变量进行数据收集。在调研之前，调研人员和企业相关负责人员进行沟通，确定最终参加数据收集的部门及员工名单，然后进行编码，以便与多轮问卷回收后员工数据匹配。

第一阶段发放问卷 486 份，回收 453 份，第二阶段发放问卷 502 份，回收 413 份，对两次回收的有效问卷进行匹配之后，共计有来自 75 个团队的 327 份有效问卷。样本团队的平均规模为 4.346 人，团队成立时间平均为 2.749 年。在有效样本中，男性占 46.500%，女性占 53.500%；25 岁及以下占 14.400%，25~35 岁占 69.100%，36~45 岁占 11.600%，46~55 岁占 4.300%，56 岁及以上占 0.600%；专科及以下占 14.700%，本科占 66.400%，研究生及以上占 19.000%；工作 2 年及以下占 11.300%，3~5 年 30.300%，6~10 年占 36.700%，10 年及以上占 21.700%。

2. 研究变量测量

（1）分配公平氛围。本研究采用 Niehoff 和 Moorman 开发的量表，有 5 个题项，题项样例为"我认为我的工资水平是公平的"。该量表的 Crobanch's α 为 0.824。本研究是在团队层探讨分配公平氛围，因此需要将团队成员数据聚合到团队层。我们通过对分配公平氛围数据的聚合分析得出，Rwg、ICC（1）、ICC（2）分别为 0.841、0.335、0.694，均符合团队层分析数据聚合要求。

（2）高质量关系。本研究采用 Gittell 开发的量表，有 10 个题项，题项样例为"在这个企业中，我们有一个共同的愿景"。该量表的 Cronbach's α 系数为 0.826。团队成员数据聚合到团队层的数据进分析得出，Rwg、ICC（1）、ICC（2）分别为 0.876、0.336、0.695，均符合团队层分析数据聚合要求。

（3）主动性人格。本研究采用 Li 等开发的量表，有 10 个题项，题项样例为"我不断地寻找能够改善生活的新办法"。该量表的 Crobanch's α 为 0.916。当团队任务需要每个团队成员的知识、技能和能力时，使用个体特征（如认知能力或个性）的均值或总和是最合适的方法。现有研究已经广泛采用这种方法来测量团队主动性人格。因此通过对团队成员的主动性人格数据进行聚合分析得出，Rwg、ICC（1）、ICC（2）分别为 0.935、0.285、0.641，均符合团队层分析数据聚合要求。

（4）团队绩效。本研究采用 Gonzalez-Mule 等开发的量表，有 4 个题项，题项样例为"本团队实现了高绩效"。该量表的 Crobanch's α 为 0.887。通过对团队绩效进行聚合分析得出，Rwg、ICC（1）、ICC（2）分别为 0.894、0.342、0.701，均符合团队层分析数据聚合要求。

（5）控制变量。本研究在统计分析中控制了可能对团队绩效产生影响的团队特征，包括团队规模、团队年限。

四、数据分析与结果

1. 同源方法偏差检验

由于数据在同一时段采集可能产生共同方法偏差，为此，本研究采用 Podsakoff 等的建议，进行 Harman 单因子检验，考察研究结果是否受同源方法偏差的干扰。对团队成员第一阶段报告的团队分配公平氛围、主动性人格和团队高质量关系的测量题项进行因子分析，检验结果显示有 6 个因子的特征值均大于 1，总贡献率为 71.305%，其中第一个因子的方差解释率为 35.805%，未发现单一因子，也未发现哪个因子的方差比率占绝大多数。可见，本研究的数据不存在显著的共同方法偏差问题。

同时，本研究还采用了不可测量潜在方法因子检验，即所有测量构念的题项除了负荷在所属的构念因子上，还负荷在构造的潜因子上。本研究计算四因子的模型中，同源误差作为一个潜变量的平均方差，其抽取量为 19.407%，低于判别同源方差是否可以被视作一个潜变量的判定标准，即低于 25%，表明同源方差并不能成为影响本研究理论变量的一个潜变量。

2. 验证性因子分析

本研究采用 AMOS 21.0 软件进行验证性因子分析，对研究变量进行区分效度和结构效度分析。假设模型以分配公平氛围、高质量关系行为、主动性人格和团队绩效四个因子构成的四因子模型为基准模型，同时提出三个竞争模型，即三因子模型——将分配公平氛围与主动性人格合并为一个因子；二因子模型——将分配公平氛围与主动性人格合并为一个因子，高质量关系与团队绩效合并成一个因子；一因子模型——将分配公平氛围、高质量关系行为、团队绩效、主动性人格合并成一个因子。由此得到的验证性因子分析结果如表3-1所示，拟合指数支持所假设的四因子模型（$x^2/\mathrm{df}=2.699$，$\mathrm{IFI}=0.956$，$\mathrm{TLI}=0.942$，$\mathrm{CFI}=0.956$，$\mathrm{RMSEA}=0.072$）具有较好的区分效度。

表3-1　验证性因子分析

模型	因子	x^2	df	x^2/df	IFI	TLI	CFI	RMSEA
基础模型	四因子	159.215	59	2.699	0.956	0.942	0.956	0.072
模型1	三因子	405.774	62	6.545	0.850	0.810	0.849	0.130
模型2	二因子	475.250	64	7.426	0.821	0.780	0.820	0.140
模型3	一因子	1015.022	65	15.616	0.586	0.500	0.583	0.212

3. 描述性统计与相关分析结果

描述性统计分析及相关分析结果如表3-2所示。分配公平氛围与高质量关系和团队绩效显著正相关（$r=0.617$，$p<0.01$；$r=0.476$，$p<0.01$），高质量关系与团队绩效显著正相关（$r=0.560$，$p<0.01$）。这些结果为所提出的假设提供初步支持。

表3-2　描述性统计分析及相关分析结果（$N=75$）

变量	均值	标准差	1	2	3	4	5	6
团队规模	4.346	1.672						
团队年限	2.749	0.646	-0.239^*					
分配公平氛围	5.252	0.610	-0.087	0.03				
主动性人格	5.368	0.470	-0.087	0.132	0.617^{**}			
高质量关系	5.505	0.471	0.089	0.133	0.529^{**}	0.491^{**}		
团队绩效	5.508	0.592	-0.013	0.224	0.476^{**}	0.463^{**}	0.560^{**}	

注：*表示$p<0.05$，**表示$p<0.01$，***表示$p<0.001$。

4. 假设检验

本研究采用SPSS 22.0统计分析软件进行回归检验假设。由表3-3所示的回归结果可知，分配公平氛围对团队绩效有显著正向影响（模型5，$\beta=0.462$，

$p<0.001$）。由此，假设 H3-1 得到支持。为验证假设 H3-4 提出的中介效应，将分配公平氛围与高质量关系一起放入回归方程（模型 7），对比模型 5 和模型 6，高质量关系依然对团队绩效有显著正向影响（$\beta=0.556$，$p<0.001$），分配公平氛围对团队绩效的影响作用依旧显著，但是相较于模型 5，其效用减弱了（$\beta=0.254$，$p<0.05$），表明高质量关系在分配公平氛围与团队绩效之间起不完全中介作用。由此，假设 H3-4 得到初步支持。我们进一步采用自举算法（bootstrapping）检测中介效应，使用了 2 000 个样本，自变量为分配公平氛围，中介变量为高质量关系，因变量为团队绩效。分配公平氛围对团队绩效的间接效应在 95% 的置信区间为 ［0.083，0.389］，区间不包括 0，可见间接效应显著，假设 H3-4 再次得到支持。本研究采用阶层回归方法验证主动性人格对分配公平氛围和高质量关系行为的调节作用。在表 3-3 的模型 3 中，分配公平氛围与主动性人格的交互项对高质量关系有显著正向影响（$\beta=0.235$，$p<0.05$），即主动性人格程度越高，分配公平氛围对高质量关系行为的正向影响越强。由此，假设 H3-5 得到支持。调节效果如图 3-2 所示。

表 3-3　回归分析结果（$N=82$）

变量	高质量关系			团队绩效			
	模型 1	模型 2	模型 3	模型 4	模型 5	模型 6	模型 7
团队规模	0.032	0.044	0.050*	0.015	0.029	−0.009	0.005
工作年限	0.107	0.104	0.098	0.214	0.210*	0.133	0.153
分配公平氛围		0.375***	0.286***		0.462***		0.254*
主动性人格		0.198					
交互项		0.235*					
高质量关系						0.758***	0.556***
R^2	0.033	0.322***	0.397***	0.052	0.277***	0.337***	0.385***
ΔR^2	0.033	0.289***	0.075*	0.052	0.225***	0.285***	0.048*
F	1.229	11.238***	9.076***	1.974	9.085***	12.042***	10.950***

注：* 表示 $p<0.05$，** 表示 $p<0.01$，*** 表示 $p<0.001$；表中回归系数为非标准化系数；交互项为分配公平氛围 * 主动性人格。

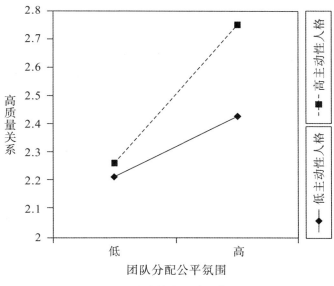

图 3-2　主动性人格的调节作用

五、结论和启示

1. 研究结论

本研究基于信息加工理论，聚焦于分配公平氛围对知识型团队绩效的作用过程，并引入了高质量关系，将其作为在分配公平氛围与团队绩效之间的"通道"，同时在此基础上检验主动性人格在高质量关系形成过程中的调节效应。具体而言，本研究主要得到以下结论：①分配公平氛围和高质量关系对团队绩效有正向的影响作用；②高质量关系在分配公平氛围与团队绩效之间起部分中介作用；③主动性人格在分配公平氛围与高质量关系之间起正向调节作用，主动性人格越高的员工，在分配氛围的影响下越容易在组织中构建高质量关系。这些结论均得到基于 75 家企业的 327 名虚拟团队成员的有效调查数据的实证支持。本研究不仅丰富了研究个体人格特质、高质量人际关系、集体主义氛围与团队创造力之间关系的文献，也为企业实践提供了一些有价值的管理启示。

2. 理论贡献

（1）本研究丰富了分配公平氛围的相关研究成果。目前，国内基于知识型组织情境下的分配公平氛围的相关研究还比较缺乏。为了使研究结果更具有针对性，本研究直接将知识型员工群体作为研究对象，来研究组织中分配公平氛围对团队绩效的影响机制。本研究聚焦于知识型员工这一鲜明的员工群体，对分配公平氛围研究进行了有益补充。

（2）本研究创造性地将高质量关系引入分配公平氛围与团队绩效的关系之中，构建并实证验证了"分配公平氛围→高质量关系→团队绩效"的作用机制模型。除此之外，本研究也为探讨知识型团队绩效的影响因素提供了不同解释视角。由于知识员工是企业生存与发展的命脉，是知识经济时代的核心生产力，因此，知识型组织团队绩效前置因素是一个非常值得研究的问题。结果揭示分配公平氛围是团队绩效的重要驱动因素，而且高质量关系是两者间的重要路径。

（3）本研究再次验证了信息加工理论在知识型组织情境下的正确性和适用性。结果表明，主动性人格是高质量关系形成机制的重要边界条件，有力证实了主动性人格会导致个体的不同反应。

3. 管理启示

本研究结论表明，在提升团队绩效方面，组织的分配公平氛围、高质量关系、员工的主动性人格都至关重要。这一研究结论在实践中对企业管理也具有重要的启示。

（1）分配公平氛围对团队绩效具有正向影响。为提升知识型团队的绩效，企业管理者应该积极营造分配公平氛围。知识型工作者由于在高新技术产业内处于重要位置，以及其自身接受的教育，使他们对公平的基础要求比非知识型员工对公平的基础要求更高。知识型团队的管理者要通过设计合理公平的内部程序，尽量使得分配结果（包括薪酬、激励及团队荣誉的共享等）足够公平，从而达到团队绩效提升的目的和企业核心竞争力的提升。

（2）高质量关系在分配公平氛围与团队绩效间发挥中介作用。知识型团队的管理者应该重视构建高质量关系对提升团队绩效的重要作用。例如，管理者应从共享知识、相互尊重与组织愿景等方面，积极拓展人际关系网络，加强团队成员间的联系与沟通，增进人际互信，增强组织认同感，以促进团队成员间的人际和谐，从而增强他们对知识资源的共享意愿、增加共享行为，提升团队绩效。

（3）主动性人格强化分配公平氛围对高质量关系的促进作用。企业应该在招聘和选拔人才环节重点考察员工的人格特质。本研究的结论表明高主动性人格的员工容易受到分配公平氛围的影响，从而与其他成员积极构建高质量关系，进而有效提升团队绩效。因此企业组建虚拟团队之时，应该把积极主动的性格类型作为选拔和提拔成员的标准之一。具体而言，企业在选拔人才时加入人格测验，以了解员工的人格特质，对于虚拟团队中的工作岗位应该选拔主动性人格高的成员胜任，领导者在提拔时也应重点考察组织成员的人格特质。

4. 研究局限与未来展望

首先，本研究采用的是同一时间收集数据的截面研究法，相较于纵向研究方法而言，截面研究对因果关系的推论和作用机制的解释的说服力相对较弱，难以反映出分配公平氛围通过高质量关系对团队绩效产生影响的动态过程。然而在本研究的影响作用模型中，还存在各个变量之间的相互影响可能会因时间的不同而产生变化的情况。因此，希望未来的研究者在相关研究中可以增加对时间序列数据的实证分析，更深入地探讨各变量之间的关系，以此更加准确地解释因果关系，提高研究结论的说服力。

其次，在研究方法上，本研究并没有对知识型员工和非知识型员工进行直接横向对比研究。未来的研究有必要将知识型员工和非知识型员工进行直接对比，进一步挖掘分配公平氛围对团队绩效的影响在知识型员工和非知识型员工间的不同之处，以便进一步了解知识型工作者的特性，并为企业管理者对两类员工的区别管理提供依据。

最后，虽然本研究从高质量关系的角度出发，为其如何影响分配公平氛围和团队绩效的关系提供了一种新的解释机制，但仍有许多问题有待进一步探讨。例如，在中介变量和调节变量方面，是否还有其他变量能够纳入模型，以建立更为完整、解释力更强的理论模型等。

第二节　尊重性交往对知识型团队创造力的影响
——团队反思与团队目标清晰度的作用

一、引言

面对日益动荡的市场环境和愈发复杂的工作任务，"整体大于局部之和"的团队越来越被视为组织的基本工作单元，其创造力也被视作组织创新和发展的重要基础①。鉴于团队创造力的实现在很大程度上依赖于其对不同领域知识的创造性联结，知识型团队成为重点研究对象，团队创造力也受到了学术界和管理实践领域的广泛关注②。已有研究分别探讨过人格、内在动机、认知风格等个人特质因素，任务特质、任务取向、任务复杂度等任务情境因素，以及领导力、社会网络、人际关系等社会环境因素对团队创造力的影响③④⑤⑥。在上述影响因素中，社会环境因素对团队创造力的影响十分关键且重要⑦，其中，工作场所中的人际互动关系对知识型团队创造力的影响更是不容忽视。这是因为对知识型团队来说，团队成员之间具有很浅层的核心利益竞争关系，他们更关注的是如何在团队合作过程中不断地与他人发生交互作用，互相激发创新想

①　HOEVER I J, VAN K D, VAN G W P, et al. Fostering team creativity: perspective taking as key to unlocking diversity's potential[J]. Journal of Applied Psychology, 2012, 97 (5): 982-996.

②　REYT J N, WIESENFELD B M. Seeing the forest for the trees: Exploratory learning, mobile technology, and knowledge workers' role integration behaviors [J]. Academy of Management Journal, 2015, 58 (3): 739-62.

③　FARH J, LEE C, FARH C I C. Task conflict and team creativity: a question of how much and when [J]. Journal of Applied Psychology, 2010, 95 (6): 1173-80.

④　TAGGAR S. Individual creativity and group ability to utilize individual creative resources: a multilevel model [J]. Academy of Management Journal, 2002, 45 (2): 315-30.

⑤　KURTZBERG T R, AMABILE T M. From Guilford to creative synergy: opening the black box of team-level creativity [J]. Creativity Research Journal, 2001, 13 (3): 285-94.

⑥　ANDERSON N, POTOCNIK K, ZHOU J. Innovation and creativity in organizations a state-of-the-science review, prospective commentary, and guiding framework [J]. Journal of Management, 2014, 40 (5): 1297-333.

⑦　LIAO H, LIU D, LOI R. Looking at both sides of the social exchange coin: a social cognitive perspective on the joint effects of relationship quality and differentiation on creativity [J]. Academy of Management Journal, 2010, 53 (5): 1090-109.

法和行为，进而促使团队整体创造力得到提升。因而如果团队成员能够以促进相互尊重的方式进行交往，那么这样的人际关系就能够发挥内生资源作用，并以此提升团队创造力①。因此，探究尊重性交往与知识型团队创造力的关系是本节的主题。

虽然已有研究从关系信息处理的角度出发，解释了为什么尊重性交往能够提升个人和团队的创造力，但它忽视了判断和解释才是信息加工和处理的关键环节②。根据社会信息加工理论，个体会对社会环境中的信息进行判断、解释及加工处理，加工结果会影响他们的态度与行为③。其中，团队反思正是个体在工作情境中影响信息加工和行为产出的重要中介变量，它促使团队成员在必要时调整自己的观点认知和工作行为，建立共同的理解，以便更有效地提升团队创造力④⑤。因此，为了深入挖掘和分析尊重性交往对知识型团队创造力的内在影响机制，本节决定引入团队反思作为其中的中介变量。

团队创造力的形成是集体行为的综合作用而非个体行为的简单相加，共同的团队目标是团队协作过程影响团队创新的重要因素之一⑥。目标设定理论指出，清晰的目标能够为个体的行为决策提供更加充分的信息资源，使个体集中注意力，减少遭受挫折和失败的可能，降低主动担责行为的风险，引导其朝着共同目标努力⑦。事实上，在团队管理实践中，团队目标模糊所致的权责不清、互相推诿的现象经常发生。这是因为相较于类似"尽力而为"的模糊目标而言，清晰明确的工作目标在引导个体实现创造力方面更能够发挥重要的积

① CARMELI A，DUTTON J E，HARDIN A E. Respect as an engine for new ideas：linking respectful engagement，relational information processing and creativity among employees and teams［J］. Human Relations，2015，68（6）：21-47.

② HELMSEN J，KOGLIN U，PETERMANN F. Emotion regulation and aggressive behavior in preschoolers：the mediating role of social information processing［J］. Child Psychiatry & Human Development，2012，43（1）：87-101.

③ SALANCIK G R，PFEFFER J. A social information processing approach to job attitudes and task design［J］. Administrative science quarterly，1978（3）224-253.

④ WEST M. Reflexivity and work group effectiveness：a conceptual integration［M］. New York：John Wiley & Sons，Ltd，1996.

⑤ REITER-PALMON R，WIGERT B，DE VREEDE T. Team creativity and innovation：the effect of group composition，social processes，and cognition［M］. New York：Elsevier，2012.

⑥ SAWYER R K. Explaining creativity：The science of human innovation［M］. Oxford：Oxford University Press，2011.

⑦ LOCKE E A，LATHAM G P. New developments in goal setting and task performance［M］. New York：Routledge，2013.

极作用①。基于此，本研究推测，团队反思与知识型团队创造力之间的关系在一定程度上取决于团队目标的清晰程度，即团队目标越清晰，就越能够在团队中形成一种关于不同观点的开放讨论氛围，并通过强调合作目标而非竞争目标激发团队成员在反思中的交互作用，以此促进团队创新②。据此，本研究引入团队目标清晰度这一团队层变量，深入探讨其对团队反思与团队创造力关系的调节效应。

综上，本研究以社会信息加工理论和目标设置理论为基础，构建以团队反思为中介、团队目标清晰度为调节变量的尊重性交往对知识型团队创造力的影响模型，以期在理论上厘清尊重性交往与知识型团队创造力之间的中介机制及其边界条件，从而打开尊重性交往与知识型团队创造力之间的"黑箱"，并在实践中为企业管理者推进知识型团队的团队反思建设、团队创造力的提升等提供新路径和新思路。

二、理论与假设

1. 尊重性交往与团队创造力

尊重性交往是指表现出对他人行为的关注，确认对方的所作所为是有价值的，积极倾听，并提供支持性的沟通③。团队创造力是指一个团队产生的新颖的、有用的想法、产品、服务或程序④。知识型团队创造力不是个体创造力的简单加总，它需要以组织方式整合各成员知识与能力以发挥协同效应，故其形成和发展通常伴随着复杂的成员互动过程。因此，作为重要的团队人际互动过程，尊重性交往对知识型团队创造力的形成有着不可忽视的影响。

---

① SAWYER R K, DEZUTTER S. Distributed Creativity: How Collective Creations Emerge From Collaboration[J]. Psychology of Aesthetics Creativity & the Arts, 2009, 3 (2): 81-92.

② TJOSVOLD D, TANG M M, WEST M. Reflexivity for team innovation in China: the contribution of goal interdependence [J]. Group & Organization Management, 2004, 29 (5): 540-59.

③ DUTTON J E. Energize your workplace: how to create and sustain high-quality connections at work [M]. New York: John Wiley & Sons, 2003.

④ LI G, LIU H, LUO Y. Directive versus participative leadership: dispositional antecedents and team consequences [J]. Journal of Occupational and Organizational Psychology, 2018, 91 (3): 645-664.

首先，尊重性交往关注的是人际互动的实际行为，从根本上创造了使个体参与群体活动的条件①。团队的知识创造和观点形成大多依赖于团队中与任务相关的不同观点和视角②，因而团队成员间的尊重性交往能够促进个人的接纳和开放意识，促使每个成员理解各自的独特知识以及沟通不同的想法，并且能够参与创造性活动，从而更好地发挥出能力组合优势和知识协同效应，继而推动团队实现单独个体所不能实现的创造效能。

其次，尊重性交往一种重要的关系机制，其特点是行为传达尊重、赞赏以及对他人的价值感③。当人们受到尊重时，他们会在群体中有一种被看重的感觉，并对自己形成更积极的看法，这会建立信心，并将关注的重点放在他们创造性活动的价值上④，这能够激发个人在工作中的创造性努力，进而提升整个团队的创造力。

最后，尊重性交往能够增强成员的社会包容感和自我价值感，进而增强自信和降低焦虑⑤，同时提高成员行动和适应的能力，使其能够回报并投入超出正式预期的努力，并且更愿意贡献⑥，这为知识型团队创造力的形成打下基础。因此，本研究提出：

假设 H3-7：尊重性交往对团队创造力具有显著的正向影响。

2. 尊重性交往与团队反思

团队反思是一种社会认知过程，它包括对团队成就的反思，以及对团队目

---

① FRIEDMAN A，ABRAHAM C，JANE E D. When does respectful engagement with one's supervisor foster help-seeking behaviors and performance? [J]. Journal of Vocational Behavior，2018（4）：184-198.

② JEHN K A，NORTHCRAFT G B，NEALE M A. Why differences make a difference：a field study of diversity，conflict and performance in workgroups [J]. Administrative science quarterly，1999，44（4）：741-763.

③ ROGERS K M，ASHFORTH B E. Respect in organizations：feeling valued as "we" and "me" [J]. Journal of Management，2017，43（5）：1578-1608.

④ STEPHENS J P，CARMELI A. Relational leadership and creativity：the effects of respectful engagement and caring on meaningfulness and creative work involvement [M]. New York：Edward Elgar Publishing，2017.

⑤ KONRADT U，OTTE K P，SCHIPPERS M C，et al. Reflexivity in teams：a review and new perspectives [J]. The Journal of psychology，2016（2）：153-174.

⑥ CARMELI A，JONES C D，BINYAMIN G. The power of caring and generativity in building strategic adaptability [J]. Journal of Occupational and Organizational Psychology，2016，89（1）：46-72.

标、战略和过程适应环境变化的新理解和新方法①。社会信息加工理论认为，员工的心理感知和行为决定起始于工作情境中可获取的社会信息以及对该信息的加工、处理和反应，遵循社会信息→感知→行为→产出的反应范式。个体所接受到的信息可以分为两种来源：一种是个体通过直接途径获取的信息，如通过组织与员工的直接沟通获取到的信息；另一种是通过间接途径获取的信息，如与其他组织成员相互传递和交流的信息②。由此得出，团队成员之间的尊重性交往是员工获取间接信息的重要来源。虽然关于尊重性交往和团队反思之间的联系的研究甚少，但基于社会信息加工理论，本研究认为尊重性交往会促使团队反思。

首先，注意力是团队反思过程的第一阶段③。尊重性交往可以拓宽注意力的范围，从而启动和促进团队内的反思过程。例如，团队成员进行尊重性交往之后，他们会形成更积极的看法，并将注意力放在他们创造性活动的价值上，这在无形中会拓宽成员的注意力范围，有利于团队反思。

其次，尊重性交往可以增加认知的数量。成员彼此尊重会唤起欣赏和感恩等积极情绪，而被人接受、重视和肯定的感觉会提升成员建立其他形式的持久资源的能力（如适应能力）④，进而可以在团队先前的有效或无效的经验中产生更多、更深入的观点。换句话说，他们能够从过去的错误和成就中吸取教训，提出更好的想法来改变他们的战略和过程⑤。

最后，尊重性交往可以通过增强团队成员的认知灵活性来促进团队反思。因为团队成员之间分享的积极情感可以促使成员将不同的、不相关的反思因素与新的、有用的想法或产出联系起来。因此，本研究提出：

假设 H3-8：尊重性交往对团队反思具有显著的正向影响。

---

① CARTER S M, WEST M A. Reflexivity, effectiveness, and mental health in BBC-TV production teams [J]. Small group research, 1998, 29 (5): 583-601.

② BHAVE D P, KRAMER A, GLOMB T M. Work-family conflict in work groups: social information processing, support, and demographic dissimilarity [J]. Journal of Applied Psychology, 2010, 95 (1): 145.

③ WEST M A, RICHTER A W. Climates and cultures for innovation and creativity at work [J]. Handbook of organizational creativity, 2008 (3): 211-236.

④ SHEFER N, CARMELI A, COHEN-MEITAR R. Bringing Carl Rogers back in: exploring the power of positive regard at work [J]. British Journal of Management, 2018, 29 (1): 63-81.

⑤ SCHIPPERS M C, DEN HARTOG D N, KOOPMAN P L, et al. The role of transformational leadership in enhancing team reflexivity [J]. Human Relations, 2008, 61 (11): 1593-616.

3. 团队反思的中介作用

以往大量研究已表明，团队反思是团队创造力和组织创新的重要先导①②。一方面，团队反思能够促使团队成员快速聚焦核心问题，摒弃不合理的工作方式，确立新方法，并从过去的经验与教训中学习，透彻地理解面临的创新难题并综合各方观点形成创新思想，形成更加科学合理的团队决策③，能更好地进行复杂的团队创造性活动。另一方面，团队反思使成员间了解彼此的特点和优势，进而取长补短，形成交互记忆系统，促进团队内部实现知识共享以及对资源和注意力的合理分配。此外，反思程度较高的团队成员的思维更具有发散性和批判性，有更强的适应与创新能力，能及时对外部环境变化做出快速、积极的反应和解释，更容易对原有方案提出质疑，催生建设性观点和新方案④。

综上，结合社会信息加工理论，个体从客观环境中获取信息，并对其理性判断和解释，最后对个体的态度和行为产生作用。团队反思是尊重性交往和团队产出的重要中介变量，即知识型团队成员之间的尊重性交往鼓励团队对过去行动进行回顾，形成关于当下工作的目标、策略与所处环境的反思，而这些团队反思作为团队行为调整的触发点，又进一步推动团队创造力的提升。据此，本研究提出：

假设 H3-9：团队反思在尊重性交往和团队创造力之间发挥中介作用。

4. 团队目标清晰度的调节作用

团队目标清晰度，是指对组织目标和工作职责的了解、明确程度⑤。团队目标清晰度越高，意味着团队成员对自身的工作标准、角色要求和期望有着更

① RENKO M, EL TARABISHY A, CARSRUD A L, et al. Understanding and measuring entrepreneurial leadership style [J]. Journal of small business Management, 2015, 53 (1): 54-74.

② DE DREU C K. Cooperative outcome interdependence, task reflexivity, and team effectiveness: a motivated information processing perspective [J]. Journal of applied psychology, 2007, 92 (3): 628.

③ SCHIPPERS M C, WEST M A, DAWSON J F. Team reflexivity and innovation: the moderating role of team context [J]. Journal of Management, 2015, 41 (3): 769-88.

④ SCHIPPERS M C, EDMONDSON A C, WEST M A. Team reflexivity as an antidote to team information-processing failures [J]. Small Group Research, 2014, 45 (6): 731-69.

⑤ PATTERSON M G, WEST M A, SHACKLETON V J, et al. Validating the organizational climate measure: links to managerial practices, productivity and innovation [J]. Journal of organizational behavior, 2005, 26 (4): 379-408.

为清晰而准确的认知，这有利于成员将自身行为集中于某一特定的方向，减少行为的盲目性，提高自我控制和自我管理水平，有利于团队目标的实现①。而知识型团队的设立是为了更有效地应对各种复杂、模糊的问题，以及实现个体所不可能单独完成的任务，成员之间的合作也是以完成团队任务为目标。因此，团队目标的清晰程度对于团队反思以及知识型团队创造力的形成十分关键。

根据目标设定理论，清晰的团队目标能够为个体的行为决策提供更加充分的信息资源，使个体集中注意力，减少遭受挫折和失败的情况，降低主动担责行为的风险，引导其朝着目标努力，并完成相应的工作任务。具体而言，清晰的团队目标能够为团队成员指明努力的方向，使其明确自身承担的工作职责，清楚自己应该以何种方式开展工作②；相反，模糊、宽泛的团队目标不利于成员的日常工作表现，容易导致其行为偏离组织预期③。

循此逻辑，本研究推断，团队目标清晰度越高，团队反思在促进团队创造力方面的表现越有效。清晰的目标能够形成一种开放的共识讨论，并通过强调合作目标而非竞争目标激发成员在团队反思中的交互作用，以此促进团队创新。该观点也得到了 Dayan 等④人的研究证实。具体而言，团队目标越清晰，团队成员越能根据清晰、明确的任务目标进行不同观点的开放讨论和更有效的团队反思，即促使成员重新思考团队的各项议题，对团队所面临问题形成更加系统和综合的观点⑤，这有助于提升团队创造力。相反，团队目标清晰度低，团队成员只能依据模糊、宽泛的团队目标进行内外部预期的反思和调整，在遇到挫折或难题时无法进行自我调节和自我管理，从而导致成员的创造性行为偏

① HU J, LIDEN R C. Antecedents of team potency and team effectiveness: an examination of goal and process clarity and servant leadership [J]. Journal of Applied psychology, 2011, 96 (4): 851.

② LUNENBURG F C. Goal-setting theory of motivation [J]. International Journal of Management, Business, and Administration, 2011, 15 (1): 1-6.

③ VAN DER H M, GROENEVELD S, KUIPERS B. Goal setting in teams: goal clarity and team performance in the public sector [J]. Review of Public Personnel Administration, 2018, 38 (4): 472-493.

④ DAYAN M, BASARIR A. Antecedents and consequences of team reflexivity in new product development projects[J]. Journal of Business & Industrial Marketing, 2010, 25 (1-2): 18-29.

⑤ CHEN J, BAMBERGER P A, SONG Y, et al. The effects of team reflexivity on psychological well-being in manufacturing teams[J]. Journal of Applied Psychology, 2018, 103 (4): 443-462.

离组织的方向和预期①，最终阻碍团队创造力水平的提升。因此，本研究提出：

假设 H3-10：团队目标清晰度在团队反思对团队创造力的影响中有着显著的正向调节效应。

综上所述，本节研究的理论模型如图 3-3 所示：

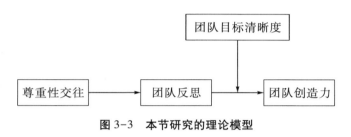

图 3-3　本节研究的理论模型

三、研究设计

1. 数据收集与样本描述

本研究样本来自重庆、四川地区的高新技术行业的 91 家企业的知识型团队。此次研究采用自评量表，让受试者按照量表内容要求提供个人信息、人际关系及团队表现情况。自评量表优点有项目数量多，项目描述清晰，内容较全面，了解的信息量大，可以团体实施。但受试者报告自己行为时常常会带有某些偏向，为了验证是否存在同源偏差，后文对此进行检验。他评量表是评估者对被评估对象的行为观察或访谈所进行的量化评估。本研究中的变量大多涉及人格特质、人际关系及团队表现。若在研究中进行他人评价，则要求评价者有与所使用量表内容相关的专业知识，并受过严格训练。考虑到团队中人员受教育水平，他人评价无法客观衡量，本研究选用自我测评的方式收集数据。

问卷发放前，研究人员与各团队负责人取得了联系，在获得其团队负责人

① PERALTA C F, LOPES P N, GILSON L L, et al. Innovation processes and team effectiveness: The role of goal clarity and commitment, and team affective tone [J]. Journal of Occupational and Organizational Psychology, 2015, 88 (1): 80-107.

同意后，对团队开展问卷调查。为了确保问卷调查的质量，在发布问卷前，本研究对题项进行了提炼，确保问卷表意清晰，逻辑自洽。在问卷发放前，向被调查的团队充分阐明本次调研目的及程序，明确表达此次数据收集的匿名性，收集的所有数据仅用于科学研究，不会对团队产生任何负面影响。在进行多次沟通后，确定最终参加调查活动的团队成员名单。

其中，此次调查采取分阶段多次问卷调查形式，所有问卷均包含团队成员自评。第一阶段通过问卷形式对团队成员基本信息、所在团队基本信息、尊重性交往和团队目标清晰度等变量进行数据收集，第二阶段通过问卷形式对团队反思和团队创造力等结果变量进行数据收集。每次调研都留下团队主管姓名的首字母大写、团队成员姓名的首字母大写以及手机号后四位，以便与多轮问卷回收后团队成员数据进行匹配。在问卷回收后，研究团队会检查问卷是否有漏选等问题。第一阶段发放问卷 478 份，回收 426 份；第二阶段发放问卷 460 份，回收 413 份。在问卷回收后，通过团队主管姓名的首字母大写、团队成员姓名的首字母大写以及手机号后四位进行团队成员的数据匹配。最终共计有来自 91 个团队的 408 份有效问卷。样本团队的平均规模为 4.472 人，团队成立时间平均为 2.730 年。在有效样本中，男性占 47.100%，女性占 52.900%；25 岁及以下占 14.700%，25~35 岁占 69.400%，36~45 岁占 10.300%，46~55 岁占 5.100%，56 岁及以上占 0.500%；专科及以下占 14.000%，本科占 65.900%，研究生及以上占 20.100%；工作 2 年及以下占 12.000%，工作 3~5 年占 30.900%，工作 6~10 年占 36.000%，工作 10 年及以上占 21.100%。

2. 研究变量测量

（1）尊重性交往：采用 Carmeli 等（2015）[①] 开发的量表，该量表有 9 个题项。题项样例为"团队成员随时可以倾听彼此的想法"，该量表的 Crobanch's α 为 0.916。由于团队尊重性交往是团队成员填写获得，个体层面数据加总为团队层面数据需要进行组间变异和同质性检验。本研究采用团队内成员一致性系数 Rwg 及组内差异程度 ICC（1）和组间差异值 ICC（2）作为团队

---

① CARMELI A, DUTTON J E, HARDIN A E. Respect as an engine for new ideas：linking respectful engagement，relational information processing and creativity among employees and teams [J]. Human Relations，2015，68（6）：1021-47.

层面数据聚合检验指标。团队尊重性交往的 Rwg 均值为 0.938，超过了通用的 0.70 的临界标准①，表明能够满足内部一致性的要求。ICC（1）和 ICC（2）分别为 0.382、0.737，均符合 James（1982）② 给出的经验标准，即 0<ICC（1）<0.50 和 ICC（2）>0.50 的标准，说明该变量在团队之间有足够的差异并且在团队层面一致性较高。因此，团队尊重性交往可以由团队成员个体尊重性交往测量值聚合而成。

（2）团队反思：采用 Carter 等③开发的量表，该量表有 4 个题项。题项样例为"我们团队经常评估时间是否被有效利用"，该量表的 Cronbach's α 系数为 0.810。我们采用团队内成员一致性系数 Rwg 及组内差异程度 ICC（1）和组间差异值 ICC（2）作为团队层面数据聚合检验指标。团队反思的 Rwg 均值为 0.706，超过了通用的 0.70 的临界标准④，表明能够满足内部一致性的要求。ICC（1）和 ICC（2）分别为 0.256、0.605，均符合 James（1982）⑤ 给出的经验标准，即 0<ICC（1）<0.50 和 ICC（2）>0.50 的标准，说明该变量在团队之间有足够的差异并且在团队层面一致性较高。因此，团队反思可以由团队成员个体团队反思测量值聚合而成。

（3）团队目标清晰度：采用 Patterson 等（2005）⑥ 开发的量表，该量表有 4 个题项。题项样例为"我们团队的成员对我们正在努力做的事情有很好的理解"，该量表的 Crobanch's α 为 0.862。我们采用团队内成员一致性系数 Rwg 及组内差异程度 ICC（1）和组间差异值 ICC（2）作为团队层面数据聚合检验指标。团队目标清晰度的 Rwg 均值为 0.844，超过了通用的 0.70 的临界标准，表明能够满足内部一致性的要求。ICC（1）和 ICC（2）分别为 0.279、

① JAMES L R. Rwg：An assessment of within-group interrater agreement［J］．Journal of Applied Psychology，1993，78（2）：306-309.

② JAMES L R. Aggregation bias in estimates of perceptual agreement［J］．Journal of Applied Psychology，1982，67（2）：219-229.

③ CARTER S M，WEST M A. Reflexivity，effectiveness，and mental health in BBC-TV production teams［J］．Small group research，1998，29（5）：583-601.

④ JAMES L R. Rwg：An assessment of within-group interrater agreement［J］．Journal of Applied Psychology，1993，78（2）：306-309.

⑤ JAMES L R. Aggregation bias in estimates of perceptual agreement［J］．Journal of Applied Psychology，1982，67（2）：219-229.

⑥ PATTERSON M G，WEST M A，Shackleton V J，et al. Validating the organizational climate measure：links to managerial practices，productivity and innovation［J］．Journal of organizational behavior，2005，26（4）：379-408.

0.633，均符合 James（1982）[1] 给出的经验标准，即 0<ICC（1）<0.50 和 ICC（2）>0.50 的标准，说明该变量在团队之间有足够的差异并且在团队层面一致性较高。因此，团队目标清晰度可以由团队成员个体感知的团队目标清晰度测量值聚合而成。

（4）团队创造力：采用 Li 等（2018）[2] 开发的量表，该量表有 3 个题项。题项样例为"团队的产出是原创且实用的"，该量表的 Crobanch's α 为 0.878。团队创造力的测量是由团队成员进行参照转移填写获得，我们需要对团队内成员一致性系数 Rwg 及组内差异程度 ICC（1）和组间差异值 ICC（2）这些团队层面数据聚合指标进行检验。团队创造力的 Rwg 均值为 0.857，超过了通用的 0.70 的临界标准，表明能够满足内部一致性的要求。ICC（1）和 ICC（2）分别为 0.309、0.667，均符合标准，即 0<ICC（1）<0.50 和 ICC（2）>0.50 的标准，说明该变量在团队之间有足够的差异并且在团队层面一致性较高。因此，团队创造力可以由团队成员个体测量得到的团队创造力聚合而成。

（5）控制变量：已有研究发现团队规模会对组织造成一定影响，可能影响团队创新能力；同时团队年限不仅反映团队的存在时长，也反映团队管理中知识、经验与方法的积累程度，可能会影响到知识型团队创新所需存量知识资源的规模与结构。这些团队特征都可能会影响团队的创造力水平，从而对主效应产生影响。因此，为了更准确地验证本研究所要探讨的关键变量之间的关系，以增加研究的外部效度，本研究选取团队规模、团队年限作为控制变量。

四、研究结果

1. 同源方法偏差检验

由于数据在同一时段采集可能产生共同方法偏差。为此，本研究采用

---

① JAMES L R. Aggregation bias in estimates of perceptual agreement[J]. Journal of Applied Psychology，1982，67（2）：219-229.

② LI G，LIU H，LUO Y. Directive versus participative leadership：Dispositional antecedents and team consequences [J]. Journal of Occupational and Organizational Psychology，2018，91（3）：645-64.

Podsakoff 等（2003）[①] 的建议，进行 Harman 单因子检验，考察研究结果是否受同源方法偏差的干扰。对团队成员第一阶段报告的团队成员尊重性交往、团队反思和团队目标清晰度的测量题项进行因子分析，检验结果显示有 4 个因子的特征值均大于 1，总贡献率为 68.469%，其中第一个因子的方差解释率为 24.010%，未发现单一因子，也未发现哪个因子的方差比率占比较高。可见，本研究的数据不存在显著的共同方法偏差问题。

同时，本研究还采用了不可测量潜在方法因子检验，即所有测量构念的题项除了负荷在所属的构念因子上，还负荷在构造的潜因子上。本研究计算四因子模型中同源误差作为一个潜变量的平均方差抽取量为 19.925%，低于判别同源方差是否可以被视作一个潜变量的判定标准 25%，表明同源方差并不能成为影响本研究理论变量的一个潜变量[②]。

2. 验证性因子分析

本研究采用 AMOS 21.0 软件进行验证性因子分析，对研究变量进行区分效度和结构效度分析。假设模型由尊重性交往、团队反思、团队目标清晰度和团队创造力四个因子构成的四因子模型为基准模型，同时提出三个竞争模型。三因子模型：将尊重性交往与团队目标清晰度合并为一个因子。二因子模型：将尊重性交往与团队目标清晰度合并为一个因子，并将团队反思与团队创造力合并成一个因子。一因子模型：将尊重性交往、团队反思行为、团队创造力、团队目标清晰度合并成一个因子。验证性因子分析结果如表3-4所示。拟合指数支持所假设的四因子模型（$\chi^2/df = 3.415$，IFI = 0.948，TLI = 0.933，CFI = 0.948，RMSEA = 0.077），具有较好的区分效度。

表 3-4　验证性因子分析结果

模型	因子	χ^2	df	χ^2/df	IFI	TLI	CFI	RMSEA
基础模型	四因子	242.475	71	3.415	0.948	0.933	0.948	0.077

①　PODSAKOFF P M, MACKENZIE S B, LEE J Y, et al. Common method biases in behavioral research: a critical review of the literature and recommended remedies[J]. J Appl Psychol, 2003, 88 (5): 879-903.

②　WILLIAMS L J, COTE J A, BUCKLEY M R. Lack of method variance in self-reported affect and perceptions at work: reality or artifact?[J]. Journal of applied psychology, 1989, 74 (3): 462.

表3-4(续)

模型	因子	χ^2	df	χ^2/df	IFI	TLI	CFI	RMSEA
模型1	三因子	789.326	74	10.667	0.784	0.733	0.783	0.154
模型2	二因子	1 313.544	76	17.283	0.626	0.550	0.624	0.200
模型3	一因子	1 507.709	77	19.581	0.568	0.487	0.566	0.214

3. 描述性统计与相关分析结果

本研究各变量的均值、标准差及相关系数如表3-5所示。尊重性交往与团队反思和团队创造力显著正相关（$r=0.344$，$p<0.01$；$r=0.658$，$p<0.01$），团队反思与团队创造力显著正相关（$r=0.486$，$p<0.01$）。这些结果为本研究提出的假设提供初步支持。

表3-5　描述性统计分析及相关分析（$N=91$）

变量	均值	标准差	1	2	3	4	5	6
1. 团队规模	4.472	1.701						
2. 团队年限	2.730	0.635	-0.275**					
3. 尊重性交往	5.529	0.557	0.098	0.052				
4. 团队反思	4.672	0.616	-0.207*	0.134	0.344**			
5. 团队目标清晰度	5.493	0.509	-0.109	0.154	0.592**	0.589**		
6. 团队创造力	5.609	0.601	0.067	0.146	0.658**	0.486**	0.668**	

注：＊表示 $p<0.05$，＊＊表示 $p<0.01$。

4. 假设检验

本研究采用SPSS 22.0统计分析软件进行回归检验假设。由表3-6的回归结果可知，尊重性交往对团队创造力有显著正向影响（模型4，$\beta=0.700$，$p<0.001$）。由此，假设H3-7得到支持。尊重性交往对团队反思有显著正向影响（模型2，$\beta=0.402$，$p<0.001$）。由此，假设H3-8得到支持。为验证假设H3-9提出的中介效应，团队反思对团队创造力有显著正向影响（模型5，$\beta=0.500$，$p<0.001$），并且将尊重性交往与团队反思一起放入回归方程（模型6），对比模型4和模型5，团队反思依然对团队创造力有显著正向影响（$\beta=$

0.303，$p<0.001$），同时尊重性交往对团队创造力的影响作用依旧显著（$\beta=0.578$，$p<0.01$），但是相较于模型4效用减小（$\beta=0.700$，$p<0.001$），表明团队反思在尊重性交往与团队创造力之间起不完全中介作用。由此，假设H3-9得到初步支持。我们进一步采用bootstrapping方法检测中介效应。本研究使用了2 000个bootstrapping样本，自变量为尊重性交往，中介变量为团队反思，因变量为团队创造力。尊重性交往对团队创造力的间接效应在95%的置信区间为[0.032，0.269]，区间不包括0，间接效应显著，假设H3-9再次得到支持。本研究采用阶层回归方法验证团队目标清晰度对团队反思和团队创造力这一关系的调节作用。在表3-6的模型7中，团队反思与团队目标清晰度的交互项对团队创造力有显著正向影响（$\beta=0.326$，$p<0.05$），即团队目标清晰度程度越高，团队反思对团队创造力的正向影响越强。由此，假设H3-10得到支持。

表3-6　回归分析结果（$N=91$）

项目	团队反思		团队创造力				
	模型1	模型2	模型3	模型4	模型5	模型6	模型7
团队规模	-0.067	-0.083*	0.041	0.013	0.075*	0.038	0.079**
工作年限	0.081	0.051	0.168	0.116	0.128	0.101	0.088
尊重性交往		0.402***		0.700***		0.578**	
团队反思					0.500***	0.303***	0.114
团队目标清晰度							0.654***
交互项							0.326*
R^2	0.049	0.179***	0.034	0.447***	0.283***	0.526***	0.520***
ΔR^2	0.049	0.130***	0.034	0.413***	0.249***	0.079***	0.237***
F	2.286	6.341***	1.539	23.430***	11.430***	23.851***	18.383***

注：*表示$p<0.05$，**表示$p<0.01$，***表示$p<0.001$；表中回归系数为非标准化系数；交互项为团队反思*团队目标清晰度。

为了清晰地展示团队目标清晰度的调节作用，本研究根据 Aiken 等（1991）[①] 的方法，按照团队目标清晰度均值加减一个标准差绘制调节效应图，

---

① AIKEN L S，WEST S G，RENO R R. Multiple regression：testing and interpreting interactions [M]. New York：Sage，1991.

如图3-4所示，当团队目标清晰度较高时，团队反思对团队创造力的正向影响更强。简单斜率分析的结果表明，当团队目标清晰度较低（均值减一个标准差）时，团队反思对团队创造力具有负向影响但不显著（$\beta = -0.212$，$p > 0.05$）。当团队目标清晰度较高（均值加一个标准差）时，团队反思对团队创造力的影响作用是正向但不显著（$\beta = 0.440$，$p > 0.05$），并且两组差异显著（$\beta = 0.652$，$p < 0.05$）。

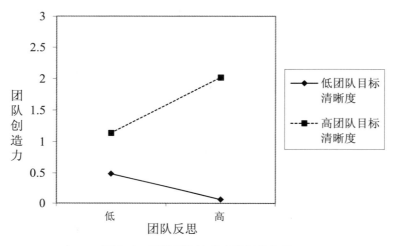

图 3-4　团队目标清晰度的调节作用

五、研究结论与启示

1. 研究结论

本研究基于社会交换理论和目标设置理论，探究尊重性交往如何影响知识型团队创造力，并分析团队反思的中介作用和团队目标清晰度的调节作用。本研究通过对91个知识型团队的408份有效样本进行实证研究发现：①知识型团队尊重性交往对团队反思、团队创造力有积极影响；②团队反思调节了尊重性交往与团队创造力之间的关系；③团队目标清晰度正向调节了团队反思与团队创造力之间的关系，即团队目标越清晰，团队反思对团队创造力的正向影响越大。

2. 理论贡献

首先，本研究扩展了关于尊重性交往领域的研究。到目前为止，关于尊重性交往的研究还处于萌芽阶段，相关实证研究也甚是缺乏①。本研究深入探究了尊重性交往，研究成员相互的人际关联模式的独特手段如何在团队层面上产生影响。本研究通过揭示知识型团队尊重性交往在工作场景中处理社会信息、发展认知能力和影响行为方面的独特潜力，进一步推进工作场景中有关尊重性交往的研究，也为积极工作关系理论和团队创造性理论提供了新的见解和研究视角。

其次，本研究基于社会信息加工理论，将动态性团队认知过程中的重要变量——团队反思纳入研究框架，并证实了团队反思在尊重性交往与知识型团队创造力间起部分中介作用。已有文献虽然论述了相互尊重是培养成员间高质量沟通，以及通过更好的人际角色协调来提高工作绩效和团队产出的关键因素，但更多侧重于探讨关系协调对团队产出的作用机理②。为数不多的关于尊重性交往与团队创造力的研究也将关系信息处理视为中介变量，团队反思则较少涉及。然而，高度复杂的知识型团队创新依赖于对不同领域知识的创造性联结，需要跨越团队边界，寻找创新资源与支持。此外，动态的、不确定的外部环境也要求团队和组织给予密切关注和及时应变，此时团队反思显得尤为重要。本研究揭示了团队反思在尊重性交往与知识型团队创造力之间的中介效应，进一步打开了尊重性交往影响知识型团队创造力的"黑箱"，也为知识型团队创造力的研究提供了新视角。

最后，本研究还回答了在何种情况下团队反思影响团队创造力的效果更加强烈。基于目标设定理论，本研究引入团队目标清晰度，探讨知识型团队创造力形成机制的重要边界条件。研究结果支持了目标设定理论的基本观点，揭示清晰的团队目标会强化团队反思对团队创造力的影响效果。这有助于理解团队反思影响知识型团队创造力的外在约束条件，即相比于模糊、宽泛的团队目

---

① VOGUS T J, IACOBUCCI D. Creating highly reliable health care: How reliability-enhancing work practices affect patient safety in hospitals [J]. ILR Review, 2016, 69 (4): 911-38.

② HOFFER G J. Coordinating mechanisms in care provider groups: relational coordination as a mediator and input uncertainty as a moderator of performance effects [J]. Management science, 2002, 48 (11): 1408-1426.

标，更为清晰、明确的团队目标情境下团队反思更可能显著促进知识型团队创造力的提升。

3. 管理启示

首先，尊重性交往能够促进知识型团队创造力。因此，知识型团队管理者需要鼓励团队成员之间采取尊重性交往行为，以建立有效的工作联结，促进团队创造力的提升。具体来说，一方面，要鼓励团队成员之间传达存在感、价值感，要给予他人行为的正面尊重，将关注的重点放在团队其他成员的创造性活动的价值上；另一方面，要鼓励团队成员之间进行积极有效的倾听，并相互提供支持性的沟通，促使团队成员开展良性的行为互动，形成和谐的人际关系，以此促进团队创造力的提升。

其次，知识型团队在为了创新而共同努力、形成合力的同时，也需要经常反思在工作目标、过程、方法等方面出现的问题并及时调整，以便更好地适应内外部环境的变化。因此，知识型团队领导者需要采取一些管理措施，加强团队反思建设。第一，知识型团队管理者应该营造出善于反思和自由表达的团队氛围，鼓励团队成员密切关注内外部环境变化，通过多种方式为成员提供信息交流平台，共同反思团队目标、方法等，并根据环境变化及时做出调整。第二，团队要定期进行对过去行动的回顾，对当下工作的目标、策略与所处环境的反思以及对未来计划和决策的集体性讨论。第三，团队需要时刻保持与外界的沟通，以及时获取信息，预防团队出现"孤岛"风险。

最后，本研究表明，团队目标清晰度越高，团队反思对团队创造力的促进作用越明显。因此，团队管理者应当构建清晰、科学的团队目标体系。具体而言，第一步，团队管理者应制定清晰、具体、可量化、易于操作的团队目标，并充分发挥目标体系的协同作用。第二步，团队管理者应在整体目标协同一致的基础上，将目标层层分解到团队中的每个层次、每个成员身上，重点关注成员对团队目标的认知与理解，致力于使员工清晰地了解团队的重要目标是什么。第三步，团队管理者应将组织目标转化为每一位成员的行动，使每一位成员都明确自身应该承担的职责，为最大限度激发员工的创造性行为创造有利条件，达到"1+1>2"的效果，以更好地提升团队创造力水平。

4. 研究局限性与未来研究方向

本研究的内容仍然存在着一些局限性：第一，本研究中的团队创造力是由团队成员自我报告完成的，虽然并未发现严重的同源偏差问题，但社会赞许或晕轮效应等可能导致其受到个人主观判断的干扰，从而影响到测量的客观性。未来将采用一些如专利研发、创新奖励等客观指标使评价的方式能进一步增强研究结论的有效性。第二，本研究的研究重点在团队层面，并没有进一步探讨对员工个体水平以及跨水平的影响。未来有关研究可以关注尊重性交往是否会影响团队成员个体的反思与创造力，以及在跨水平时是否会发挥作用。第三，本研究结果显示，团队反思在尊重性交往与知识型团队创造力之间起部分中介作用，说明两者间还存在其他影响机制。此外，尊重性交往是一种关系机制，它可以通过两个方面来驱动创造力：一方面是识别过程，另一方面是持久性和弹性。同时已有研究指出了创造力的双重途径①。因此，未来有待探索如积极的情绪、亲社会行为等其他中介路径，以更准确地理解尊重性交往对团队创造力的发生机制和影响边界。

第三节　团队情感支持对虚拟合作的影响研究

一、引言

"互联网+"背景下，基于现代通信技术衍生出来的虚拟团队——成员能克服时间、空间和组织边界的障碍，使彼此相互协同以实现任务目标的一种工作组织形式，被应用地愈加广泛②。与传统的一般组织形式相比较，虚拟团队明显具有诸多优势，包括动态地集聚和利用世界各地的人才、信息和技术资

---

① DE DREU C K, BAAS M, NIJSTAD B A. Hedonic tone and activation level in the mood-creativity link：toward a dual pathway to creativity model ［J］. Journal of personality and social psychology, 2008, 94（5）：739.

② KIRKMAN B L, ROSEN B, TESLUK P E, et al. The Impact of Team Empowerment on Virtual Team Performance：The Moderating Role of Face-to-Face Interaction［J］. Academy of Management Journal, 2004, 47（2）：175-192.

源，减轻组织内部人工成本与外部出行成本，以及缩短沟通交流所用时间等[1][2]。尤其是 2020 年受到新冠疫情的影响冲击后，许多企业不得不采用线上办公、远程协同这种虚拟团队工作组织方式。采用虚拟团队的企业数量已呈爆炸性增长，并且这种趋势预计将在未来持续下去[3]。虽然虚拟团队给组织带来了很多便利，但是同时也存在不少问题，例如，团队成员之间的误解以及隔离感、工作过程中信息的传递不够准确、难以建立和维持团队信任以及有效解决成员之间的冲突等[4][5][6]。因此，为了克服以上诸多难题以及保证虚拟团队有效运作，虚拟团队内部成员之间需要通力合作和协调分工[7]。由此可见，虚拟合作对于组织或企业来说无处不在、也不可避免，且已被认为是在动荡、不确定性的外部环境中获得竞争优势的重要途径[8][9]。

为了充分利用个人和组织层面的资源实现潜在的虚拟团队优势，诸多学者将研究重点放在了信息和通信技术的潜力上[10][11]。然而，仅依靠即时通信系统为虚拟团队开展远程协作办公提供的技术保障是远远不够的。现有研究发现工作特征（如任务复杂性）和员工能力（如情景判断能力）、领导方式（如授权

① HILL N S, BARTOL K M. Empowering leadership and effective collaboration in geographically dispersed teams [J]. Personnel Psychology, 2016, 69 (1): 159-198.

② MARTINS L L, GILSON L, MAYNARD M T. Virtual Teams: What Do We Know and Where Do We Go From Here? [J]. Journal of Management, 2004, 30 (6): 805-835.

③ DULEBOHN J H, HOCH J E. Virtual teams in organizations [J]. Human Resource Management Review, 2017, 27 (4): 569-574.

④ JOSHI A, LAZAROVA M B, LIAO H. Getting everyone on board: the role of inspirational leadership in geographically dispersed teams [J]. Organization Science, 2009, 20 (1): 240-252.

⑤ HILL N S, BARTOL K M, TESLUK P E, et al. Organizational context and face-to-face interaction: influences on the development of trust and collaborative behaviors in computer-mediated groups [J]. Organizational Behavior and Human Decision Processes, 2009, 108 (2): 187-201.

⑥ PURVANOVA R K. Face-to-face versus virtual teams: What have we really learned? [J]. The Psychologist-Manager Journal, 2014, 17 (1): 2-29.

⑦ O'LEARY M B, CUMMINGS J N. The spatial, temporal, and configurational characteristics of geographic dispersion in teams [J]. MIS Quarterly, 2007 (5): 433-452.

⑧ BYRON K. Carrying too heavy a load? The communication and miscommunication of emotion by email [M]. New York: Academy of Management Briarcliff Manor, 2008.

⑨ HINDS P J, WEISBAND S P. Knowledge sharing and shared understanding in virtual teams [J]. Virtual teams that work: Creating conditions for virtual team effectiveness, 2003 (3): 21-36.

⑩ PAUL D L. Collaborative activities in virtual settings: a knowledge management perspective of telemedicine [J]. Journal of Management Information Systems, 2006, 22 (4): 143-176.

⑪ BRANDON D P, Hollingshead A B. Transactive memory systems in organizations: matching tasks, expertise, and people [J]. Organization Science, 2004, 15 (6): 633-644.

型领导）等可以对虚拟合作产生积极影响①。此外，在团队任务的实施过程中个体感受到来自其他成员的情感支持也是维持团队协作的重要认知过程因素②。情感支持是一种允许员工间接管理其工作需求的"后台资源"，能够满足员工的社会情感需求③④。与纯粹的社会型或任务型关系相比，情感支持具有复杂的个人角色和广阔边界，提供了接触到最广泛的支持性互动的途径⑤。由此可见，虚拟团队成员之间除了在工作任务上相互支持，还应该在社会情感上相互交流，给予支持与鼓励，以建立团队信任，为虚拟团队的协作奠定良好基础⑥。因此，探讨团队情感支持与虚拟合作的关系成为本研究的主要话题。

在虚拟团队成员相互提供情感支持以实现团队虚拟合作的过程中，成员主要是依靠网络通信来进行工作交流和社交情感互动。根据社会交换理论⑦，社会交换的基础是信任感，同时，信任感又会引起个人的义务感。这意味着在虚拟团队成员之间互相提供情感支持后，虚拟团队成员也会得到来自其他成员的信任，继而引发他们相应的行动回馈，这为推动虚拟合作打下基础。基于此，本研究将探讨在这一过程中虚拟团队信任发挥的中介作用。此外，由于虚拟团队的工作环境面临着远程、知识密集、动态复杂等客观情景，因此在团队成员实现社会交换的过程中，任务情景因素发挥着重要作用。许多学者将任务互依

① NAH F F-H, SCHILLER S Z, MENNECKE B E, et al. Collaboration in virtual worlds: impact of task complexity on team trust and satisfaction [J]. Journal of Database Management (JDM), 2017, 28 (4): 60-78.

② TANG K-Y, TSAI C-C, LIN T-C. Contemporary intellectual structure of CSCL research (2006－2013): a co-citation network analysis with an education focus [J]. International Journal of Computer-Supported Collaborative Learning, 2014, 9 (3): 335-363.

③ COHEN S, WILLS T A. Stress, social support, and the buffering hypothesis [J]. Psychological Bulletin, 1985, 98 (2): 310.

④ LAZEGA E, PATTISON P E. Multiplexity, generalized exchange and cooperation in organizations: a case study [J]. Social Networks, 1999, 21 (1): 67-90.

⑤ METHOT J R, LEPINE J A, PODSAKOFF N P, et al. Are workplace friendships a mixed blessing? Exploring tradeoffs of multiplex relationships and their associations with job performance [J]. Personnel Psychology, 2016, 69 (2): 311-355.

⑥ 武晓飞. 虚拟团队信任关系构建研究 [D]. 长沙：中南大学，2006.

⑦ BLAU P. Exchange and power in social life [M]. New York: Routledge, 2017.

性作为影响团队工作过程的重要调节变量①②③。根据社会相互依赖理论，当个体的目标的实现是以其他个体实现其目标为前提时，个体之间就存在积极依赖关系，此时，个体会寻求存在积极关联且有益于所有目标的结果（比如合作)④。因此，本研究将进一步探索任务互依性在虚拟团队信任促进虚拟合作行为这一过程中可能存在的调节作用。

据此，本研究针对虚拟团队面临地理分散这一客观难题，探讨了团队成员的情感支持如何及何时可以促进实现虚拟合作。创新性将虚拟团队信任（团队情感信任、团队认知信任）与任务互依性纳入团队情感支持对虚拟合作的影响框架中，重点探索了虚拟团队信任在团队情感支持与虚拟合作之间的中介作用，以及任务互依性对团队信任与虚拟合作的调节作用。本研究通过分析团队情感支持对虚拟合作的内部作用机制，扩展了虚拟团队信任、任务互依性在虚拟合作前置因素研究领域的应用，进而开启团队情感支持对虚拟合作作用机制的"黑箱"。本研究的结论为虚拟合作的达成提供理论基础和实践指导。

二、理论分析与研究假设

1. 团队情感支持与虚拟合作

虚拟合作是指团队成员在地理位置分散的工作环境中为支持与团队成员的有效互动而实施的行为。情感支持是指成员彼此间的情感交流与互动情况⑤。虽然情感支持是一种与工作任务本身无关的支持形式，但是它允许员工间接管

---

① DE WIT F R C, GREER L L, JEHN K A. The paradox of intragroup conflict: a meta-analysis. [J]. J Appl Psychol, 2012, 97 (2): 360-390.

② KLEINGELD A, VAN MIERLO H, ARENDS L. The effect of goal setting on group performance: a meta-analysis[J]. Journal of Applied Psychology, 2011, 96 (6): 1289-1304.

③ DECHURCH L A, MESMER-MAGNUS J R. The cognitive underpinnings of effective teamwork: a meta-analysis[J]. J Appl Psychol, 2010, 95 (1): 32-53.

④ DEUTSCH M. An experimental study of the effects of co-operation and competition upon group process [J]. Human Relations, 1949, 2 (3): 199-231.

⑤ METHOT J R, LEPINE J A, PODSAKOFF N P, et al. Are workplace friendships a mixed blessing? Exploring tradeoffs of multiplex relationships and their associations with job performance [J]. Personnel Psychology, 2016, 69 (2): 311-355.

理其工作需求①。在虚拟合作的实现过程中，团队成员之间互相提供情感支持。

具体而言，情感支持包括关于工作中的好事、坏事以及非工作话题的沟通，它允许员工关注和讨论与工作无关的话题，旨在满足员工的社会情感需求②。由于虚拟团队成员位于不同的办公区域或者时区，无法像传统团队一般进行面对面交往，因而团队成员易产生孤立感、隔离感以及人际互动的焦虑感等负面情绪③。已有研究表明，获得情感支持能够减少人们对情绪干扰的关注，增加富有成效的工作时间，这将对团队协作产生积极影响④。

相反，如果成员之间缺乏团队情感支持，可能会导致成员间隔阂的产生，甚至激化关系，成员需要花费更多的时间和精力去处理复杂的人际关系问题，而无力应对任务环境的突变，最终影响到协同工作和团队任务的进展⑤。虚拟合作的实现要求团队成员适当地使用技术，以虚拟的方式与分散在不同地理位置的团队成员进行交流，尽可能减少团队成员之间关于共同发展存在的潜在误解、消极归因和不利影响。然而，这一过程中可能会出现辨别信息含义的有效情景提示和非语言暗示减少的现象⑥。但是，如果团队成员能够获得团队情感支持，创造出和谐的人际关系，成员更有可能寻求和重视彼此的想法和观点，进而缓解成员异质性对沟通的不利影响，以及缓和工作环境差异性所造成的潜在功能失调的关系冲突，从而有助于促进成员间的社会联结和增强团队凝聚力⑦，最终有利于提高虚拟合作水平。因此，本研究提出：

① LAZEGA E, PATTISON P E. Multiplexity, generalized exchange and cooperation in organizations: a case study [J]. Social Networks, 1999, 21 (1): 67-90.

② COHEN S, WILLS T A. Stress, social support, and the buffering hypothesis [J]. Psychological Bulletin, 1985, 98 (2): 310.

③ MARLOW S L, LACERENZA C N, Salas E. Communication in virtual teams: a conceptual framework and research agenda [J]. Human Resource Management Review, 2017, 27 (4): 575-589.

④ DIJKSTRA M T, VAN DIERENDONCK D, EVERS A, et al. Conflict and well-being at work: the moderating role of personality [J]. Journal of Managerial Psychology, 2005, 20 (2): 87-104.

⑤ YONG K, SAUER S J, MANNIX E A. Conflict and creativity in interdisciplinary teams [J]. Small Group Research, 2014, 45 (3): 266-289.

⑥ DAFT R L, LENGEL R H. Organizational information requirements, media richness and structural design [J]. Management Science, 1986, 32 (5): 554-571.

⑦ KESSEL M, KRATZER J, SCHULTZ C. Psychological safety, knowledge sharing, and creative performance in healthcare teams [J]. Creativity and Innovation Management, 2012, 21 (2): 147-157.

假设 H3-11：团队情感支持对虚拟合作具有显著的正向作用。

2. 虚拟团队信任的中介作用

最初，团队信任是指基于对其他团队成员的动机、意图或预期行为的正面期望，是一种愿意接受自己被伤害的可能性的共同感知，以及愿意将自身利益交由他人控制的状态，被认为是单一维度的变量。后来，随着研究的发展，学者普遍采取 McAllister[①] 的观点，认为根据来源的不同，团队信任可区分为两类：团队情感信任与团队认知信任。情感信任是指建立在人际关怀和彼此间的情感联系的基础上的同理心、亲和力和融洽关系，认知信任则取决于对他人特质（能力、可靠、专业性等）的一种合理性、客观性的评估[②]。

情感支持通常被认为是职场友谊关系形成和维持的主要载体[③]。通过情感支持，团队成员之间可以互相提供包括情感鼓励、促进工作中的沟通等在内的资源。团队情感信任源于与团队中其他成员的社会互动，它是个体之间的情感纽带[④]。由此可见，在虚拟性的分散工作环境中，成员之间进行情感交流与社会互动，有利于虚拟团队成员之间建立情感信任。

另外，有研究表明，团队情感支持虽然不是与工作直接相关的沟通来源，但是它能够促进个体建立起一种社区意识，这种社区意识不断鼓励个体积极履行与角色相关的职责，发挥个人专长以及进行分享活动[⑤]。认知信任正是取决于对他人能力、可靠性等与绩效相关的认知判断，是个体在特定情境中依据他人的过去行为表现而做出的推理。因此，在团队任务的实施过程中，团队情感支持也能够为团队认知信任的形成和维持奠定基础。

---

① MCALLISTER D J. Affect-and cognition-based trust as foundations for interpersonal cooperation in organizations [J]. Academy of Management Journal, 1995, 38 (1)：24-59.

② NG K-Y, CHUA R Y. Do I contribute more when I trust more? Differential effects of cognition-and affect-based trust [J]. Management and Organization Review, 2006, 2 (1)：43-66.

③ FEHR B. Intimacy expectations in same-sex friendships：a prototype interaction-pattern model [J]. Journal of Personality and Social Psychology, 2004, 86 (2)：265.

④ SCHAUBROECK J, LAM S S K, PENG A C. Cognition-based and affect-based trust as mediators of leader behavior influences on team performance [J]. Journal of Applied Psychology, 2011, 96 (4)：863-871.

⑤ KWON K, LIU Y H, JOHNSON L S P. Group regulation and social-emotional interactions observed in computer supported collaborative learning：Comparison between good vs. poor collaborators [J]. Computers & Education, 2014, 78 (9)：185-200.

此外，根据社会交换理论的观点，社会交换的基础是信任对方会履行义务。反过来，社会交换也会引起个体的回报义务感，从而减少对另一方回报的不确定感。社会交换理论认为，信任对发展和深化社会交换关系是至关重要的。首先，团队情感信任是在强调互惠感的社会交换过程中形成的一种深入的、稳定的社会关系，反映了团队成员之间逐渐加强义务的相互投资。团队情感信任能够加深社会交换①。进一步，当团队成员之间已经建立情感信任，会更加关注彼此的感受和需要，倾向于相信团队其他成员是关心自己的，会为自己的利益考虑，逐步形成亲密的关系，这有利于形成对彼此行为的合理预期并及时做出反应，增加合作的意愿和行为，提高合作的效率。其次，虚拟合作需要成员间建立基于任务的沟通和信任，这是虚拟团队中认知信任的主要来源②，以便于克服地理上团队分散导致的团队协调失误情况。团队认知信任能够促进成员对彼此专长的了解，充分发挥各自优势，建立起高质量的社会交换关系，并给予团队成员一种信心，增强彼此的责任感，愿意支持彼此的工作，有助于团队成员在虚拟的工作环境下自由开放地交流与合作。因此，虚拟团队成员之间相互的情感支持使成员建立了信任关系。虚拟团队信任有助于成员进行社会交换，从而使成员产生了回报的义务感；虚拟团队成员更有可能将与团队成员的有效互动作为回报。综上所述，本研究提出：

假设 H3-12：团队情感支持通过虚拟团队信任对虚拟合作产生正向作用。

假设 H3-12a：团队情感支持通过团队情感信任对虚拟合作产生正向作用。

假设 H3-12b：团队情感支持通过团队认知信任对虚拟合作产生正向作用。

3. 任务互依性的调节作用

任务互依性是指团队成员在确保有效完成团队或组织任务的过程中所产生的依赖需求或交互程度③。虚拟团队成员分布于不同的工作地点，这导致成员间处理问题的视角和工作方法存在差异。虚拟合作要求团队内部成员能够进行

---

① COLQUITT J A, LEPINE J A, PICCOLO R F, et al. Explaining the justice‐performance relationship: Trust as exchange deepener or trust as uncertainty reducer? [J]. Journal of Applied Psychology, 2012, 97 (1): 1.

② JARVENPAA S L, LEIDNER D E. Communication and trust in global virtual teams [J]. Organization Science, 1999, 10 (6): 791-815.

③ PURVANOVA R K. Face-to-face versus virtual teams: what have we really learned? [J]. The Psychologist-Manager Journal, 2014, 17 (1): 2-29.

跨边界工作①②。任务互依性能够刺激成员频繁和广泛地进行人际互动、沟通交流与分工协作③。因此，作为影响成员间互动的重要团队特征变量——任务互依性使得团队成员的互动合作成为团队运作的基本特征④，这对于虚拟合作来说具有十分积极的潜在作用。

社会相互依赖理论指出，个体间的相互依赖分为两种类型：一种是积极依赖，一种是消极依赖。只有当个体的目标的实现是以其他个体实现其目标为前提时，个体之间存在着积极依赖关系。此时，个体会寻求存在积极关联且有益于所有目标的结果（比如合作）；相反，只有当其他个体未实现其目标，个体的目标才能实现时，个体之间是存在着消极依赖关系。此时，个体会寻求损害他人但有利于自己的目标的结果（比如竞争）。因此，当任务互依性较强时，每个团队成员必须分享他们各自所掌握的信息、知识等资源才能够成功地完成团队工作，由此创造了需要成员间互动协作的"合作需求"⑤。这时，成员间存在着积极依赖关系，虚拟团队信任就显得格外重要。一方面，团队情感信任建立在成员间的共享关系和感情联系之上，提供增进这一互动协作过程的人际氛围；另一方面，团队认知信任意味着成员彼此相信对方的专业度、胜任力和可靠性，成员会以一种理性态度去信任其他同事，相信同事会以正确而有效的方式处理关键的组织任务以及能够很好地进行工作协助⑥。可见，任务互依性越强，虚拟团队信任的必要性就越强，也就越有可能实现虚拟合作。反之，当任务互依性较低时，任务的执行具有相对独立性和灵活性，个人绩效较容易区

---

①　HINDS P J, MORTENSEN M. Understanding conflict in geographically distributed teams: the moderating effects of shared identity, shared context, and spontaneous communication [J]. Organization Science, 2005, 16 (3): 290-307.

②　HINDS P J, BAILEY D E. Out of sight, out of sync: understanding conflict in distributed teams [J]. Organization Science, 2003, 14 (6): 615-632.

③　WAGEMAN R, GORDON F M. As the twig is bent: how group values shape emergent task interdependence in groups [J]. Organization Science, 2005, 16 (6): 687-700.

④　VAN DER VEGT G S, JANSSEN O. Joint impact of interdependence and group diversity on innovation [J]. Journal of Management, 2003, 29 (5): 729-751.

⑤　VAN DER VEGT G, EMANS B, VAN DE V E. Team members' affective responses to patterns of intragroup interdependence and job complexity [J]. Journal of Management, 2000, 26 (4): 633-655.

⑥　WANG S, TOMLINSON E C, NOE R A. The role of mentor trust and protégé internal locus of control in formal mentoring relationships. [J]. J Appl Psychol, 2010, 95 (2): 358-367.

分，个体目标的实现也不需要以他人目标的实现为前提①，因而无须较多的成员间互动协作，由虚拟团队信任促进虚拟合作的可能性也随之降低。因此，本研究提出：

假设 H3-13：任务互依性正向调节虚拟团队信任与虚拟合作间的关系。

假设 H3-13a：任务互依性正向调节团队情感信任与虚拟合作间的关系。

假设 H3-13b：任务互依性正向调节团队认知信任与虚拟合作间的关系。

综上所述，本节研究的理论模型如图 3-5 所示：

图 3-5　本节研究的理论模型

三、研究方法

1. 数据来源

本研究样本选自重庆、四川地区的高新技术行业的 64 家企业的虚拟团队。此次调查采取分阶段多次问卷调查形式：第一阶段通过问卷形式对员工基本信息、所在团队基本信息、情感支持、任务互依性、认知信任和情感信任等变量进行数据收集，第二阶段通过问卷形式对虚拟合作等结果变量进行数据收集。在调研之前，调研人员和企业相关负责人员进行沟通，确定最终参加数据收集的部门及员工名单，然后进行编码，以便在多轮问卷回收后与员工数据匹配。

第一阶段发放问卷 402 份，回收 385 份；第二阶段发放问卷 390 份，回收 356 份。研究团队对两次回收的有效问卷进行匹配之后，共计有来自 64 个团

---

① LIN T C, HSU J S C, CHENG K T, et al. Understanding the role of behavioural integration in ISD teams：an extension of transactive memory systems concept［J］. Information Systems Journal，2012，22（3）：211-234.

队的 293 份有效问卷。样本团队的平均规模为 4.562 人，团队成立时间平均为 2.700 年。在有效样本中，男性占 46.100%，女性占 53.900%；25 岁及以下占 16.000%，25~35 岁占 69.600%，36~45 岁占 10.200%，46~55 岁占 3.800%，56 岁及以上占 0.300%；专科及以下占 10.600%，本科占 66.600%，研究生及以上占 22.900%；工作 2 年及以下占 13.000%，工作 3~5 年占 32.100%，工作 6~10 年占 32.800%，工作 10 年及以上占 22.200%。

2. 变量测量

（1）团队情感支持：采用 Methot 等（2016）[①] 开发的量表，该量表有 5 个题项。题项样例为"我的同事在我情绪低落时给我打气"。由于本研究是在团队层探讨情感支持，因此需要将团队成员数据聚合到团队层。本研究通过对团队成员情感支持数据的聚合分析，得到 Rwg、ICC（1）、ICC（2）分别为 0.894、0.294、0.650，均符合团队层分析数据聚合要求。团队情感支持量表的 Crobanch's α 为 0.892。

（2）团队信任：采用 Ng 和 Chua（2006）[②] 开发的量表。关于团队情感信任，该量表有 4 个题项。题项样例为"他们倾向于在工作关系中投入大量的感情"。本研究将团队成员数据聚合到团队层的数据进分析，得到 Rwg、ICC（1）、ICC（2）分别为 0.853、0.264、0.616，均符合团队层分析数据聚合要求。团队情感信任量表的 Cronbach's α 系数为 0.854。

关于团队认知信任，该量表有 4 个题项。题项样例为"他们是认真对待团队工作的人"。本研究将团队成员数据聚合到团队层的数据进分析，得到 Rwg、ICC（1）、ICC（2）分别为 0.913、0.254、0.602，均符合团队层分析数据聚合要求。团队认知信任量表的 Cronbach's α 系数为 0.922。

（3）任务互依性：采用 Bachrach（2007）[③] 开发的量表，该量表有 5 个题

---

① METHOT J R, LEPINE J A, PODSAKOFF N P, et al. Are workplace friendships a mixed blessing? Exploring tradeoffs of multiplex relationships and their associations with job performance [J]. Personnel Psychology, 2016, 69（2）：311-355.

② NG K-Y, CHUA R Y. Do I contribute more when I trust more? Differential effects of cognition- and affect-based trust [J]. Management and Organization review, 2006, 2（1）：43-66.

③ BACHRACH D G, WANG H, BENDOLY E, et al. Importance of organizational citizenship behaviour for overall performance evaluation：comparing the role of task interdependence in China and the USA [J]. Management and Organization Review, 2007, 3（2）：255-276.

项。题项样例为"小组的员工需要与同事合作才能做好工作"。本研究将团队成员数据聚合到团队层的数据进分析，得到 Rwg、ICC（1）、ICC（2）分别为 0.766、0.257、0.607，均符合团队层分析数据聚合要求。任务互依性量表的 Cronbach's α 系数为 0.826。

（4）虚拟合作：采用 Hill 和 Bartol（2016）[①] 开发的量表，该量表有 10 个题项。题项样例为"有效地使用技术与团队成员进行虚拟沟通"。本研究通过对虚拟合作进行聚合分析，得到 Rwg、ICC（1）、ICC（2）分别为 0.953、0.337、0.696，均符合团队层分析数据聚合要求。虚拟合作量表的 Crobanch's α 为 0.925。

（5）控制变量：团队的基本特征影响虚拟合作所需存量知识资源的规模与结构[②]。因此，为了更准确地验证本研究所要探讨的关键变量之间的关系，以增加研究的外部效度，本研究选取团队规模、团队年限作为控制变量。

四、数据分析与结果

1. 样本共同方法偏差检验

由于数据在同一时段采集可能产生同源方法偏差。因此，本研究采用 Podsakoff 等（2003）[③] 的建议，进行 Harman 单因子检验，考察研究结果是否受同源方法偏差的干扰。对团队成员第一阶段报告的情感支持、任务互依性、认知信任和情感信任的测量题项进行因子分析，检验结果显示有 3 个因子的特征值均大于 1，总贡献率为 71.374%。其中，第一个因子的方差解释率为 33.507%，未发现单一因子，也未发现哪个因子的方差比率占绝大多数。可见，本研究的数据不存在显著的共同方法偏差问题。

---

① HILL N S, BARTOL K M. Empowering leadership and effective collaboration in geographically dispersed teams [J]. Personnel Psychology, 2016, 69（1）：159-198.

② 张保仓，任浩. 虚拟组织持续创新能力提升机理的实证研究[J]. 经济管理，2018，40（10）：122-139.

③ PODSAKOFF P M, MACKENZIE S B, LEE J Y, et al. Common method biases in behavioral research：a critical review of the literature and recommended remedies[J]. Journal of Applied Psychology, 2003, 88（5）：879-903.

同时，本研究还采用了不可测量潜在方法因子检验，即所有测量构念的题项除了负荷在所属的构念因子上，还负荷在构造的潜因子上。本研究计算四因子模型中同源误差作为一个潜变量的平均方差抽取量为 22.997%，低于判别同源方差是否可以被视作一个潜变量的判定标准 25%，表明同源方差并不能成为影响本研究理论变量的一个潜变量①。

2. 验证性因子分析

本研究采用 AMOS 21.0 软件进行验证性因子分析，对研究变量进行区分效度和结构效度分析。假设模型由团队成员情感支持、团队任务互依性、团队认知信任、团队情感信任和虚拟合作五个因子构成的五因子模型为基准模型，同时提出四个竞争模型。四因子模型：将团队情感信任与团队认知信任合并为一个因子。三因子模型：将团队情感信任与团队认知信任合并为一个因子，将团队成员情感支持与团队任务互依性并成一个因子。二因子模型：将团队情感信任与团队认知信任合并为一个因子，将团队成员情感支持、团队任务互依性和虚拟合作并成一个因子。一因子模型：将团队成员情感支持、团队任务互依性、团队认知信任、团队情感信任和虚拟合作合并成一个因子。验证性因子分析结果如表 3-7 所示，拟合指数支持所假设的四因子模型（$\chi^2/df = 2.902$，IFI $= 0.929$，TLI $= 0.915$，CFI $= 0.929$，RMSEA $= 0.081$）具有较好的区分效度。

表 3-7　验证性因子分析结果

模型	因子	χ^2	df	χ^2/df	IFI	TLI	CFI	RMSEA
基础模型	五因子	519.547	179	2.902	0.929	0.915	0.929	0.081
模型 1	四因子	557.864	183	3.048	0.911	0.898	0.911	0.084
模型 2	三因子	826.384	186	4.443	0.848	0.828	0.847	0.109
模型 3	二因子	1 164.803	188	6.196	0.769	0.740	0.767	0.133
模型 4	一因子	1 984.529	189	10.500	0.574	0.525	0.572	0.180

3. 相关分析

各变量的均值、标准差及相关系数如表 3-8 所示。团队成员情感支持和虚

---

① WILLIAMS L J, COTE J A, BUCKLEY M R. Lack of method variance in self-reported affect and perceptions at work：reality or artifact？[J]. Journal of Applied Psychology, 1989, 74 (3)：462.

拟合作显著正相关（$r=0.651$，$p<0.01$），团队情感信任与团队认知信任和虚拟合作显著正相关（$r=0.593$，$p<0.01$；$r=0.529$，$p<0.01$）。这些结果为所提出的假设提供初步支持。

表 3-8　描述性统计分析及相关分析（$N=64$）

变量	均值	标准差	1	2	3	4	5	6	7
1. 团队规模	4.562	1.789							
2. 团队年限	2.700	0.671	-0.216						
3. 团队情感支持	5.698	0.529	-0.169	0.007					
4. 团队情感信任	4.918	0.425	-0.181	0.139	0.528**				
5. 团队认知信任	5.579	0.497	-0.179	0.041	0.465**	0.770**			
6. 任务互依性	5.709	0.487	-0.070	0.195	0.170	0.350**	0.322**		
7. 虚拟合作	5.764	0.488	-0.022	-0.027	0.651**	0.593**	0.529**	0.219	

注：＊表示 $p<0.05$，＊＊表示 $p<0.01$，＊＊＊表示 $p<0.001$。

4. 假设检验

（1）主效应、中介效应检验。

本研究采用 SPSS 22.0 统计分析软件进行回归检验假设。由表 3-9 的回归结果可知，团队成员情感支持对虚拟合作有显著正向影响（模型 6，$\beta=0.615$，$p<0.001$）。由此，假设 H3-11 得到支持。团队情感信任对虚拟合作有显著正向影响（模型 7，$\beta=0.608$，$p<0.001$）。为验证假设 H3-12a 提出的中介效应，我们将团队成员情感支持与团队情感信任一起放入回归方程（模型 8），对比模型 6 和模型 7，团队情感信任依然对虚拟合作有显著正向影响（$\beta=0.364$，$p<0.001$），团队成员情感支持对虚拟合作的影响作用依旧显著，但是相较于模型 6 效用减小（$\beta=0.438$，$p<0.001$），表明团队情感信任在团队成员情感支持与虚拟合作之间起部分中介作用。由此，假设 H3-12a 得到初步支持。为了保证结果分析的一致性和稳定性，我们进一步采用 bootstrapping 方法检测中介效应。本研究抽取了 2 000 个 bootstrapping 样本，自变量为团队成员情感支持，中介变量为团队情感信任，因变量为虚拟合作。团队成员情感支持通过团队情感信任对虚拟合作的间接效应在 95% 的置信区间为 [0.059，0.396]，区间不包括 0，间接效应显著，假设 H3-12a 再次得到支持。

团队认知信任对虚拟合作有显著正向影响（模型 10，$\beta = 0.543$，$p < 0.001$）。为验证假设 H3-12b 提出的中介效应，本研究将团队成员情感支持与团队认知信任一起放入回归方程（模型 11），对比模型 6 和模型 10，团队认知信任依然对虚拟合作有显著正向影响（$\beta = 0.305$，$p < 0.01$），团队成员情感支持对虚拟合作的影响作用依旧显著，但是相较于模型 6 效用减小（$\beta = 0.489$，$p < 0.001$），表明团队认知信任在团队成员情感支持与虚拟合作之间起不完全中介作用。由此，假设 H3-12b 得到初步支持。我们进一步采用 bootstrapping 方法检测中介效应。本研究抽取了 2 000 个 bootstrapping 样本，自变量为团队成员情感支持，中介变量为团队认知信任，因变量为虚拟合作。团队成员情感支持通过团队认知信任对虚拟合作的间接效应在 95% 的置信区间为 [0.027，0.336]，区间不包括 0，间接效应显著，假设 H3-12b 再次得到支持。考虑到上述假设 H3-12a 和假设 H3-12b 均得到支持。因此，假设 H3-12 也能得到支持。

（2）调节效应检验。

本研究采用阶层回归方法验证任务互依性的调节作用。在表 3-9 的模型 9 中，任务互依性与团队情感信任的交互项对虚拟合作有显著正向影响（$\beta = 0.456$，$p < 0.05$），即任务互依性越高，团队情感信任对虚拟合作的正向影响越强。由此，假设 H3-13a 得到支持。为了清晰地展示任务互依性的调节作用，本研究根据 Aiken 和 West（1991）[①] 的方法，按照任务互依性均值加减一个标准差绘制调节效应图（见图 3-6 和图 3-7）。如图 3-6 所示，当任务互依性较高时，团队情感信任对虚拟合作的正向影响更强。简单斜率分析的结果表明，当任务互依性较低（均值减一个标准差）时，团队情感信任对虚拟合作的影响正向但不显著（$\beta = 0.186$，$p > 0.05$）。当任务互依性较高（均值加一个标准差）时，团队情感信任对虚拟合作有显著正向影响（$\beta = 1.046$，$p < 0.05$），并且两组差异显著（$\beta = 0.860$，$p < 0.05$）。

在表 3-9 的模型 12 中，任务互依性与团队认知信任的交互项对虚拟合作有显著正向影响（$\beta = 0.505$，$p < 0.05$），即任务互依性越高，团队认知信任对虚拟合作的正向影响越强。由此，假设 H3-13b 得到支持。如图 3-7 所示，当

---

① AIKEN L S, WEST S G, RENO R R. Multiple regression: testing and interpreting interactions [M]. New York: Sage, 1991.

表3-9 回归分析结果 （N=64）

项目	团队情感信任		团队认知信任			虚拟合作							
	模型1	模型2	模型3	模型4	模型5	模型6	模型7	模型8	模型9	模型10	模型11	模型12	
团队规模	-0.044	-0.019	-0.049	-0.027	-0.008	0.024	0.019	0.031	0.022	0.019	0.032	0.018	
工作年限	0.077	0.089	0.001	0.011	-0.024	-0.009	-0.071	-0.041	-0.080	-0.025	-0.012	-0.047	
团队情感支持		0.485***		0.413***		0.615***		0.438***			0.489***		
团队情感信任							0.608***	0.364***	0.616***				
团队认知信任										0.543***	0.305**	0.593***	
任务互依性									-0.076			-0.033	
情感信任*任务互依性									0.456*				
认知信任*任务互依性												0.505*	
R^2	0.043	0.302***	0.032	0.227***	0.001	0.432***	0.368***	0.528***	0.422***	0.286***	0.504***	0.347***	
ΔR^2	0.043	0.258***	0.032	0.195***	0.001	0.431***	0.367***	0.096***	0.053***	0.285***	0.072***	0.060*	
F	1.378	8.641***	1.010	5.865***	0.046	15.23***	11.66***	16.51***	8.456***	8.02***	14.98***	6.151***	

注：*表示 $p<0.05$，**表示 $p<0.01$，***表示 $p<0.001$；表中回归系数为非标准化系数。

任务互依性较高时，团队认知信任对虚拟合作的正向影响更强。简单斜率分析的结果表明，当任务互依性较低（均值减一个标准差）时，团队认知信任对虚拟合作的影响正向但不显著（$\beta = 0.103$，$p > 0.05$）。当任务互依性较高（均值加一个标准差）时，团队认知信任对虚拟合作有显著正向影响（$\beta = 1.083$，$p < 0.05$），并且两组差异显著（$\beta = 0.980$，$p < 0.05$），由此假设 H3-13b 得到验证。考虑到上述假设 H3-13a 和假设 H3-13b 均得到支持。因此，假设 H3-13 也能得到支持。

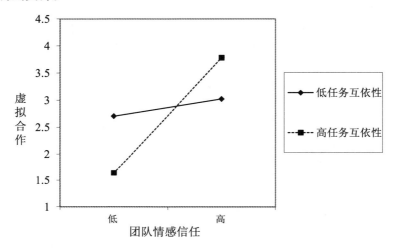

图 3-6　任务互依性的调节作用（一）

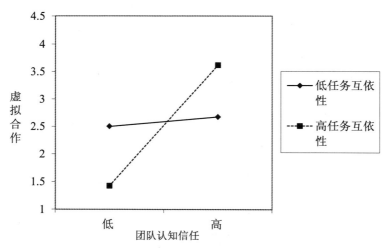

图 3-7　任务互依性的调节作用（二）

五、结论和启示

1. 研究结论

本研究基于社会交换理论和社会依赖理论，探究团队情感支持如何影响虚拟合作，并分析虚拟团队信任（情感信任、认知信任）的中介作用和任务互依性的调节作用。本研究发现：①团队情感支持对虚拟合作有积极影响；②虚拟团队信任（情感信任、认知信任）对团队情感支持与虚拟合作之间的关系起中介作用；③任务互依性正向调节了虚拟团队信任（团队情感信任、团队认知信任）与虚拟合作之间的关系，即虚拟团队的任务互依性越强，团队情感信任与团队认知信任对虚拟合作的正向影响越大。

2. 理论意义

首先，本研究探讨了影响虚拟合作水平的重要前因，明确团队情感支持对虚拟合作的作用机理，有助于启发未来研究进一步探索关系理论（例如，社会网络理论、人际关系理论等）对团队活动的重要影响。尽管人际关系在团队活动中无处不在，但现有研究还没有充分认识到职场友谊，特别是同事之间的情感支持在促进工作协作中发挥的重要作用[1]。因此，本研究详细阐述了虚拟团队成员之间情感支持影响虚拟合作的具体机制，为推进探究团队情感支持的积极作用具有重要理论贡献。

其次，本研究通过社会交换理论明晰了团队情感支持的具体作用过程，验证了虚拟团队信任的中介作用。本研究将虚拟团队信任区分为虚拟团队情感信任、虚拟团队认知信任两个维度，支持了虚拟团队中的信任是以认知信任为主，情感信任为辅的观点[2]，且通过实证研究证明了团队情感信任和团队认知

---

① METHOT J R, LEPINE J A, Podsakoff N P, et al. Are workplace friendships a mixed blessing? Exploring tradeoffs of multiplex relationships and their associations with job performance [J]. Personnel Psychology, 2016, 69 (2): 311-355.

② KANAWATTANACHAI P, YOO Y. Dynamic nature of trust in virtual teams [J]. The Journal of Strategic Information Systems, 2002, 11 (3-4): 187-213.

信任对虚拟合作均具有正向的促进作用。虚拟团队信任（团队情感信任、团队认知信任）在人际关系发挥作用过程中起着重要的联结作用，团队成员间的相互信任有助于成员利用社交资源进行社会交换，了解彼此的情况，从而有效提高团队的虚拟合作水平。

最后，本研究从任务互依性这一任务特征角度拓展了虚拟团队信任作用过程中的边界条件。虽然虚拟团队信任属于人际关系的范畴，但是在工作过程中不可避免会受到任务特征这一客观任务因素的影响。本研究基于社会相互依赖理论，探索性地将团队情感信任、团队认知信任、团队任务互依性和虚拟合作整合到一个理论模型中，在理论上澄清了虚拟团队信任在何种工作特征中更有可能提高虚拟合作水平。实证结果发现，当团队任务高度依赖时，团队情感信任和团队认知信任对虚拟合作的促进作用会上升。本研究发现了团队任务互依性对虚拟团队信任发生效力的影响。

3. 实践意义

第一，在快速变化与不确定性的外部环境中，组织任务需要在群体之间相互情感支持下才能更有效地实现运营。因此，虚拟团队管理者需要重视员工间情感支持在工作中发挥的重要作用。尤其是虚拟团队成员的沟通大多围绕工作方面，非正式沟通较少，在分布式团队环境中弥合这些差异显然极具挑战性。故虚拟团队成员除相互给予工作上的支持以外，还应互相给予情感支持，以此促进虚拟团队任务的有序协调和团队活动的顺利开展，

第二，虚拟团队管理者应当认识到虚拟团队信任这一人际关系过程对虚拟合作的推动作用。具体而言，一方面，在虚拟团队组建之初，尤其是针对存续时间较长的虚拟团队，新成员应当有意识地互相交换一些个人社会信息，例如关于个人的特长、爱好、工作偏好等，增进彼此之间的了解。此外，虚拟团队管理者应鼓励团队成员在任务的实施过程中积极主动沟通，除了交流工作信息以外，也允许讨论工作之外的话题，以促成虚拟团队成员之间情感信任的快速建立，有效地拉近团队成员之间的关系，促进虚拟合作的实现。另一方面，虚拟团队成员应当对团队任务的分配、交接、职责等问题达成共识，互相支持彼此的工作，充分展现个人优秀的专业知识和认真负责的形象，建立起和维持好团队认知信任，以促使虚拟合作顺利进行。

第三，任务互依性强化了虚拟团队信任对虚拟合作的促进作用，因此，高

新技术企业的虚拟团队管理者应意识到任务互依性对虚拟团队信任作用效果的增强效应。这需要虚拟团队管理者对工作任务进行合理设计。具体而言，首先，建立合作性的工作目标。以积极依赖为特质的合作性目标会影响团队成员之间的积极互动，比如有效沟通、信任和相互支持等。其次，在虚拟团队组建之初，管理者应确保成员对团队的整体目标规划、阶段职责任务等达成一致理解，对每个成员如何做出贡献服务于最终目标明确认识，划清成员的工作边界。最后，虚拟团队成员在认清自己任务和角色的同时也不能忽视他人的存在，并看到每个人在整个工作"链条"中所发挥的作用，将对角色的信任"嫁接"到履行角色的个体身上，促进合作。

4. 研究不足与展望

本研究仍存在以下局限与不足：①本研究主要探究团队层面的影响，并没有进一步探讨在员工个体水平以及跨水平的影响。未来研究可以关注情感支持是否会影响团队成员个体的情感信任、认知信任与合作意向和行为，以及在跨水平时是否会发挥作用。同时，后续研究者可以考虑实验性地操纵感知到的团队情感支持，并测试这种操纵对虚拟团队信任和虚拟合作衡量标准的预期效果。②本研究将团队任务互依性作为影响成员间互动的重要团队任务特征变量，探讨了其在虚拟团队信任与虚拟合作之间的调节作用。未来还有待进一步拓展其他团队任务特征（如团队任务多样性、团队任务复杂性、团队任务不确定性等）对二者可能存在的调节作用。③本研究是基于中国本土高新技术企业，没有在其他国家或地区对本研究得出的研究结论进行检验。未来可以考虑扩大样本，收集跨国样本和跨文化样本，进行多元文化和单一文化下虚拟团队合作的对比研究，以增强本研究结果的跨文化普适性。

第四章 可持续性人力资源开发与管理的长期效应——积极制度之社会化策略与可持续性人力资源管理

第一节 组织社会化策略对新生代员工留任意愿的影响研究

一、引言

随着知识经济时代的到来和全球经济的飞速发展，组织的内外部环境发生了巨大变化。就组织自身而言，外部环境的变化使得未来发展处于不确定状态，组织想要在激烈的竞争中不被淘汰，人才是核心资源。如何留住人才成为管理者必须思考的问题。员工留任意愿作为行为承诺的一种表现形式，被证实是预测员工离职行为的重要变量①。组织使用恰当的组织社会化策略，建立完善的社会化制度，对提高员工的工作满意度，增强员工的留任意愿至关重要。

组织外部环境的变化不仅使组织不再终身雇佣员工，员工在组织内的晋升机会减少，而且员工以对组织忠诚换取永久雇佣关系的心理也正在改变②。为了应对这种不确定性，员工开始接受组织内部各岗位、部门、行政区域间的变

---

① O'REILLY C A, HI J C, DAVID F C. People and organizational culture: A profile comparison approach to assessing person-organizational culture: A Profile comparison approach to assessing person-organization fit [J]. Academy of Management Journal, 1991, 34: 487-516.

② HALL D T, MOSS J E. The new protean career contract: Helping organizations and employees adapt [J]. Organizational Dynamics, 1999, 26 (3): 22-37.

换，以及组织的变更。这种新型的职业生涯被学者们称为"无边界职业生涯"①。在无边界职业生涯时代，员工与组织之间的雇佣关系和心理契约发生了根本的变化，由过去注重长期雇佣、关系型心理契约向短期雇佣、交易型心理契约转变，职业生涯管理的责任回归个体本身，工作流动成为常态。在此背景下，如何提升员工的留任意愿，构建和谐、共赢的员工—组织关系，成为一个巨大的挑战。

已有研究发现，组织社会化策略对员工留任意愿有显著正向影响，但已有研究大多建立在组织的发展即员工的职业发展方向这一前提下，因此，对于无边界职业生涯态度下，员工职业发展如何对组织产生影响的研究还较少。同时，目前学者们大多关注个体因素对无边界职业生涯产生的影响②③，组织因素会不会产生影响，以及如何影响无边界职业生涯需要未来继续深入探讨。

本研究围绕无边界职业生涯态度，探讨组织社会化策略对留任意愿可能产生的影响，以及对无边界职业生涯态度可能产生中介作用和感知组织支持的调节作用。观测组织提供的支持和帮助是否会影响及如何影响无边界职业生涯态度下员工的留任意愿，提醒管理者要留意变化的工作环境会使员工的职业态度也发生转变，同时为组织进行人才管理提供新的思路。

二、理论基础与研究假设

1. 组织社会化策略与员工留任意愿

最早提出的组织社会化策略的概念为：为帮助新员工适应新环境，组织采取的促进员工社会化并转换组织期望角色的策略和方法。④ 组织社会化是组织

---

① ARTHUR M B. The boundaryless career: A new perspective for organizational inquiry [J]. Journal of Organizational Behavior, 1994, 15 (4): 295-306.

② SULLIVAN S E, ARTHUR M B. The evolution of the boundaryless career concept: Examining physical and psychological mobility [J]. Journal of Vocational Behavior, 2006, 69 (1): 19-29.

③ SEGERS J, INCEOGLU I, VLOEBERGHS D, et al.. Protean and boundaryless careers: A study on potential motivators [J]. Journal of Vocational Behavior, 2008, 73 (2): 212-230.

④ VANMAANEN J, SCHEIN E H. Toward a theory of organizational socialization [J]. Research in Organizational Behavior, 1979 (1): 209-264.

与个体的双向互动过程①，在这个过程中，组织通过采取策略降低员工留任的不确定和焦虑，员工通过学习由组织外部人转变为组织内部人。

大量研究证明了制度化的社会化策略在组织层面会产生影响②③。李绪红、徐文2009年通过研究知识型员工，发现组织社会化策略显著正向影响离职倾向。刘平青、李婷婷在2011年的研究中发现，组织社会化策略对留任意愿有显著正向影响，其中未来期待的影响极其显著，即组织培训效果越好、未来预期水平越积极合理、同事支持程度越高、员工对组织越了解，则其留任的意愿越强烈；相反，则留任意愿越低。根据不确定缩减理论（uncertainty reduction theory），员工在进入组织过程中有很强的不确定感，当不确定性降低后，员工更能适应他们的工作任务，会更满意他们的工作，也更愿意留在组织中。因此，本研究提出：

假设 H4-1：组织社会化策略对员工留任意愿有显著正向影响。

2. 组织社会化策略与无边界职业生涯态度

"无边界职业生涯"这一概念的定义为"超越某一单一雇佣范围的一系列工作机会的职业发展路径"④，即员工职业生涯不再局限于稳定的环境，而是可以跨越组织和工作的边界，职业和雇主等都是变化的。无边界职业生涯态度指个体对职业生涯发展所持有的一种价值观念。具有无边界职业生涯态度的个体，可能通过心理和身体的调整来适应工作环境的变化，并对跨组织边界的工作充满热情⑤。无边界职业生涯态度包含无边界心智和组织间流动偏好。

无边界心智指个人对需要主动创造及保持跨组织或部门边界的前提下建立工作关系的一般性态度，体现个体心理上的变动。拥有高无边界心智的员工希

① CHAO G T, OLEARY A M, HOWARD S W, et al.. Organizational socialization: its content and consequences [J]. Journal of Applied Psychology, 1994 (79): 730-743.

② HOM P W, GRIFFETH R W, PALICH L E, et al.. Revisiting met expectations as a reason why realistic job previews work[J]. Personnel Psychology, 1999, 52 (1): 97-112.

③ ALLEN D G. Do organizational socialization tactics influence newcomer embeddedness and turnover? [J]. Journal of Management, 2006, 32 (2): 237-256.

④ DEFILLIPPI R J, ARTHUR M B. The boundaryless career: A competency-based perspective [J]. Journal of Organizational Behavior, 1994, 15 (4): 307-324.

⑤ ARTHUR M B, ROUSSEAU D M. A career lexicon for the 21st century [J]. The Academy of Management Executive (1993-2005), 1996, 10 (4): 28-39.

望留在自己的组织中，但愿意与不同团队或者不同组织的个体共同工作并建立友好的人际关系。无边界心智强调员工在职业生涯中具有开放的心态和培养无边界的能力，有利于促进员工学习专业知识。组织社会化策略帮助员工在组织中接受系统的学习和专业的培训，为员工提供了学习专业知识、技能及人际交往的便捷条件。在这种氛围下，员工能力得到提升，眼界得到开阔，使员工对组织外部的态度更加开放，增强了员工的无边界心智。

组织间流动偏好则体现了个体的客观流动意愿，即员工受雇于一个或多个组织的兴趣程度①②。组织流动性偏好是指个体渴望为不同的组织工作，而不仅仅是为当前的雇主服务，即个体虽然在当前的组织中工作，但他期望的是跳槽到别的组织中，为不同的雇主工作，从事不同的工作。组织社会化策略能帮助员工实现职业理想，也能帮助员工尽快适应组织角色。根据社会交换理论，员工为回报组织对其的支持，会产生一系列角色内和角色外行为，降低离开组织的意愿。因此，本研究提出：

假设 H4-2：组织社会化策略对无边界心智有显著正向影响，对组织间流动偏好有显著负向影响。

3. 组织社会化策略对留任意愿的影响：无边界职业生涯态度的中介作用

无边界职业生涯态度会促使员工的态度发生改变，使员工不再认为自己会一直停留在同一个组织中。因此，员工更加注重自身能力的培养，在组织和职业生涯中更加看重客观成功③。组织社会化策略可以帮助员工学习知识，提高自身能力，在一定程度上对员工的职业生涯态度产生影响。已有研究发现，无边界职业生涯态度显著正向影响员工组织承诺④。

高无边界心智的员工对外界的开放性也高，这类员工清楚地意识到组织只

① BRISCOE J P，HALL D T，DeMuth R L F. Protean and boundaryless careers: an empirical exploration [J]. Journal of Vocational Behavior，2006（69）：30-47.

② BRISCOE J P，HALL D T. The interplay of boundaryless and protean careers: combinations and implications [J]. Journal of Vocational Behavior，2006（69）：4-18.

③ VOLMER J，SPURK D. Protean and boundaryless career attitudes: Relationships with subjective and objective career success[J]. Zeitschrift für ArbeitsmarktForschung，2011，43（3）：207-218.

④ BRISCOE J P，FINKELSTEIN L M. The new career and organizational commitment: do boundaryless and protean attitudes make a difference? [J]. Career Development International，2009，14（3）：242-260.

是学习的载体，他们系于接受与组织内部的人一起工作，因此能积极参与跨组织的工作、活动，对工作及组织的投入程度及认可程度高，其留任意愿也高。已有研究发现，无边界职业生涯态度有助于员工认同自我身份，帮助员工积累具有可迁移性的知识和技能。研究证实，无边界心智和规范性承诺之间的关系会受到个体发展机会的影响，在高水平的无边界思维模式下，较少的发展机会使员工产生较低的组织承诺。

根据认知行为理论"刺激—认知—反应"模型，员工感知到的组织职业生涯态度通过职业成长对自身行为倾向产生影响，员工受到组织社会化策略的刺激，使自身无边界心智发生改变，并通过无边界心智的改变，引起员工留任意愿的改变。因此，本研究提出：

假设 H4-3a：在组织社会化策略对员工留任意愿的影响中，无边界心智具有显著的中介效应。

组织移动偏好指个体愿意跨越组织边界进行工作的倾向。与无边界心态相比，组织移动偏好代表了个体更为实际的行为意向——意味着当员工面临更好的工作机会或者意识到当前的组织无法满足自己的需求时，其很可能会选择离开当前的工作和组织，投入新的工作和组织。并且，较高的组织移动偏好也预示着个体不喜欢持续待在同一组织所带来的可预见性。已有研究发现，组织移动偏好与组织承诺具有负相关性。研究证实，组织移动偏好态度和三种组织承诺，即情感性承诺、规范性承诺和持续性承诺都存在显著负相关关系。张光明和肖盼盼在 2010 年从理论角度进行阐述，他们指出在无边界职业生涯中个体的三种组织承诺都会有所降低。袁瑛在 2014 年通过实证研究表明，无边界职业生涯对情感承诺产生负向影响，对离职倾向产生正向影响。本研究认为，当前的社会环境和组织环境都在冲击着员工们的工作观念，无边界职业生涯观的产生同时改变了员工的工作态度和工作行为，他们更加看重可迁移的工作技能及在职培训，强调以绩效或灵活性来交换自身的可雇佣性，他们所关注的并不是忠诚，而是如何能够在当下环境中更好地"存活"，如何通过"流动"的方式获得持续的发展。因此，我们认为，组织通过组织社会化策略，降低了员工的组织流动性偏好，从而增强了员工的留任意愿。

假设 H4-3b：在组织社会化策略对员工留任意愿的影响中，组织移动偏好具有显著的中介效应。

假设 H4-3：在组织社会化策略对员工留任意愿的影响中，无边界职业生涯态度（无边界心智、组织移动偏好）具有显著的中介效应。

4. 组织支持感的调节作用

组织支持感指的是员工对组织看重自己的贡献，并关心自己福祉的程度的感受[①]。根据社会交换理论，员工先判断组织对自己的贡献的重视程度和对自己福祉的关心程度，然后根据自己的判断来决定自己对组织的态度和行为。员工感知到组织支持自己时，就会对主管和组织产生义务感，并通过提高主管承诺或组织承诺来履行自己的义务，即用工作的形式交换主管或组织提供给他们的尊重、薪酬和福利等利益[②]。组织支持感正向调节无边界职业生涯态度与留任意愿之间的关系，具体如下：

一个拥有无边界心智的人喜欢与跨组织或部分的人一起工作，并对组织之外的新经历和新情况充满热情。无边界心智的个体倾向于从外部环境中获得市场能力，并通过外部网络来维持他们的工作[③]，他们渴望与外部环境进行紧密的社会交换，这就要求组织提供支持性的环境，帮助员工能更便捷地与外界进行交流。因此，当员工感知到组织对其与外界交往和合作的支持度越高，员工留任意愿越强。

组织移动偏好代表员工实际希望在不同组织中流动的意愿。第一，研究认为人们通常只有在大幅加薪或升职时才会换工作。当人们期望得到积极的回报时，他们会更有动力去改变组织结构。员工感知组织支持程度越高，其对自身组织的归属感和主观成就感越高，此时，他们反而更愿意留在原本的组织中继续发展。第二，当人们换工作是为了获得新的技能和积累新的经验时，这会增加他们的人力资本。这种组织流动偏好对应自身社会资本的增加，即在感知组织支持的环境中，员工了解到组织对其工作和未来发展的支持，使社会资本得到补充，从而员工更愿意留在组织。综上所述，本研究提出：

假设 H4-4：在无边界职业生涯态度（无边界心智、组织移动偏好）对员

---

① 凌文辁，杨海军，方俐洛. 企业员工的组织支持感[J]. 心理学报，2006，28（1）：130-132.

② EISENBERGER R，HUNTINGTON R，HUTCHISON S，SOWA D. Perceived organizational support[J]. Journal of Applied Psychology，1986，71（3）：500-507.

③ SULLIVAN S E，BARUCH Y. Advances in career theory and research：a critical review and agenda for future exploration [J]. Journal of Management，2009，35（6），1542-1571.

工留任意愿的影响中，组织支持感具有显著的正向调节效应。组织支持感越强，无边界职业生涯态度（无边界心智、组织移动偏好）对员工留任意愿的影响越大；组织支持感越弱，无边界职业生涯态度（无边界心智、组织移动偏好）对员工留任意愿的影响越小。

综上所述，本节研究的理论模型如图4-1所示：

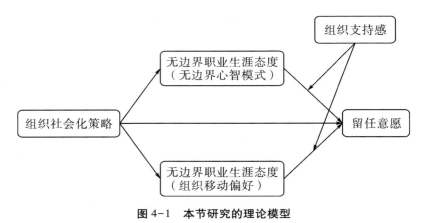

图 4-1　本节研究的理论模型

三、研究设计

1. 测量工具

①组织社会化策略。以往的组织社会化策略量表以新员工为研究对象，其实对经历过一定变革的组织的老员工，组织社会化策略量表同样适用，经德尔菲法验证，量表内容效度良好。本研究以 CABLE 和 PARSON （2001）[①] 的研究为基础，编制了组织社会化策略量表。该量表分为情境组织社会化策略、内容组织社会化策略、社会组织社会化策略三个维度，共计12个题项。

②无边界职业生涯态度。本研究使用 BRISCOE，HALL 和 DeMuth

---

① CABLE DM, PARSONS CK. Socialization tactics and person-organization fit[J]. Personnel Psychology, 2001 (54): 1-23.

（2006）① 开发的 13 题项量表进行测量。其中前 8 个题项测量无边界心智模式（Cronbach's α = 0. 840），后 5 个题项测量组织移动偏好（Cronbach's α = 0. 829）。

③留任意愿。使用 MARJORIE 和 NANCY（2009）② 开发的 3 题项量表进行测量。

④组织支持感。使用 Eisenberger（1986）③ 开发的 6 题项量表进行测量，如"企业很关心我的目标和价值""在我有困难时，企业会给予我帮助"等题项。

在控制变量的选择上，本研究参照组织承诺和组织社会化的相关研究，选取员工性别、年龄、最高学历、毕业后工作年限、职位及企业规模和性质作为控制变量。为控制共同方法变异，我们对数据进行了 Harman 检验。

2. 数据收集与样本描述

本研究调查始于 2019 年 1 月，共向新生代员工分三次发出 350 份问卷，第一次调查新生代员工的个人信息和组织社会化策略，第二次调查新生代员工的无边界职业生涯态度和组织支持感，第三次调查新生代员工的留任意愿和所在企业的信息。我们通过手机号后四位共匹配出 267 份完整问卷，进一步剔除无效问卷后，最终得到 224 份有效问卷，有效回收率为 64.00%。本研究的有效样本的基本特征分布如表 4-1 所示。

表 4-1　有效样本的基本特征分布

项目	类别	数量	百分比/%
性别	男	93	41. 5
	女	131	58. 5

① BRISCOE J P, HALL D T, DEMUTH R L F. Protean and boundaryless careers: An empirical exploration[J]. Journal of Vocational Behavior, 2006, 69（1）: 30-47.

② MARJORIE A S, NANCY D U. Perceived organizational support, career satisfaction, and the retention of older workers[J]. Journal of Occupational and Organizational Psychology, 2009（82）: 201-220.

③ EISENBERGER R. Perceived organizational support［J］. Journal of Applied Psychology, 1986（11）: 500-507.

表4-1(续)

项目	类别	数量	百分比/%
年龄	25 岁以下	108	48.2
	25~30 岁	105	46.9
	30 岁以上	11	4.9
最高学历	专科及以下	19	8.5
	本科	93	41.5
	研究生	112	50.0
毕业后工作年限	1 年以下	45	20.1
	1 年及以上	49	21.9
	2 年及以上	61	27.2
	3 年及以上	41	18.3
	4 年及以上	10	4.5
	5 年及以上	18	8.0
职位	普通员工	153	68.3
	基层管理	50	22.3
	中高层管理	21	9.4
企业规模	小于 20 人	13	5.8
	20~50 人	9	4.0
	51~100 人	24	10.7
	101~200 人	16	7.1
	200 人以上	162	72.3
企业所有权性质	国有企业	59	26.3
	民营企业	102	45.5
	其他	63	28.1

四、数据分析及结果

1. 同源方差检验

在对研究假设进行实证检验之前，我们根据 Harman 的单因子检验法进行了同源方差检验，通过未旋转的主成分分析法分析得到的因子共解释了总变异量的 62.185%。其中第一个因子解释了 26.192%，小于 50% 的临界值，可见所采用样本数据的同源方差问题并不严重。

2. 验证性因子分析

本研究采用验证性因子分析（CFA）的方法检验了研究模型的整体适配度。变量的测量题项较多且用于分析的数据样本量没有达到足够大的标准，强行使用初始题项所测得的数据执行运算容易使估计参数产生较大的偏差。因此，在执行 CFA 之前本研究对组织社会化策略、无边界职业生涯态度和组织支持感等变量分别进行了打包处理。打包处理之后，整体模型的 CFA 结果显示，CMIN = 171.894，DF = 109，CMIN/DF = 1.577，GFI = 0.919，TLI = 0.962，CFI = 0.969，RMSEA = 0.051，各拟合指标均为良好，充分表明研究模型适配良好。另外，如表4-2所示，基准模型的拟合指标显著优于其他竞争模型，表明各变量的区分效度较好。

表4-2　验证性因子分析结果

模型	因素	$CMIN^2/DF$	GFI	CFI	TLI	RMSEA
基准模型	组织社会化策略、无边界心智模式、组织移动偏好、留任意愿、组织支持感	1.577	0.919	0.969	0.962	0.051
竞争模型1	单因素	8.256	0.612	0.580	0.520	0.180
竞争模型2	零因素	16.105	0.300	0	0	0.260
竞争模型3	合并组织社会化策略和无边界心智模式	4.193	0.793	0.824	0.789	0.120

表4-2(续)

模型	因素	CMIN^2/DF	GFI	CFI	TLI	RMSEA
竞争模型4	合并组织社会化策略和组织移动偏好	4.607	0.777	0.802	0.761	0.127
竞争模型5	合并无边界心智模式和组织移动偏好	3.440	0.806	0.866	0.838	0.105
竞争模型6	合并无边界心智模式和留任意愿	3.624	0.800	0.856	0.826	0.108
竞争模型7	合并组织移动偏好和留任意愿	2.257	0.872	0.931	0.917	0.075
竞争模型8	合并组织支持感和留任意愿	3.310	0.806	0.873	0.847	0.102

表4-3展示了本研究主要变量的均值、标准差和相关关系。如表4-3所示，组织社会化策略（无边界心智模式和组织移动偏好）、无边界职业生涯态度、交互项1（无边界心智模式×组织支持感）和交互项2（组织移动偏好×组织支持感）与留任意愿显著相关；组织社会化策略与无边界职业生涯态度显著相关。同时，所有的相关系数均低于基准值0.700，这说明本研究数据并不存在严重的多重共线性问题。

表 4-3　主要变量的均值、标准差和相关关系

变量	均值	标准差	1	2	3	4	5	6	7	8	9	10	11	12
1. 性别	0.420	0.494	1											
2. 年龄	1.570	0.588	0.112											
3. 最高学历	2.420	0.644	-0.023	0.146*										
4. 工作年限	2.890	1.451	0.131*	0.408**	-0.471**									
5. 职位	1.410	0.657	0.191**	0.184**	-0.257**	0.489**								
6. 企业规模	4.360	1.178	-0.005	0.117	0.280**	-0.121	-0.181**							
7. 组织社会化策略	3.724	0.548	-0.045	0.059	0.036	-0.022	-0.141*	0.083						
8. 无边界心智模式	3.552	0.565	0.094	0.030	0.001	0.010	0.020	-0.079	0.356**					
9. 组织移动偏好	2.639	0.602	-0.134*	-0.020	0.078	-0.090	-0.093	0.100	-0.272**	-0.431**				
10. 组织支持感	3.478	0.493	0.124	-0.028	-0.079	0.084	0.042	-0.133	0.389**	0.425**	-0.412**			
11. 交互项 1	0.118	0.284	0.109	-0.082	-0.079	0.072	0.027	-0.137	0.074	0.121	-0.255**	0.134*		
12. 交互项 2	-0.122	0.332	-0.111	0.074	0.036	-0.098	-0.063	0.066	-0.154*	-0.233**	0.304**	-0.281**	-0.611**	
13. 留任意愿	3.205	0.819	0.069	-0.072	-0.069	0.054	0.048	-0.130	0.135*	0.392**	-0.675**	0.578**	0.201**	-0.178**

注："*"和"**"分别表示在 0.05 和 0.01 级别（双尾），相关性显著；交互项 1 代表"组织支持感×无边界心智模式"，交互项 2 代表"组织移动偏好×组织支持感"。

3. 假设检验

（1）直接和中介效应检验。

为了检验无边界职业生涯态度在组织社会化策略和留任意愿之间关系的中介作用，本研究采用了 BARON 和 KENNY 所提出的三步分析法，结果如表4-4所示。组织社会化策略对留任意愿有正向影响（$\beta=0.161$，$p<0.005$），因此，假设 H4-1 得到验证，说明组织采取社会化策略能够增强员工的留任意愿。模型 2 和模型 4 测试了组织社会化策略对无边界职业生涯态度（无边界心智模式 ∗ 组织移动偏好）的影响，结果表明组织社会化策略对无边界心智模式具有显著的正向影响（$\beta=0.377$，$p<0.001$），对组织移动偏好具有显著的负向影响（$\beta=-0.306$，$p<0.001$），因此，假设 H4-2 得到验证。模型 9 和模型 10 分别加入了无边界心智模式和组织移动偏好，相比模型 6，组织社会化策略对留任意愿的影响减弱且不显著（$\beta=0.020$；$\beta=-0.048$）。无边界心智模式和组织移动偏好对留任意愿的影响依然显著（$\beta=0.374$，$p<0.001$；$\beta=-0.685$，$p<0.001$）。模型 11 中也加入了无边界心智模式和组织移动偏好，相比模型 6，组织社会化策略对留任意愿的影响也减弱且不显著（$\beta=-0.089$）。无边界心智模式和组织移动偏好对留任意愿的影响依然显著（$\beta=0.148$，$p<0.01$；$\beta=-0.634$，$p<0.001$），说明无边界心智模式和组织移动偏好在组织社会化策略对留任意愿的影响中起到完全中介作用，假设 H4-3a、H4-3b 和 H4-3 均得到验证。

表 4-4　层次回归分析结果

变量	无边界心智模式		组织移动偏好		留任意愿								
	M_1	M_2	M_3	M_4	M_5	M_6	M_7	M_8	M_9	M_{10}	M_{11}	M_{12}	M_{13}
性别	0.079	0.095	-0.118+	-0.130+	0.047	0.054	0.017	-0.032	0.019	-0.035	-0.043	-0.038	-0.051
年龄	0.028	0.005	0.001	0.020	-0.112	-0.122	-0.122	-0.111+	-0.123	-0.108+	-0.110	-0.067	-0.100+
最高学历	0.012	0.011	0.034	0.035	0.002	0.002	-0.002	0.025	-0.002	0.026	0.022	-0.014	0.024
工作年限	-0.020	-0.025	-0.037	-0.032	0.082	0.080	0.089	0.057	0.089	0.057	0.063	0.024	0.045
职位	-0.002	0.054	-0.032	-0.078	0.007	0.031	0.008	-0.014	0.011	-0.022	-0.026	0.032	0.003
企业规模	-0.100	-0.121+	0.088	0.105	-0.134*	-0.144*	-0.096	-0.075	-0.098	-0.071	-0.059	-0.049	-0.046
企业性质1	0.075	0.049	-0.024	-0.003	0.120	0.109	0.092	0.104	0.091	0.107+	0.100	0.099	0.090
企业性质2	0.050	-0.009	0.012	0.060	0.021	-0.004	0.002	0.029	-0.001	0.037	0.035	-0.039	-0.011
组织社会化策略		0.377***		-0.306***		0.161*							
无边界心智模式							0.381***		0.374***		0.148**	0.166**	
组织移动偏好								-0.670***		-0.685***	-0.634***		-0.549***
组织支持感											-0.089	0.494***	0.380***
交互项1												0.112*	
交互项2													0.097*
拟合指标　F	0.557	4.392***	0.934	3.329***	1.133	1.658	5.314***	21.480***	4.771***	19.399***	18.725***	12.401***	27.611***
R^2	0.020	0.156	0.034	0.123	0.040	0.065	0.183	0.475	0.183	0.477	0.493	0.392	0.589
$\triangle R^2$	—	0.136	—	0.089	—	0.025	0.142	0.434	0.118	0.411	0.310	0.012	0.008

注："***""**""*" 和 "+" 分别表示在 0.001、0.01、0.05 和 0.1 的水平显著；交互项1 代表 "组织支持感 * 无边界心智模式"，交互项2 代表 "组织支持感 * 组织移动偏好"。

（2）调节效应分析。

首先，为避免多重共线性问题，本研究分别对无边界职业生涯态度和组织支持感进行中心化处理并构造交互项；然后，以留任意愿为因变量，在方程中依次放入控制变量、组织支持感和交互项并分别构建模型 12 和 13 执行回归分析，分析结果如表 4-4 所示。交互项 1（组织支持感＊无边界心智模式）和交互项 2（组织支持感＊组织移动偏好）对留任意愿的影响显著（$\beta = 0.112$，$p < 0.05$；$\beta = 0.097$，$p < 0.05$），说明组织支持感在无边界职业生涯态度（无边界心智、组织移动偏好）对员工留任意愿的影响中具有显著的正向调节效应。

为了更加直观地理解调节效应，本研究根据 COHEN 等人推荐的方法绘制了如图 4-2、图 4-3 所示的调节效应图。

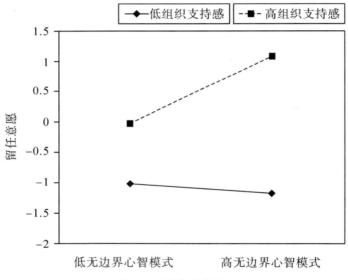

图 4-2　调节效应图 1

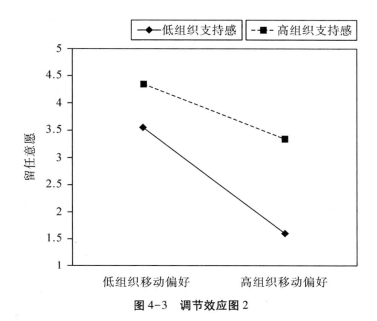

图 4-3　调节效应图 2

五、结论与启示

1. 研究结论

本研究得出如下研究结论：①组织社会化策略显著正向影响员工的留任意愿。组织社会化策略对无边界职业生涯态度中的无边界心智模式有显著正向影响，对无边界职业生涯态度中的组织移动偏好有显著负向影响。②无边界职业生涯态度（无边界心智模式＊组织移动偏好）在组织社会化策略对员工留任意愿的影响中起中介作用。③组织支持感调节了无边界职业生涯态度对员工留任意向的影响。

2. 管理启示

无边界职业生涯的出现，让企业管理者开始担心这种无边界的职业生涯态度会给企业带来更高的离职率和更高的人力成本消耗。但经过研究发现，无边界职业生涯态度也会带来更高的留任意愿，带来更高的组织承诺①。从本研究的研究结论可以看出，面对社会环境的不断变化，员工的职业生涯发生相应改变，这种改变不仅仅是自身特质带来的，也与就业环境的改变息息相关。因此，为员工（尤其是处于变动环境中的员工）提供一定的适应组织的策略和营造支持性的环境至关重要。

第一，管理者可以考虑发展更丰富和宽容的文化，为拥有各种职业方向的员工提供多种机会。组织社会化策略在某种程度上为员工提供了职业生涯发展、价值表达等内部机会，更有可能增加具有无边界职业生涯态度的员工的组织承诺②，增强员工的留任意愿。因此，企业应重视组织社会化策略的实施与运行，从组织社会化策略的六个维度出发，为不同职业生涯态度的员工提供不同的学习和融入组织的方式。第二，关注员工工作贡献和利益相关的事物，并营造支持性环境是非常重要的。我们认为，组织支持感在无边界职业生涯态度与留任意愿之间的调节作用非常大。只有组织关注员工职业发展过程，了解员工的实际贡献与需求，员工对组织的认同感才会更高，实际流动偏好才会降低。无边界心智模式强调与外界之间的交流与合作，强调外部人际关系的维护，这些在没有组织支持的情况下，很容易衍生成实际的流动偏好，只有组织支持与重视员工的需求，员工的留任意愿才会更高。因此，组织在发展过程中应当重视组织支持感的作用。

3. 研究局限与未来展望

针对数据收集等问题，研究也存在一些局限性。第一，本研究主要采用横向问卷收集方法，即同一时点进行变量收集，但组织社会化策略要求的社会化是一个过程，因为不同时间点上，员工社会化程度可能不同，因此采用纵向数据采集更准确。第二，组织社会化策略的实施涉及组织层面的相关管理，在进行数据搜集和处理时，组织社会化策略可以聚合到组织层次进行分析，采用跨层次研究更能准确地反映组织社会化策略的实施情况。

---

① BRISCOE J P, FINKELSTEIN L M. The new career and organizational commitment: do boundaryless and protean attitudes make a difference? [J]. Career Development International, 2009, 14 (3): 242-260.

② 同①.

第二节 组织社会化策略对新生代员工组织承诺的影响研究

一、引言

近年来，新生代员工逐步进入职场，已成为企业中具有影响力的群体，但由于受到时代和社会环境等各种因素的影响，其工作价值观和职业生涯观较之于传统代员工存在较大差异[1][2]，给企业人力资源管理带来了很大的挑战。据前程无忧 2019 年第四季度报告，2019 年员工整体离职率为 18.9%，其中主动离职率为 13.4%。作为衡量离职的重要指标，组织承诺与员工离职意向和实际离职行为紧密联系[3][4][5]。可见，新生代员工的组织承诺一直是人力资源管理的关注重点。

已有研究发现，组织社会化策略对员工组织承诺有显著正向影响[6][7]，组织实施合适的社会化策略有助于增强员工对组织的承诺，从而减弱其离职倾向[8][9]。然而，关于组织社会化策略对新生代员工组织承诺的内在作用及边界

---

① SHRI C. Developing the next generation of leaders: How to engage millennial in the workplace [J]. Leadership Advance Online, 2011 (1): 1-6.

② 李燕萍，侯烜方. 新生代员工工作价值观结构及其对工作行为的影响机理[J]. 经济管理，2012 (5): 88-97.

③ AJZEN I, FISHBEIN M. Attitude-behavior relations: a theoretical analysis and review of empirical research [J]. Psychological Bulletin, 1977, 84 (5): 888-918.

④ MATHIEU J E, ZAJAC D M. A review and meta-analysis of the antecedents, correlates, and consequences of organizational commitment [J]. Psychological bulletin, 1990, 108 (2): 171.

⑤ SOLINGER O N, VAN O W, ROE R A. Beyond the three-component model of organizational commitment [J]. Journal of applied psychology, 2008, 93 (1): 70.

⑥ KLEIN H J, WEAVER N A. The effectiveness of an organizational level orientation training program in the socialization of new hires [J]. Personnel Psychology, 2000 (53): 47-66.

⑦ 黄莉，曹国年. 机构式社会化策略与态度绩效——员工—组织匹配的中介作用[J]. 经济管理，2008 (2): 93-100.

⑧ VAZIFEHDUST H, KHOSROZADEH S. The effect of the organizational socialization on organizational commitment and turnover intention with regard to moderate effect of career aspirations intention[J]. Management Science Letters, 2014, 4 (2): 277-294.

⑨ 张光磊，彭娟，陈丝露. 组织社会化策略对研发人员离职意愿的影响——团队导向人力资源实践的作用[J]. 科学学与科学技术管理，2016, 37 (1): 142-151.

机制方面的探讨还有待加强。传统职业生涯模式强调职业按一定的路径和方向发展，但新生代员工在职业发展中表现为希望自身能主导职业生涯的发展，即自我导向和价值驱动的易变性职业生涯模式逐渐取代传统职业生涯模式①。易变性职业生涯模式强调个人自主选择符合其价值标准的工作内容和方向而非由雇佣者的意志决定②，拥有易变性职业生涯态度的个体可以借助互联网等手段更快捷地获取工作信息，可选择的工作方式也更加多元化，不再依赖传统单一雇主的长期雇佣关系，他们更重视自我职业生涯管理，看重终身的可雇佣性。可见，新生代员工的职业生涯态度发生了巨大改变，这种改变将使得他们更频繁地在同一组织不同部门间流动，甚至在不同组织和不同专业间流动的意愿也更强。由此可知，新生代员工职业生涯态度的改变很可能影响组织承诺产生的边界条件。

因此，本研究聚焦新生代员工这一群体，从易变性职业生涯视角探讨了组织社会化策略通过组织支持感影响新生代员工的组织承诺，揭示了组织社会化策略影响新生代员工组织承诺的"黑箱"，有利于组织根据员工的易变性职业生涯态度有针对性地实施社会化策略，从而有利于提升新生代员工的组织承诺。

二、研究假设与文献综述

1. 组织社会化策略与组织承诺

组织社会化策略是指组织为加快员工组织社会化进程而采取的策略或方法，其本质是协助员工尽快转变为组织期望的角色③④，帮助员工更快融入组

---

① HALL D T，MOSS J E. The new protean career contract：helping organizations and employees adapt［J］. Organizational Dynamics，1998，26（3）：22-37.

② HALL D T. Careers in and out of organizations［M］. CA：Sage Publications，2002.

③ VAN M J，SCHEIN E H. Toward a Theory of Socialization［J］. Research in Organizational Behavior，1979（1）：209-264.

④ 王明辉，凌文辁. 员工组织社会化研究的概况［J］. 心理科学进展，2006，14（5）：722-728.

织。组织社会化策略被分为情景因素、内容因素和社会因素三个维度①②。

已有研究发现组织社会化过程会对其工作产出及态度产生影响③④，并通过对不同样本（企业员工、商学院毕业生、教师）的研究，证实了组织采取社会化策略对员工组织承诺产生正向影响⑤⑥⑦⑧。对于新生代员工而言，组织社会化策略与员工组织承诺的相关性更加明显。新生代员工更加关注自己的职业发展，注重自我价值的实现，超过90%新生代员工重视企业是否能够为自己提供职业发展的机会，看重企业是否能够培养其具备"可转移"的竞争力，他们期望得到更好的发展、更高的待遇及持续学习的机会。根据社会交换理论，组织社会化帮助员工融入组织，给员工提供了学习的机会和途径，帮助员工培养"可转移"的竞争力，更能让员工认同组织，提高其组织承诺⑨。因此，本研究提出：

假设H4-5：组织社会化策略对新生代员工的组织承诺具有显著正向影响。

2. 组织社会化策略与组织支持感

组织支持感是指员工感知到的组织对其工作贡献的评价与支持、利益关心

① JONES G R. Socialization tactics, self-efficacy, and newcomers adjustments to organizations [J]. Academy of Management Journal, 1986 (29)：262-279.

② CABLE D M, PARSONS C K. Socialization tactics and person-organization fit [J]. Personnel Psychology, 2001, 54 (1)：1-23.

③ REICHERS A E, WANOUS J P, STEELE K. Design and implementation issues in socialization and (re-socialization) employees [J]. Human Resource Planning, 1995, 17 (1)：17-25.

④ GREENHAUS J H, PARASURAMAN S, WORMLEY W M. Effects of race on organizational experiences, job performance evolutions, and career outcomes [J]. Academy of Management Journal, 1990, 33 (1)：64-68.

⑤ ALLEN DG, SHORE LM, GRIFFETH RW. The Role of Perceived Organizational Support and Supportive Human Resource Practices in the Turnover Process [J]. Journal of Management, 2003, 29 (2)：99-118.

⑥ ASHFORTH B E, SAKS A M, LEE R T. Socialization and newcomer adjustment：the role of organizational context [J]. Human Relations, 1998, 51 (7)：897-926.

⑦ 马华维, 乐国安, 姚琦. 中学教师社会化过程：交互作用视角 [J]. 心理科学, 2011, 34 (1)：145-150.

⑧ 陈洋, 刘平青. "瓷饭碗"员工信息搜寻行为与组织社会化：有调节的中介模型 [J]. 预测, 2019, 38 (2)：31-37.

⑨ BLAU P M. Exchange and power in social life [M]. [sn]：Transaction Publishers, 1964.

和价值认同的程度①。已有研究指出，组织提供主动的支持措施可以提高员工组织支持感②，如培训③等。根据组织支持理论，组织支持感能够连接组织的管理与员工行为④。组织社会化策略作为一种人力资源实践，能够让员工产生自己被重视的感觉，让员工认为组织有意识地对自己进行了资源投入，从而影响员工对组织支持的感知，进而影响员工的态度和行为⑤。因此，本研究提出：

假设 H4-6：组织社会化策略对新生代员工的组织支持感具有显著正向影响。

3. 组织支持感的中介作用

已有研究发现，组织支持感正向影响组织承诺⑥⑦⑧，即员工的组织支持感越高其组织承诺越高。组织社会化策略是通过为员工提供融入组织内部的信息和方法，帮助个体获得更多的组织信息，从而按组织可接受的工作态度与工作行为进行调整的策略体系。在这一进程中组织要与员工建立、维持良好的交换关系，继而增强了员工感知到的组织支持，最终为其提供一种支持性的环境⑨。根据社会交换理论，组织支持感越强，员工为组织做贡献的责任感及对

① 凌文辁，杨海军，方俐洛. 企业员工的组织支持感 [J]. 心理学报，2006，28（1）：130 -132.

② 徐晓锋，车宏生，林绚晖，等. 组织支持理论及其研究[J]. 心理科学，2005（1）：130- 132.

③ 邵芳，樊耘. 人力资源管理对组织支持动态作用机制模型的构建 [J]. 管理学报，2014，11（10）：1469-1476.

④ 刘宗华，李燕萍，毛天平. 高承诺人力资源实践与员工绩效——组织支持感的中介作用 [J]. 软科学，2015，29（10）：92-95，100.

⑤ 徐向龙，黄玉文，伍致杭. 组织社会化策略对新员工个人—组织匹配的影响——主动社会化行为的中介效应 [J]. 华南师范大学学报（社会科学版），2018（3）：65-73.

⑥ MEYER J P, SMITH C A. HRM practices and organizational commitment：test of a mediation model [J]. Can adian Journal of Administrative Sciences，2000，17（4）：319-332.

⑦ WIDYA A, ENDANG P. Relationship between perceived organizational support and organizational affective commitment：moderating role of psychological contract breach [P]. Proceedings of the 2nd International Conference on Intervention and Applied Psychology（ICIAP 2018），2019.

⑧ 戚玉觉，杨东涛. 组织支持感、组织承诺与员工建言行为：与上司关系的调节作用 [J]. 财经理论与实践，2016，37（4）：99-104，135.

⑨ APPELBAUM S H, IACONI G D, MATOUSEK A. Positive and negative deviant workplace behaviors：causes，impacts，and solutions [J]. Journal of Business in Society，2007，7（5）：586-598.

组织的情感依恋度就越高①。

在组织社会化过程中，组织社会化策略帮助员工增强组织支持感，同时，组织支持感帮助员工找到归属群体和组织，便于他们建构积极的社会身份，进而认同他们的群体②，并对组织产生承诺。具体来说，在组织社会化过程中，强组织支持感会使员工认为组织是积极满足员工需要并履行义务的，当员工意识到组织做出的承诺未兑现时，会做出有利于组织的归因。这样的归因使得员工不容易对组织失去信任，产生负面情绪，从而影响其对组织的承诺。因此，本研究提出：

假设 H4-7：组织支持感在组织社会化策略对新生代员工的组织承诺的影响中起到显著的中介作用。

4. 易变性职业生涯态度的调节作用

易变性职业生涯是指易被个人驱动而不是由组织驱动的职业生涯③④。BRISCOE 和 HALL⑤认为，易变性职业生涯有两个导向：自我导向和价值驱动，并将易变性职业生涯描述为控制职业行为，充分满足职业需求的个人偏好。因此，拥有易变性职业生涯态度的个人将指导他们的职业方向与他们自己的价值观一致，而不是遵循组织的价值观⑥。易变性职业生涯态度在组织支持感与新生代员工的组织承诺之间的影响主要体现在自我导向和价值驱动两个方面。

自我导向型职业生涯态度是指个体自己控制职业发展方向，通过自己确立的职业目标来管理自身行为，对于新的绩效和学习需求具有适应能力，并会做

① EISENBERGER R, HUNTINGTON R, HUTCHISON S, et al.. Perceived organizational support [J]. Journal of Applied Psychology, 1986, 71 (3): 500-507.

② VAN D L, CUMMINGS L L, PARKS J M L. Extra-role behaviors-In pursuit of construct and definitional clarity (a bridge over muddied waters) [J]. Research in Organizational Behavior: An Annual Series of Analytical Essays and Critical Reviews, 1995 (17): 215-285.

③ HALL D T. Careers in organizations [M]. Pacific Palisades, CA: Goodyear, 1976.

④ HALL D T. The protean career: A quarter-century journey [J]. Journal of Vocational Behavior, 2004, 65 (1): 1-13.

⑤ BRISCOE J P, HALL D T. The interplay of boundaryless and protean careers: Combinations and implications [J]. Journal of Vocational Behavior, 2006 (69): 4-18.

⑥ Briscoe, J P, Hall, D T, Frautschy DeMuth, R L. Protean and boundaryless careers: An empirical exploration [J]. Journal of Vocational Behavior, 2006, 69 (1): 30-47.

出相应的改变。具有自我导向型职业生涯倾向的员工倾向于独立自主地管理自身的职业行为，即该类员工更愿意依靠自己的能力进行职业发展的规划与管理①。在没有组织支持的情况下，员工很难依靠自己的目标进行管理②。对于自我导向职业生涯态度强的新生代员工来说，他们对自己控制自己职业方向的要求较高，组织支持感越强，员工更能将目标付诸行动，得到的心理满足感更高，员工更愿意留在组织中③。同时，根据互惠原则，当新生代员工感知到组织对其态度和未来发展的支持时，他们也更愿意留在组织中发展，从而其组织承诺更强④。

价值驱动型职业生涯态度是指持有易变性职业生涯态度的个体用自身的价值观衡量职业成功的标准，个人价值观在引导职业生涯发展方面起到"内在指南针"的作用，并且驱动职业决策的是个人的理想和信念，而不是金钱、地位、晋升这些外在驱动因素。价值驱动型职业生涯态度以获得心理成就感为目标，因此员工为了获得职业的均衡全面发展，通过多种途径增强自身素质，提高可雇佣能力。拥有价值驱动型职业生涯态度的员工重视自我想法，以提高可雇佣能力为目标在组织中学习。员工感知到的组织支持感有利于员工在组织中的学习和生存，有利于增加员工工作自信，从而契合员工价值观，提升员工的组织承诺。

综上所述，本研究提出：

假设 H4-8：易变性职业生涯态度（自我导向/价值驱动）在组织支持感对新生代员工的组织承诺的影响中起到显著正向调节作用，即易变性职业生涯态度（自我导向/价值驱动）越强，组织支持感对新生代员工的组织承诺的影响越大；易变性职业生涯态度（自我导向/价值驱动）越弱，组织支持感对新生代员工的组织承诺的影响越小。

经过以上分析，本研究构建了一个有调节的中介作用。具体来说，组织社会化策略经由组织支持感影响组织承诺间接效应的大小取决于员工的易变性职

---

① De Vos, A, Soens, N. Protean attitude and career success: The mediating role of self-management [J]. Journal of Vocational Behavior, 2008, 73 (3): 449 -456.

② 朱文娟. 组织支持感受与组织承诺的关系研究. [D] 济南：山东大学，2007.

③ 彭程，郭丽芳. 新生代员工高绩效人力资源管理实践研究 [J]. 经济体制改革，2015 (6)：124-129.

④ Blau, G. J. The measurement and prediction of career commitment [J]. Journal of occupational Psychology, 1985, 58 (4): 277-288.

业生涯态度。员工易变性职业生涯态度越高，组织社会化策略对员工组织支持感的正向影响越大，进而导致组织支持感在组织社会化策略与组织承诺之间的中介效应越强。综上所述，本研究进一步提出：

假设 H4-9：当组织社会化策略通过组织支持感对新生代员工的组织承诺产生影响时，易变性职业生涯态度（自我导向/价值驱动）在其中起被调节的中介作用。

综上所述，本研究的理论模型如图 4-4 所示。

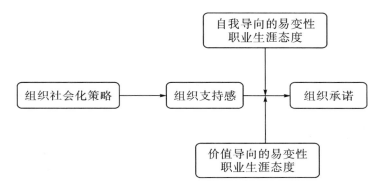

图 4-4　本节研究的理论模型

三、研究设计

1. 测量工具

①组织社会化策略（Cronbach's α = 0.884）。以往的组织社会化策略量表以新员工为研究对象，其实对经历过一定组织变革的老员工，组织社会化策略量表同样适用，并且经德尔菲法验证，量表内容效度良好。本研究以 CABLE 和 PARSON 的研究为基础，编制了组织社会化策略量表，该量表分为情境组织社会化策略、内容组织社会化策略、社会组织社会化策略三个维度，共计 12 个题项。

②组织支持感（Cronbach's$\alpha = 0.892$）：使用 Eisenberger[①] 开发的 6 题项量表进行测量，如"企业很关心我的目标和价值""在我有困难时，企业会给予我帮助"等题项。

③组织承诺（Cronbach's$\alpha = 0.746$）：使用 Allen 和 Meyer[②] 开发的 15 题项量表进行测量。

④易变性职业生涯态度（Cronbach's$\alpha = 0.900$）：使用 Briscoe，Hall 和 Frautschy DeMuth 开发的 14 题项量表进行测量。其中前 8 个题项测量自我指导的职业管理（Cronbach's$\alpha = 0.884$），后 6 个题项测量价值驱动的职业管理（Cronbach's$\alpha = 0.787$）

在控制变量的选择上，本研究参照组织承诺和组织社会化的相关研究，选取员工性别、年龄、最高学历、毕业后工作年限、职位及企业规模和性质作为控制变量。为控制共同方法变异，本研究对数据进行哈曼检验。

2. 数据收集与样本描述

本研究调查始于 2019 年 1 月，共向新生代员工分三次发出 350 份问卷，第一次调查新生代员工的个人信息和易变性职业生涯态度，第二次调查新生代员工的成就需要和感知到的组织支持，第三次调查新生代员工的创造力和所在企业的信息。我们通过手机号后四位共匹配出 265 份完整问卷，进一步剔除无效问卷后，最终得到 222 份有效问卷，有效回收率为 63.43%。本研究的有效样本特征如表 4-5 所示。

表 4-5　有效样本的基本特征分布

项目	类别	数量	百分比/%
性别	男	90	40.5
	女	132	59.5

---

① EISENBERGER R. Perceived organizational support ［J］. Journal of Applied Psychology, 1986 (11)：500-507.

② ALLEN N J, MEYER J P. Affective, continuance, and normative commitment to the organiza-tion：an examination of construct validity ［J］. Journal of Vocational Behavior, 1996, 49 (3)：252-276.

表4-5(续)

项目	类别	数量	百分比/%
	25 岁以下	105	47.3
年龄	25~30 岁	105	47.3
	30 岁以上	12	5.4
	专科及以下	15	6.8
最高学历	本科	92	41.4
	研究生	115	51.8
	1 年以下	46	20.7
	1 年及以上	53	23.9
毕业后	2 年及以上	62	27.9
工作年限	3 年及以上	37	16.7
	4 年及以上	8	3.6
	5 年及以上	16	7.2
	普通员工	158	71.2
职位	基层管理	47	21.2
	中高层管理	17	7.7
	小于 20 人	11	5.0
	20~50 人	11	5.0
企业规模	51~100 人	22	9.9
	101~200 人	15	6.8
	200 人以上	163	73.4
企业所	国有企业	60	27.0
有权性质	民营企业	104	46.8
	其他	58	26.2

四、数据分析及结果

1. 同源方差检验

在对研究假设进行实证检验之前，我们根据 Harman 的单因子检验法进行了同源方差检验，通过未旋转的主成分分析法分析得到了 10 个因子，共解释了总变异量的 64.834%，其中第一个因子解释了 22.046%，小于 50% 的临界值，可见所采用样本数据的同源方差问题并不严重。

2. 验证性因子分析

本研究采用验证性因子分析（CFA）的方法检验了研究模型的整体适配度。由于变量的测量题项较多且用于分析的数据样本量没有达到足够大的标准，强行使用初始题项所测得数据执行运算容易使估计参数产生较大的偏差。因此，我们在执行 CFA 之前对各变量分别进行了打包处理①。打包处理之后，整体模型的 CFA 结果显示，CMIN = 201.678，DF = 80，CMIN/DF = 2.521，GFI = 0.884，TLI = 0.913，CFI = 0.934，RMSEA = 0.083，各拟合指标均为良好，充分表明研究模型适配良好。另外，如表 4-6 所示，基准模型的拟合指标显著优于其他竞争模型，表明各变量的区分效度较好。

表 4-6　验证性因子分析结果

模型	因素	CMIN/DF	GFI	CFI	TLI	RMSEA
基准模型	组织社会化策略、组织支持感、组织承诺、自我指导的职业管理、价值驱动的职业管理	2.521	0.884	0.934	0.913	0.083
竞争模型 1	单因素	797.889	603.88	0.151	0.607	0.551
竞争模型 2	零因素	18.565	0.342	0	0	0.282
竞争模型 3	合并组织社会化策略和组织支持感	6.316	0.726	0.758	0.697	0.155
竞争模型 4	合并组织支持感和组织承诺	3.169	0.858	0.901	0.877	0.099
竞争模型 5	合并自我指导的职业管理和价值驱动的职业管理	3.048	0.851	0.907	0.883	0.096
竞争模型 6	合并自我指导的职业管理和组织承诺	5.096	0.778	0.813	0.767	0.136
竞争模型 7	合并价值驱动的职业管理和组织承诺	5.119	0.778	0.812	0.765	0.137

表 4-7 展示了本研究主要变量的相关分析、均值和标准差。如表 4-7 所示，组织社会化策略、组织支持感、交互项 1（组织支持感 * 自我导向的职业生涯态度）和交互项 2（组织支持感 * 价值驱动的职业生涯态度）与组织承诺显著相关；组织社会化策略与组织支持感显著相关。同时，所有的相关系数均低于基准值 0.700，说明本研究数据并不存在严重的多重共线性问题。

---

① LITTLE T D, CUNNINGHAM W A, SHAHAR G, et al.. To parcel or not to parcel：Exploring the question, weighing the merits [J]. Structural Equation Modeling, 2002 (9)：151-173.

表4-7 主要变量的相关分析、均值和标准差

变量	均值	标准差	1	2	3	4	5	6	7	8	9	10	11	12
1. 性别	0.410	0.492												
2. 年龄	1.580	0.594	0.088											
3. 最高学历	2.450	0.620	-0.067	0.183**										
4. 工作年限	2.800	1.413	0.149*	0.423**	-0.435**									
5. 职位	1.360	0.622	0.135**	0.195**	-0.240**	0.520**								
6. 企业规模	4.390	1.155	0.033	0.132*	0.337*	-0.116	-0.173*							
7. 组织社会化策略	3.761	0.571	-0.054	0.074	0.048	-0.026	-0.115	0.167*						
8. 组织支持感	3.417	0.506	0.032	-0.081	0.029	-0.024	-0.061	0.153*	0.355**					
9. 自我导向的职业生涯态度	3.855	0.535	0.041	0.059	0.105	-0.093	-0.145*	0.126	0.454**	0.234**				
10. 价值驱动的职业生涯态度	3.632	0.553	0.046	0.006	0.169*	-0.103	-0.132*	0.146*	0.380**	0.205**	0.668**			
11. 交互项1	0.063	0.317	-0.146*	-0.033	0.050	-0.082	0.014	-0.046	0.075	0.303**	-0.216**	-0.180**		
12. 交互项2	0.057	0.353	-0.057	-0.032	0.068	-0.064	0.000	-0.003	0.066	0.333**	-0.167*	-0.106	0.826**	
13. 组织承诺	3.195	0.397	-0.042	-0.057	-0.008	-0.024	-0.028	0.042	0.242**	0.528**	0.108	-0.061	0.350**	0.355**

注："*"和"**"分别表示在0.05和0.01级别（双尾），相关性显著；交互项1代表"组织支持感*自我指导"，交互项2代表"组织支持感*价值驱动"。

3. 假设检验

（1）直接和中介效应检验。

为了检验组织支持感在组织社会化策略和组织承诺之间起到的中介作用，本研究采用了 BARON 和 KENNY 所提出的三步分析法，结果如表 4-8 所示。组织社会化策略对组织承诺有显著正向影响（$\beta=0.229$，$p<0.001$），因此，假设 H4-5 得到验证。这说明组织采取社会化策略能够增强员工的组织承诺。我们在模型 2 中测试了组织社会化策略对组织支持感的影响，结果表明组织社会化策略对组织支持感具有显著的正向影响（$\beta=0.347$，$p<0.001$），假设 H4-6 得到验证。因变量同时对自变量和中介变量进行回归，在模型 5 中加入了组织支持感，结果表明，组织支持感对组织承诺具有显著的正向影响（$\beta=0.518$，$p<0.001$）。同时，组织社会化策略对组织承诺的影响从 0.229 到 0.49，数据结果表明成就需要符合中介效应成立的标准，假设 H4-8 得到验证。此外，模型 6 结果表明，组织支持感对组织承诺具有显著的正向影响（$\beta=0.535$，$p<0.001$），假设 H4-7 得到验证。

表4-8 层次回归分析结果

变量	组织支持感					组织承诺		
	M_1	M_2	M_3	M_4	M_5	M_6	M_7	M_8
性别	0.037	0.063	-0.074	-0.057	-0.090	-0.094	-0.061	-0.073
年龄	-0.143+	-0.168*	-0.086	-0.102	-0.015	-0.009	-0.022	-0.009
最高学历	0.048	0.057	-0.004	0.002	-0.028	-0.030	-0.039	-0.025
工作年限	0.082	0.084	0.016	0.017	-0.026	-0.028	0.002	-0.017
职位	-0.050	-0.013	-0.008	0.016	0.023	0.019	0.003	-0.004
企业规模	0.178*	0.121+	0.048	0.011	-0.052	-0.047	-0.028	-0.028
企业性质1	-0.018	-0.050	0.168+	0.147+	0.173*	0.177*	0.159*	0.165*
企业性质2	0.094	0.022	0.186*	0.139	0.127+	0.136+	0.100	0.111
组织社会化策略		0.347***		0.229***	0.049			
组织支持感					0.518***	0.535***	0.457***	0.505**
自我指导							0.049	
价值驱动								-0.139*
组织支持感×自我指导							0.210***	
组织支持感×价值驱动								0.164**
拟合指标								
F	1.370	4.504***	0.905	2.088*	9.333***	10.323***	9.768***	10.434***
R^2	0.049	0.161	0.033	0.081	0.307	0.305	0.338	0.353
$\triangle R^2$	—	0.112	—	0.049	0.225	0.272	0.034	0.022

注："＊＊＊" "＊＊" "＊" 和 "+" 分别表示在 0.001、0.01、0.05 和 0.1 的水平显著。

（2）调节效应分析。

首先，为避免多重共线性问题，我们分别对成就需要和组织支持感进行中心化处理并构造交互项；然后，以组织承诺为因变量，在方程中依次放入控制变量、组织支持感和交互项，分别构建模型 3、6、7 和 8 并执行回归分析。模型 7 分析结果如表 4-8 所示，自我导向的职业生涯态度和组织支持感的交互项对组织承诺具有显著的正向影响（$\beta=0.210$，$p<0.001$）。模型 8 分析结果如表 4-8 所示，价值驱动的职业生涯态度和组织支持感的交互项对组织承诺具有显著的正向影响（$\beta=0.164$，$p<0.001$），假设 H4-9 得到验证，说明员工易变性职业生涯态度（自我导向和价值驱动）越强，组织支持感对组织承诺的正向影响越强。

为了更加直观地理解调节效应，本研究根据 Cohen 等人推荐的方法绘制了如图 4-5 和图 4-6 所示的调节效应图。

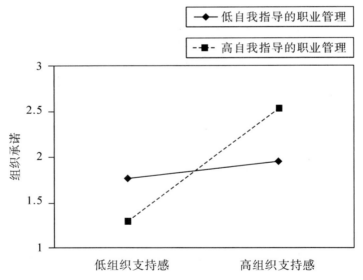

图 4-5 自我指导的职业管理的调节效应图

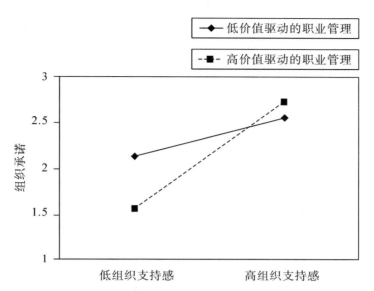

图 4-6　价值驱动的职业管理的调节效应图

（3）被调节的中介效应检验。

本研究通过 Zhao 等人[①]所推荐的分析程序，采用 Bootstrap 法对模型 14 执行检验[②]，即检验在不同自我指导的职业管理水平下，组织支持感在组织社会化策略与组织承诺之间所起的中介效应是否显著。如表 4-9 所示，对于低水平的自我指导的职业管理，Bootstrap 检验的 95% 的置信区间为（0.018 0，0.127 0），不包含 0，表明组织支持感发挥了中介效应；对于中度水平的自我指导的职业管理，95% 的置信区间为（0.057 6，0.173 0），不包含 0，再次验证了假设 H4-9（调节效应的标号）；对于高水平的自我指导的职业管理，95% 的置信区间为（0.078 8，0.237 2），不包含 0。综上，组织社会化策略通过组织支持感影响组织承诺时，自我指导的职业管理在其中被调节的中介效应显著。

①　ZHAO X，LYNCH J G，CHEN Q. Reconsidering baron and kenny：myths and truths about mediation analysis［J］. Journal of Consumer Research，2010（37）：197-206.

②　HAYES A F. An introduction to mediation，moderation，and conditional process analysis：A regression based approach［M］. New York：Guilford Press，2013.

表 4-9 组织社会化策略通过组织支持感影响组织承诺时，

自我导向型职业生涯态度在其中被调节的中介效应

自变量：组织社会化策略		条件间接效应				有调节的中介效应			
中介变量	调节变量自我指导的职业管理	效应	标准误差	Boot下限	Boot上限	Index	误差	Boot下限	Boot上限
组织支持感	低值（−SD）	0.065 0	0.028 0	0.018 0	0.127 0				
	均值	0.107 7	0.029 5	0.057 6	0.173 0	0.079 7	0.033 7	0.022 1	0.156 9
	高值（+SD）	0.150 3	0.040 1	0.078 8	0.237 2				

同理检验在不同的价值驱动型职业生涯态度下，基于组织支持感在组织社会化策略与组织承诺之间所起的中介效应是否显著。如表 4-10 所示，对于低水平的价值驱动型职业生涯态度，Bootstrap 检验的 95% 的置信区间为（0.036 9，0.145 8），不包含 0，表明组织支持感发挥了中介效应；对于中度水平的价值驱动型职业生涯态度，95% 的置信区间为（0.062 1，0.176 5），不包含 0，再次验证了假设 5；对于高水平的自我指导的职业管理，95% 的置信区间为（0.075 1，0.222 7），不包含 0，即自我指导的职业管理对组织社会化策略通过组织支持感影响组织承诺的被调节的中介效应显著。

表 4-10 价值驱动型职业生涯态度对组织社会化策略通过组织

支持感对组织承诺的被调节的中介效应

自变量：组织社会化策略		条件间接效应				有调节的中介效应			
中介变量	调节变量自我指导的职业管理	效应	标准误差	Boot下限	Boot上限	Index	误差	Boot下限	Boot上限
组织支持感	低值（−SD）	0.081 8	0.027 3	0.036 9	0.145 8				
	均值	0.113 4	0.029 0	0.062 1	0.176 5	0.057 2	0.028 6	0.005 6	0.117 2
	高值（+SD）	0.145 1	0.038 0	0.075 1	0.222 7				

五、结论与启示

1. 研究结论

本研究得出如下研究结论：①组织社会化策略对新生代员工的组织承诺有显著正向影响。②组织支持感在组织社会化策略与新生代员工的组织承诺之间起部分中介作用。③在组织支持感对新生代员工的组织承诺的影响中，起到显著正向调节作用。④组织社会化策略通过组织支持感对新生代员工的组织承诺产生影响，易变性职业生涯态度在其中起着被调节的中介作用。

2. 管理启示

为切实提高企业员工职业承诺水平，在上述研究结论的基础上，我们从以下两个方面入手对企业人力资源管理提出管理建议。

（1）实施组织社会化策略来提升组织支持感，进而提升新生代员工的组织承诺水平。首先，情景因素强调组织针对不同的情景给员工提供相当的讯息，即根据员工处于不同的社会化进程所提出的不同要求和员工的不同特征，再结合不同的情景提供信息，如集体的社会化策略、个别的社会化策略、正式的社会化策略和非正式的社会化策略，以减轻员工对环境的不适应，增加员工组织承诺。其次，内容因素强调探究社会化的进程中，组织给新员工提供的信息内容，帮助员工更快速了解组织，从而增加员工组织承诺。最后，重视员工的社会需要，从社会因素出发，帮助员工适应新的人际环境，促进团队和谐，从而加强组织承诺。

（2）企业要针对拥有不同易变性职业生涯态度的新生代员工实施权变管理。本研究表明，易变性职业生涯倾向在组织支持感影响组织承诺的过程中有调节作用。易变性倾向的产生是诸多因素造成的，管理者应对易变性职业生涯倾向程度不同的员工分别对待，采取相应的管理措施。如在员工招聘、员工职位变更、晋升等阶段中，管理者对其易变性职业生涯倾向程度进行相关测试，根据需要，安排相应职位，尽可能做到人尽其才、物尽其用。加强对员工的指导和培训，通过开发学习获得职业洞察力，有针对性地让员工参与职业生涯自我管理的实践，发挥易变性职业生涯倾向对职业承诺的积极作用。

3. 研究局限与未来展望

本研究虽然得到了一些有益的结论，但仍存在一些局限性。第一，本研究主要采用横向问卷收集方法，在同一时点进行变量收集，但组织社会化策略要求的社会化是一个过程，在不同时间点上，员工社会化程度不同，因此采用纵向数据更准确。第二，组织社会化策略的实施涉及组织层面的相关管理，在进行数据搜集和处理时，组织社会化策略可以聚合到组织层次进行分析，采用跨层次研究更能准确反映组织社会化策略的实施情况。

第三节　可持续性人力资源管理：影响因素与作用效果研究

一、引言

在经济转型背景下，企业内外部环境发生极大变化[1][2]，比如雇佣关系短期化，人力资本"重"利用"轻"开发，以裁员降低用工成本等管理实践成为组织应对激烈竞争环境的不二选择。这些措施在有效提高组织短期生存能力的同时，却也带来诸如员工工作-家庭关系失衡、组织人力资源开发不足、劳资纠纷涌现等问题[3][4]。此时，人力资源管理的经济合理性开始受到质疑，社会合理性开始受到关注。人力资源管理作为企业管理的重要模块之一，需提倡可持续的管理思路[5]，这对实现企业经济绩效、环境绩效、社会绩效的"三

① DING D Z, GOODALL K, WARNER M. The end of the "iron rice-bowl": whither Chinese human resource management? [J]. The International Journal of Human Resource Management, 2000, 11 (2): 217-236.

② 李晋，刘洪. Research on the relationship of adaptability and organizational effectiveness in hrm practice in economic transformation[J]. 软科学, 2011, 25 (5): 20-25.

③ EHNERT, INA, HARRY, et al.. Recent developments and future prospects on sustainable human resource management: introduction to the special issue[J]. Management Revue, 2012.

④ FREEK H, PASCAL V, PAUL R, et al.. Doctoral thesis: the global marine phosphorus cycle: response to climate change and feedbacks on ocean biogeochemistry[J]. 2011.

⑤ TEGEDER I, Costigan M, GRIFFIN R S, et al.. GTP cyclohydrolase and tetrahydrobiopterin regulate pain sensitivity and persistence[J]. Nature Medicine, 2006, 12 (11): 1269-1277.

赢"及促进企业的可持续发展具有重要意义。

20世纪90年代以来，关于"可持续性人力资源管理"（Sustainable Human Resource Management，SHRM）的研究已历时二十多年①②③，形成了三次研究浪潮。学者们从可持续性人力资源管理的理论渊源、内涵与意义、实践活动等多个方面进行了分析探讨，但目前相关研究仍缺乏系统性，并且相应的实证分析较为零散，也尚未开发出科学化、标准化的量表。基于我国本土情境的可持续性人力资源管理研究较少，尽管有的也多停留在概念分析层面④。

鉴于此，本研究将分析中国企业可持续性人力资源管理的内涵结构、影响因素和作用结果，从而在一定程度上弥补现有研究的空白和薄弱环节。

二、国内外研究现状评述

1. 可持续性人力资源管理的概念和维度

目前关于可持续性人力资源管理的研究还在不断地丰富，主要有以下两种观点：

（1）根据资源基础观。可持续性人力资源管理（sustainable human resource management）关注获取和维持人力资源的经济效率，强调发挥人的主观能动性，降低商业运营对自然资源及社会资源的耗损⑤。例如，科点（Gollan）的

---

① ELKINGTON J. Towards the sustainable corporation：win-win-win business strategies for sustainable development[J]. California Management Review，1994，36（2）：90-100.
② CHARBEL J C J，FERNANDO C A S. The central role of human resource management in the search for sustainable organizations[J]. The International Journal of Human Resource Management，2008，19（12）：2133-2154.
③ EHNERT，INA，PARSA，et al.. Reporting on sustainability and HRM：a comparative study of sustainability reporting practices by the world's largest companies[J]. International Journal of Human Resource Management，2016.
④ 初可佳，马俊. 企业社会责任视角下可持续性人力资源管理构架的理论探索[J]. 管理学报，2015，12（6）：847.
⑤ HUISMANN M，GRAPP J. Recursivity and dilemmas of a sustainable strategic management-new visions for a corporate balancing efficiency and sustainability by autonomous cooperation in decision making processes [M]. Finland：Foresight Management in Corporations and Public Organisations New Visions for Sustainability，2005.

定义认为，可持续性人力资源管理可以通过合理、合法、合情的组织管理，以最少投入换取最大产出，同时充分挖掘人力资源可持续性的附加价值①。埃内特（Ehnert）对可持续性人力资源管理的解读显示，组织需并重内部培养和外部投资两种渠道，建立平衡的人力资源供给与消耗机制，同时尽量减少或避免人力资源的浪费和滥用②，即强调获取和维持人力资源的实践，其目的是确保在未来拥有高质量人才③。我国学者初可佳和马俊持开放系统理论的视角，强调人口学特征和人力资本特征是人力资源来源具有可持续性的重要方面，同时指出可持续性人力资源管理指一系列人力资源管理活动，旨在战略时间及空间维度中实现组织目标④。

（2）根据利益相关者理论。可持续性人力资源管理实践可平衡各个利益相关者的利益诉求⑤，对人力资源、经济与环境及社会效益产生积极影响⑥。可持续性人力资源管理可概括为组织以远期目标为导向所采取和实施的一系列招聘、甄选、开发、配置和裁员等方法和活动，目的是满足社会责任和经济合理性需要⑦。在相当长的一段时间内降低人力资源管理活动所带来的负反馈对经济、社会和生态目标都有影响⑧。马茹菲提出可持续性人力资源管理的重点在于不仅要关注人的外在，如组织员工所在的家庭、社区、政府及环境等，而

① GOLLAN P J. High involvement management and human resource sustainability：The challenges，and opportunities[J]. Asia Pacific Journal of Human Resources，2005，43（1）：18-33.

② EHNERT I. Sustainability and HRM：a model and suggestions for future research ［M］. Palgrave Macmillan UK：The Future of Employment Relations. 2011.

③ MULIER C G. REMER A. Umweltwirtschaft oder wirtschaftsokologie? Vorueberlegungen zu einer theorie des ressourcenmanagements ［A］. Berlin：Springer，1999：69-87.

④ 初可佳，马俊. 企业社会责任视角下可持续性人力资源管理构架的理论探索[J]. 管理学报，2015，12（6）：847-853.

⑤ BEER M，BOSELIE P，BREWSTER C. Back to the future：implications for the field of hrm of the multistakeholder perspective proposed 30 years ago[J]. Human Resource Management，2015，54（3）：427-438.

⑥ 唐贵瑶，袁硕，陈琳. 可持续性人力资源管理研究述评与展望[J]. 外国经济与管理，2017（2）：102-113.

⑦ THOM N，ZAUGG R J. Nachhaltiges und innovatives personal management ［M］. Gabler Verlag：Nachhaltiges Innovations Management，2004.

⑧ EHNERT I，PARSA S，WAGNER M，et al.. Reporting on sustainability and HRM：a comparative study of sustainability reporting practices by the world's largest companies[J]. International Journal of Human Resource Management，2016，27（1）：88-108.

且也要关注组织内部员工的工作状况，这种关注是由外向内的①。Jarlstrsm 等的定义则强调组织对利益相关者负责任的态度，认为人力资源管理的可持续性模式为满足关键利益相关群体的期望负责②。基于此，近年来国内研究对关键利益相关群体的范畴进行了扩展。可持续性人力资源管理是指组织在考虑雇主和股东利益的同时，也要考虑到对员工、政府等内外部利益相关者利益诉求的优化和保护，进而实现各方利益主体可持续发展目标的一系列人力资源管理战略和实践。

总结已有研究，本研究将可持续性人力资源管理的特征概括为三个方面。其一，可持续性人力资源管理以实现组织的长期生存为导向，而不仅仅局限于短期效应，同时减少负面影响；其二，可持续性人力资源管理发展了组织成功的定义，即组织主动承担相应的道德伦理责任，追求社会、人和生态三个层面的整体成功，而非仅关注经济效益；三是可持续性人力资源管理重视建设有效的组织人力资源管理体系，强调培养和开发人力资源的可持续性，而非"重"利用"轻"开发的传统模式。

关于可持续性人力资源管理的维度，现有研究大多围绕经济、环境和社会三个方面来分析该概念的内容结构③④⑤⑥。因此，本研究通过文献梳理归纳了以往研究对可持续性人力资源管理结构的探讨，并将其维度划分为经济合理性、环境合理性和社会合理性，如表4-11所示。

---

① 马茹菲. 西方企业人力资源管理研究新动向：可持续性人力资源管理［J］. 学习与实践，2015，381（11）：37-43.

② JäRLSTRöM M，SARU E，VANHALA S. Sustainable human resource management with salience of stakeholders：a top management perspective［J］. Journal of Business Ethics，2016，152：1-22.

③ EHNERT I. Sustainability and human resource management：Reasoning and applications on corporate websites［J］. European Journal of International Management，2009，3（4）：419-438.

④ EHNERT I. Sustainable human resource management：A conceptual and exploratory analysis from a paradox perspective［M］. Heidelberg：Springer，2009.

⑤ DE P P，VAN B L，DE V A，et al.. Sustainable HRM：bridging theory and practice through the "respect openness continuity（roc）" model［J］. Management Revue，2014，25（4）：263-284.

⑥ 袁硕. 可持续性人力资源管理对员工主观职业成功的影响研究［D］. 济南：山东大学，2019.

表 4-11 可持续性人力资源管理的维度

维度	要素	措施
经济合理性： 以利益相关者利益共存和共赢、管理成本可持续化、优化企业资源、落实组织经济利益的可持续性为目的一系列可持续性人力资源管理措施	利益相关者利益平衡	强调外部与内部利益相关者在物质收益上的互利共赢的收益；接受内外部监管，寻求组织经济生态的稳定性和长远化；在战略、决策与措施方面比以往的人事管理更关注雇员工作感受
	资源的合理优化	注重公司内外部物质资源的利用和人力资源的合理优化，使组织资源具有可持续的竞争优势，最终提升财务效益
环境合理性： 通过一系列措施，在激发并培养组织成员环保意识和知识技能的同时打造绿色环保文化	人力资源规划	重视组织环保策略在实施过程中的可持续性，在用人方面体现为绿色用才的大局观，合理规划人才
	招聘筛选	组织应雇佣更多具有环保意识、习惯、知识及技能的人才
	培训与开发	组织需建立环境管理相关的专项培训机制，建设持续专项教育体系
	绩效考核	HR 部门应加强关于环境绩效指标的考量，并通过货币奖励政策鼓励员工保护环境。
	文化机制	塑造人人环保的文化氛围
社会合理性： 组织人力资源管理在实施过程中不断承担组织的伦理责任、法律责任和慈善责任	伦理责任	维护雇员的身心健康，秉承公平公正的用人原则，注重人文关怀
	法律责任	保护员工的合法权利和权益
	慈善责任	带动成员积极参加社会活动，从而树立良好的社会形象

资料来源：根据相关文献整理。

2. 可持续性人力资源管理的作用后果

根据文献梳理，本研究将可持续性人力资源管理的作用后果分为个体层面、组织层面、社会层面、生态层面。

（1）个体层面。可持续性人力资源管理的系列实践措施符合伦理道德规范，会对员工保持高度的责任感，所以员工基本的工作安全感得到保障。此外，可持续性人力资源管理帮助员工制定更有效的组织晋升职涯规划，有利于实现员工自身职业生涯的可持续性，从而增强员工的工作满意度，降低员工的离职倾向①。与此同时，可持续性人力资源管理关注员工的身心健康和工作环境②，如减轻负面工作压力③，避免因工作无法与个人生活融合而受到伤害④，通过控制和灵活安排每天的工作时间，在员工的个人生活和职业生活之间建立平衡、兑现工作承诺⑤，降低职业病、职场排挤、情绪耗竭等员工损害⑥。

（2）组织层面。一方面，可持续性人力资源管理为组织提供充足有效的劳动力，通过营造良好的组织氛围形成雇主品牌效应⑦，为组织树立了良好的社会形象，从而有利于组织招聘到高质量员工、获得优质的人力资源。另一方面，可持续性人力资源管理鼓励绿色工作方式，如无纸化办公等，有利于组织环境管理政策的落实⑧。

（3）社会层面。一方面，可持续性人力资源管理实践在考虑雇主需求的同时也重视投资者、客户、供应商、政府、社区、媒体等多方利益相关者需求的满足，遵守法律法规和商业道德，通过采取创造就业机会、培养多样化人才，尽其所能开展社会公益活动等措施为促进社会就业与和谐安稳做贡献，从

① GUERCI M，DECRAMER A，VAN W T，et al.. Moving beyond the link between hrm and economic performance：a study on the individual reactions of HR managers and professionals to sustainable HRM［J］. Journal of Business Ethics，2018：1-18.

② GREENWOOD M R. Ethics and HRM：a review and conceptual analysis［J］. Journal of Business Ethics，2002，36（3）：261-278.

③ APP S，MERK J，MARION B. Employer branding：sustainable HRM as a competitive advantage in the market for high-quality employees［J］. Management Review，2012，23（3）：262-278.

④ DR S M A，CHAN Au W K AHMED P. Sustainable people management through work-life balance：a study of the Malaysian Chinese context［J］. Asia Pacific Journal of Business Administration，2014，6（3）：262-280.

⑤ JANAINA M，DENISE G. Systematic literature review on sustainable human resource management［J］. Journal of Cleaner Production，2019，208：806-815.

⑥ DE PRINS P，STUER D，G T. Revitalizing social dialogue in the workplace：the impact of a cooperative industrial relations climate and sustainable HR practices on reducing employee harm［J］. The International Journal of Human Resource Management，2018（4）：1-21.

⑦ LIS B. The relevance of corporate social responsibility for a sustainable human resource management：an analysis of organizational attractiveness as a determinant in employees' selection of a（potential）employer［J］. Management Review，2012，23（3）：279-295.

⑧ JABBOUR C，SANTOS F. The central role of human resource management in the search for sustainable organizations［J］. International Journal of Human Resource Management，2008，19（12）：2133-2154.

而获得充分的认可①。另一方面，可持续性人力资源管理强调塑造可持续发展的组织文化理念和价值导向②，有助于实现组织绩效并帮助企业践行社会责任。

（4）生态层面。实施可持续性人力资源管理的组织在员工选拔方面高度重视其价值观与企业的绿色环保文化的吻合度③，在员工培训方面，提倡员工学习并接受可持续的文化与观念，同时带动员工积极参与无纸化办公、节约空间和其他资源等活动④。此外，可持续性人力资源管理引导组织为顾客提供绿色环保的产品与服务，以此实现低成本、低能耗，符合社会的环保诉求，打造环境友好型企业⑤，从而促进外部环境的可持续性。

三、研究构想

1. 研究内容一：可持续性人力资源管理的内涵结构

关于可持续性人力资源管理的研究从新兴阶段到如今的开拓阶段，相关研究涉及的学科十分广泛，但是对可持续性人力资源管理内涵的界定至今尚未统一。不同学者采用了不同的术语来描述可持续性与人力资源管理活动，诸如人

---

① KRAMAR R. Beyond strategic human resource management：Is sustainable human resource management the next approach［J］. The International Journal of Human Resource Management，2014，25（8）：1069-1089.

② LAKSHMI R，KENNEDY H. The role of business sustainability in human resource management：a study on indian manufacturing companies［J］. The South East Asian Journal of Management，2017，11（1）：70-85.

③ 唐贵瑶，孙玮，贾进等. 绿色人力资源管理研究述评与展望［J］.外国经济与管理，2015（10）：83-97.

④ CHEEMA S，DURRANI A B，PASHA A T，et al.. Green human resource practices：implementations and hurdles of smes in pakistan［J］. Journal of Business Studies Quarterly，2015，7（2）：231-241.

⑤ VISWANATHAN V. Sustainable green HRM-importance and factors affecting successful implementation in organisations［J］. International Journal of Innovative Knowledge Concepts，2014，2（8）：29-38.

力资源的可持续性①②、可持续工作系统③、可持续的领导力④、人力资源的可持续管理⑤、可持续的组织⑥、可持续性人力资源管理⑦、绿色人力资源管理⑧，以及基于企业社会责任（CSR）的人力资源管理⑨⑩等。虽然表达术语不同，但他们均认为组织的人力资源管理需要在经济效益和社会效益之间取得平衡，区别仅在于对经济竞争力、积极的社会效益与生态效益各方面的重视和投入程度存在差异。

此外，虽然国外已经出现关于可持续性人力资源管理维度的理论探讨，国内学者唐贵瑶等基于"三重底线"（经济—环境—社会）原则划分出三个具体维度（经济绩效、环境绩效、社会绩效）：将经济增长、经济合理性、财务绩效、经济效益等归为经济绩效维度；将环境保护、环境合理性、环境友好等归为环境绩效维度；将社会公平、社会合理性、社会责任等归为社会绩效维度。蒋建武等从雇主和股东的经济利益、员工职业发展、员工家庭与工作平衡、政府税收和扩大就业需求、环保生态稳定五方面提炼出可持续性人力资源管理的实践体系：人力资源的可持续供给体系、人力资源的持续学习体系、绩效考核的持续平衡体系、薪酬福利的持续保障体系、员工—组织关系的可持续管理体系。然而，可持续性人力资源管理在实证层面的测量工具研究尚处于空白

① JACOBSON N, DOBSON S. A component analysis of cognitive-behavioral treatment for depression[J]. Prevention & Treatment, 2000 (3): 135–167.

② WIRTENBERG, JEANA, HARMON, et al.. HR's role in building a sustainable enterprise: insights from some of the world's best companies[J]. Human Resource Planning, 2007 (6): 63–71.

③ DOCHERTY P, FORSLIN J, SHANI A B, et al.. Emerging work systems[J]. Creating Sustainable Work Systems, 2002 (2): 1103–1114.

④ AVERY, GAYLE, BERGSTEINER, et al.. Honeybees & locusts: the business case for sustainable leadership[J]. Australia Allen & Unwin, 20104 (12): 1544–1620.

⑤ TEGEDER I, COSTIGAN M, GRIFFIN R S, et al.. GTP cyclohydrolase and tetrahydrobiopterin regulate pain sensitivity and persistence[J]. Nature Medicine, 2006, 12 (11): 1269–1277.

⑥ SUZANNE, BENN, DEXTER, et al.. Enabling change for corporate sustainability: an integrated perspective[J]. Australasian Journal of Environmental Management, 2006, 20 (4): 65–89.

⑦ MARIAPPANADAR, SUGUMAR. Sustainable human resource strategy[J]. International Journal of Social Economics, 2003, 30 (8): 906–923.

⑧ 陈岩，綦振法，唐贵瑶. 人力资源管理强度与工作绩效关系的实证研究[J]. 华东经济管理，2015, 29 (12): 157–163.

⑨ COHEN, JEFFREY A, et al.. Oral fingolimod or intramuscular interferon for relapsing multiple sclerosis[J]. New England Journal of Medicine, 2010 (4): 89–97.

⑩ 初可佳，马俊. 企业社会责任视角下可持续性人力资源管理构架的理论探索[J]. 管理学报，2015, 12 (6): 847.

状态。

从现有文献来看，国外对可持续性人力资源管理的实证研究尚处于起步阶段，数量稀少且缺乏系统性，国外情境下的量表也没有被开发出来，国内也缺乏相关研究。由于人力资源管理研究需与我国的具体情境相结合，因此，本研究着眼于中国本土情境，聚焦战略新兴产业企业，根据战略新兴产业企业是培育发展新动能、获取未来竞争新优势的关键领域，以及其知识技术密集、物质资源消耗少、成长潜力大的产业特征，本研究将通过扎根研究方法，选取战略性新兴产业中的典型代表企业作为调研对象，进行半结构化访谈，探索企业中可持续性人力资源管理的内涵结构，并开发出适用于我国不同情境下可持续性人力资源管理的测量量表。

基于以上分析，本课题将参考 Churchill，并结合 Hikin 论述的量表编制方法，立足中国本土情境，编制可持续性人力资源管理的量表。

第一步，条目及量表的开发。

（1）定性研究。在文献研究的基础上，本研究进行了如下定性研究，以深入探讨虚拟团队高质量联结的含义和维度。①专题座谈会。在上海浦东经济技术开发区选取 4 家具有代表性的战略性新兴企业举行了 4 次专题座谈会，每次会议时间为 2 个小时，会上向总共 4 名人力资源经理及 4 名部门主管了解可持续性人力资源管理应具有哪些特点，以及他们从哪些方面评估可持续性人力资源管理。②深入访谈。对参加过虚拟团队的 10 名企业员工对可持续性人力资源管理定义、真正的关键事件的看法进行了各半小时的个别深入访谈。③关键事件收集法。通过发放开放性问卷，向上海交通大学的 50 名的在职 MBA 学员收集可持续性人力资源管理事例，研究者将把这些事例大致划分归类。根据归类各类可持续性人力资源管理的含义，从西方学者的量表中选用了已有的计量条目之后，根据上述专题座谈会、个别深入访谈及关键事件分类结果，本研究自行编制计量项目，从而初步确定了一个关键事件的项目库。为了对这些条目的适用性进行更为深入细致的分析，本研究分别邀请了 5 位专家参与对这些事件的进一步筛选工作。这些专家依据各自工作背景和研究方向，各自独立地进行阅读、分析和筛选工作。经过反复的沟通与商定，最终形成了一个条目池。

（2）定量研究。条目筛选应该遵循选择重要性大、敏感性强、代表性好、独立性强、区分性好的原则，并考虑条目的可接受性。具体来说，可以采用离散程度法、相关系数法、因子分析法、区分度分析法、Chronbach's α 法、重测信度法分析结果及筛选最后结果。我们在重庆经济开发区随机抽取了若干家企业作为调查对象，发放约 300 份问卷，保证最终进入条目筛选及量表验证的样本为 280 份，把这些样本随机分成 2 个部分：一部分样本用来做探索性因子分析，另一部分用来做验证性因子分析。随机采用其中一份样本，运用 SPSS18.0 统计软件，按照上述 6 种条目筛选方法分析每一个条目，最后筛选出若干有效条目，建立虚拟团队高质量联结量表。用剩下来的另一半样本做验证性因子分析，使用 AMOS18.0 统计软件。由上述筛选出来的有效条目，按照上述测试中各条目在相应因子上的载荷降序对其进行相应的重新编号。①结构维度评估。按照探索性因子分析的结果，本研究提出了一个可供检验的构想模型。为了检验本研究确立的因子模型是否为最佳理论模型，我们利用 A-MOS18.0 统计软件，采用验证性因子分析比较不同模型之间的优劣。根据前人的研究成果和相应理论基础，主要比较已有成熟量表的因子模型与本研究提出的因子模型的适用性。②信度评估。为了评估虚拟团队高质量联结维度的可靠性，需要计算每个因子的结构信度，结构信度衡量的是量表的内部一致性。③效度评估。本研究在利用所开发量表进行测试过程中，通过对内容效度、建构效度、区别效度和效标关联效度的检验来判定量表效度水平。

总之，本研究通过专题座谈会、深入访谈、关键事件法、专家头脑风暴法等定性研究方法，并通过离散程度法、相关系数法、因子分析法、区别度分析法、Chronbach's α 法及重测信度等定量研究方法，最终确定了可持续性人力资源管理正式研究量表。我们通过有针对性地收集有效问卷，利用 SPSS18.0 和 AMOS18.0 等统计软件，对可持续性人力资源管理进行了探索性因子分析和验证性因子分析，以确保编制的虚拟团队高质量联结量表实现概念定义与实际测量有效匹配，信效度良好，成为一个有效测量工具。

2. 研究内容二：可持续性人力资源管理的影响因素

现有研究①大多只关注可持续性与人力资源管理的相关性和一体化战略，

---

① CHARBEL J C J, FERNANDO C A S. The central role of human resource management in the search for sustainable organizations[J]. The International Journal of Human Resource Management, 2008, 19 (12): 2133-2154.

即如何通过人力资源管理落实可持续发展的问题，而较少有研究涉及可持续性人力资源管理的具体前因。要形成对可持续性人力资源管理系统的全面认识，仅探究其如何落地是不够的，还应该不断进行理论和概念完善，分析其影响因素和影响机制。

比尔（Beer）等在哈佛人力资源管理模型中概述了 HRM 政策的两大影响因素：相关者利益和情景因素。该模型应用非常广泛，影响很大。因此，本研究将从相关者利益和情景因素两个方面选取可持续性人力资源管理的影响因素。

（1）相关者利益：利益相关者动机。

随着企业行为社会效应受关注度的上升，企业将被置于一个更大、更开放的系统，利益相关者的不同需求需不断被满足[①]。Boselie 强调人力资源管理不应只考虑雇主的利益，还要平衡组织内部的员工、社会和外部环境的效益。企业的运营和管理会涉及多方利益相关者，包括雇主、员工、员工家庭、社区，以及政府、行业、外部顾客等群体，他们的利益诉求在很大程度上左右着企业人力资源管理政策和实践的选择。多方利益相关者（雇主、员工、员工家庭、社区、政府、行业、外部顾客等）的诉求也会影响企业人力资源战略和政策的制定，其权力、合法性及迫切程度直接关系组织对诉求的态度。

因此，本研究提出：

假设 H4-10：利益相关者动机会对可持续性人力资源管理产生影响。

（2）情景因素：外部制度压力和可持续性领导力。

一方面，不同组织的人力资源管理模式会因不同的社会、文化制度、自然和经济背景产生差别[②]，因此这些社会情境因素会直接影响组织人力资源管理的可持续性。外部环境的可持续发展主张使得组织开始关注企业管理的可持续发展，尤其是人力资源管理的可持续性。

因此，本研究提出：

假设 H4-11：外部制度压力会对可持续性人力资源管理产生影响。

另外一方面，组织的战略、文化氛围、领导风格等因素和人力资源管理方

---

① LESNé, SYLVAIN, MING, et al.. A specific amyloid-β protein assembly in the brain impairs memory[J]. Nature, 2006 (440): 352-357.

② 马茹菲. 西方企业人力资源管理研究新动向：可持续性人力资源管理[J]. 学习与实践，2015，381（11）：37-43.

式密切相关①。已有研究指出企业战略导向影响组织人力资源管理规划的制定和执行，可持续发展的战略导向要求人力资源管理遵循可持续思路②，关注有利于可持续提升企业绩效的管理实践活动。已有研究③大多只关注可持续性与人力资源管理的相关性和一体化战略，并未关注领导风格对可持续性人力资源管理的影响。Macke 和 Genari 通过理论推导得出可持续性领导力有利于促进可持续性人力资源管理的产生，但并未对其进行检验④。决策者对可持续性的理解是影响可持续性人力资源管理战略目标和政策制定的关键。可持续性领导力有利于领导者理解可持续性，从而有利于可持续性人力资源管理政策的制定。

因此，本研究提出：

假设 H4-12：可持续领导力会对可持续性人力资源管理产生影响。

Victor 和 Cullen 对组织伦理气候进行了开创性的研究，认为如果将伦理的理念纳入组织管理实践中，有助于形成组织伦理气候，并认为组织伦理气候是员工对组织伦理程序与政策所共同持有的一种稳定的认知与行为意向⑤。Wim-bus 和 Shepard 认为组织伦理气候是员工如何看待与解决两难伦理问题的知觉，它不是情感或态度，而是全体员工共同体验和分享的知觉⑥。Malloy 和 Agarwal 认为组织伦理气候是组织成员对组织中什么是符合伦理行为的心理知觉结构，它使员工了解组织的共同价值观与目标，以及在此价值观与目标的背景下，哪些行为是符合伦理的，哪些行为则是不被允许的，伦理问题出现后应该如何处理和解决，谁应该负责任等问题的共同认知⑦。可见，组织伦理气候是指组织

① 蒋建武，张凤鸣，林莉莉. 可持续性人力资源管理研究：实践体系与理论模型[J]. 中国人力资源开发，2017 (10)：16-27.

② TEGEDER I，COSTIGAN M，GRIFFIN R S，et al.. GTP cyclohydrolase and tetrahydrobiopterin regulate pain sensitivity and persistence[J]. Nature Medicine，2006，12 (11)：1269-1277.

③ CHARBEL J C J，FERNANDO C A S. The central role of human resource management in the search for sustainable organizations[J]. The International Journal of Human Resource Management，2008，19 (12)：2133-2154.

④ MACKE J，GENARI D. Systematic literature review on sustainable human resource management [J]. Journal of Cleaner Production，2019 (208)：806-815.

⑤ MAINS R E，CULLEN E I，MAY V，et al.. The role of secretory granules in peptide biosynthesis[J] . 1987，493 (none)：278-291.

⑥ SHEPARD W J M. Toward an understanding of ethical climate：its relationship to ethical behavior and supervisory influence[J]. Journal of Business Ethics，1994，13 (8)：637-647.

⑦ MALLOY D C，AGARWAL J. Ethical climate in nonprofit organizations：propositions and implications[J]. Nonprofit Management & Leadership，2001，12 (1)：39-54.

内部成员对什么是符合伦理的行为，如何解决伦理困境或问题的共同体验和认知，这种共同体验认知会影响个体对待利益相关者动机、外部制度压力和可持续领导力等问题的态度、信念、动机和行为倾向，最终影响可持续性人力资源管理实践。

因此，本研究提出：

假设 H4-13：组织伦理气候会在利益相关者动机、外部制度压力和可持续领导力对可持续性人力资源管理的影响中起到调节作用。

3. 研究内容三：可持续性人力资源管理的作用效果

以往关于可持续性人力资源管理作用机制的研究，大多关注微观层面的经济绩效及宏观层面的环境绩效和社会绩效，而对个体层面的结果变量关注较少。探讨可持续性人力资源管理在个体层面的影响，不仅有助于建立更完整的理论框架，而且更具有实践意义。因此，本研究分别从个体层面和组织层面深入挖掘可持续性人力资源管理的作用结果和影响机制。

基于人力资源过程观视角，Nishii 和 Wright 区分了计划的（intended）、实施的（actual）和感知到（perceived）的人力资源管理实践，认为组织中存在人力资源管理系统实施与计划相偏离的情况。在群体实施人力资源管理系统之后，员工会形成对人力资源管理系统的独特解释和感知，从而产生感知的人力资源管理系统。研究显示，员工是人力资源管理实践的直接经历者，他们对人力资源政策和实践的感知直接决定了他们的态度和行为，并进一步影响个体产出[1][2]。Kuvaas 认为，员工感知的管理者计划实施和实际实施的人力资源管理实践是不同的概念，前者对个体的工作态度和行为具有更加直接的预测作用[3]。Liao 等采取从上至下的视角，同时检验了管理层和员工所报告的人力资源管理实践对员工绩效的影响，发现管理者报告的高绩效工作系统与员工的感

---

① OREST, SZCZURKO, NEIL, et al.. Ginkgo biloba for the treatment of vitilgo vulgaris: an open label pilot clinical trial[J]. Bmc Complementary & Alternative Medicine, 2011.

② 刘善仕，彭娟，段丽娜. 人力资源实践、组织吸引力与工作绩效的关系研究[J]. 科学学与科学技术管理, 2012, 33 (6): 172-180.

③ KUVAAS B. An exploration of how the employee – organization relationship affects the linkage between perception of developmental human resource practices and employee outcomes[J]. Journal of Management Studies, 2008, 45 (1): 1-25.

知存在显著的差异①。而 Wright 和 Boswell 也指出人力资源管理研究应整合传统的宏观和微观视角，强调人力资源管理对个体的影响②。

因此，本研究提出：

假设 H4-14：组织层次的可持续性人力资源对员工感知的可持续性人力资源管理有正向影响。

从雇员角度出发的可持续性人力资源管理有助于缓解人才紧张问题，为组织提供充足的有效劳动力③，可持续性人力资源管理通过个体层面的有益输出，渲染良好的组织氛围，由此形成雇主品牌效应，树立良好的社会形象，为组织招聘到高质量员工，从而间接提高了员工的工作绩效。

可持续性人力资源管理实现人力资源基础的维持和更新，将人力资源作为组织持续竞争优势的重要来源，在建立良性雇佣关系的基础上获取持续的人力资源供应，选拔、保留和激励符合组织发展需求的人才④，为员工制定全方位多样化的考核方式和激励机制，营造良好的组织氛围，以稳定生产力，保证经济绩效的快速增长。已有研究表明关注社会和环境方面的人力资源管理实践对经济效益存在显著的"外部溢出效应"，可持续性人力资源管理在积极作用于生态环境和社会效应的同时也实现了经济效益目标。

因此，本研究提出：

假设 H4-15：员工感知的可持续性人力资源管理会对员工工作绩效产生正向影响。

假设 H4-16：组织层次的可持续性人力资源管理会对经济绩效产生正向影响。

可持续性人力资源管理实践的一个必不可少的维度就是生态环境保护，即

① LIAO C，YANG X，LI F T，et al.. The detection of aneuploidy and maternal contamination by QF-PCR in samples undergoing prenatal diagnosis for thalassemia in Southern China[J]. Eur j obstet Gynecol Reprod Biol，2009，144（2）：1-152.

② PATRICK M，WRIGHT. Desegregating HRM：a review and synthesis of micro and macro human resource management research[J]. Journal of Management，2002，28（3）：247-276.

③ GEBAUER R A，PAECH C，KOLTERER B，et al.. Postoperative junctional ectopic tachycardia[J]. Clinical Research in Cardiology，2011（100）：857-858.

④ KONTOGHIORGHES C，FRANGOU K. The association between talent retention，antecedent factors，and consequent organizational performance[J]. SAM Advanced Management Journal，2009，74（1）：29-36，58.

从绿色环保的视角去推动人力资源管理的可持续发展，从而同时促进组织管理和外部环境的可持续性。可持续性人力资源管理追求无纸化办公①等绿色工作方式，有助于落实组织的环境管理政策。在组织中，有许多与人力资源管理的可持续实践相关的因素，如员工心态/观念、组织文化、成本、组织资源等②。组织在选拔员工时，就会注重其价值观是否与企业的绿色环保文化相吻合；培训时更会提倡员工学习可持续的文化和接受可持续观念；鼓励员工进行无纸化办公、在线培训，节约空间和其他资源等，这些都是环保组织公民行为（Organizational Citizenship Behavior，OCB）的具体体现，也能有助于环保绩效的提升。

因此，本研究提出：

假设 H4-17：员工感知的可持续性人力资源管理会对员工环保 OCB 产生正向影响。

假设 H4-18：组织层次的可持续性人力资源管理会对环保绩效产生正向影响。

可持续性人力资源管理实践从个人的心理视角出发③，能够改变员工的工作态度和行为，如工作满意度、组织承诺、组织公民行为及离职倾向等。可持续性人力资源管理从社会公平的角度出发，有责任感地对待员工，采取符合伦理道德的实践措施，保证员工基本的工作安全感；同时关注员工的身心健康和工作环境，减轻负面工作压力，不断增强员工的工作幸福感，有利于员工增强留任意向。

企业社会责任是管理研究的重要视角之一，组织的可持续性人力资源管理实践是在维持经济合理性的前提下实现社会合理性，履行企业应该承担的社会责任。首先，实施可持续发展的人力资源战略，将可持续发展塑造成组织的文

---

① JABBOUR E，CORTES J E，KANTARJIAN H M. Molecular monitoring in chronic myeloid leukemia：Response to tyrosine kinase inhibitors and prognostic implications[J]. Cancer，2008，112（10）：2112-2118.

② SARAVANAN S，BALACHANDRAN V，VISWANATHAN K. Spectroscopic investigation of 4-nitro-3-（trifluoromethyl）aniline，NBO analysis with 4-nitro-3-（trichloromethyl）aniline and 4-nitro-3-（tribromomethyl）aniline[J]. Spectrochimica Acta Part A：Molecular and Biomolecular Spectroscopy，2014，121：685-697.

③ PRINS S D，MARCUCCI F，SENSI L，et al.. Biomarkers in exhaled breath and the nose：relation with allergy and asthma symptoms in primary school children[J]. Allergy，2014，69（3）：95-95.

化理念和价值导向①，从而有助于组织绩效的实现和社会责任的践行。比如，可持续性人力资源管理提供绿色环保的产品和服务，实现低成本低能源消耗，符合社会的环保诉求，最终实现环境友好型企业，树立良好的企业社会形象，吸引高素质人才②。然后，不仅考虑雇主的需求，也同时满足内外部多方利益相关者，包括员工、投资者、政府、社区、客户、供应商、行业组织、媒体等的需求，既要遵守法律法规和商业道德，也致力于创造就业机会，培养多样化人才，并尽其所能开展社会公益活动，组织员工志愿者队伍，为社会的就业增长、和谐安稳出一份力量。最后，与人力资源的来源如家庭、社区、学校及各类劳动力市场保持良好关系，以获得充分的认可③，为其服务的同时也给组织的社会声誉和人才供给做出贡献。

因此，本研究提出：

假设 H4-19：员工感知的可持续性人力资源管理会对员工留任意向产生正向影响。

假设 H4-20：组织层次的可持续性人力资源管理会对企业社会责任表现产生正向影响。

可持续性人力资源管理政策实施过程受诸多调节因素的影响，这些因素包括资源支持、信息的连续性和员工的能力及行为等。内部资源支持是在可持续性人力资源管理政策计划执行的前提下起到很大的作用。内部资源不仅包括人力资源，还涉及组织的其他有形和无形资源，如资金、技术、声誉、环境和空间资源等，这些都是实现长期效应的必要条件。相反，组织内部障碍将不利于可持续性人力资源管理政策的实施。

因此，本研究提出：

假设 H4-21：组织内部障碍在可持续性人力资源管理对经济绩效、社会责任表现和环保绩效的影响中起到负向调节作用。

---

① Lakshmi R V, Kennedy H. The Role of Business Sustainability in Human Resource Management: A Study on Indian Manufacturing Companies [J]. South East Asian Journal of Management, 2017, 11 (1): 70-85.

② ADRIANO A, RAMPINI. Dynamic risk management[J]. Journal of Financial Economics, 2014 (3): 55-58.

③ KRAMAR C P, FLAVIA B M, MEDINA J H. Dopamine D1/D5 receptors in the dorsal hippocampus are required for the acquisition and expression of a single trial cocaine-associated memory[J]. Neurobiology of Learning & Memory, 2014 (116): 172-180.

当高层团队对可持续性人力资源管理只投入较多热情，却没有做到逐层向下推进时，实践结果往往不佳。以往研究认为主管的 HR 责任感是影响人力资源实践能否落实的一个重要因素。因此，本研究选择部门主管的 HR 责任感作为调节变量。主管的 HR 责任感指的是部门主管将人力资源实践的实施看作自己职责的感知。以往研究发现，责任感对角色外行为、利他行为（Altruistic Behavior）有正向影响。高 HR 责任感的主管认为，人力资源实践的实施是自己的职责，因而这类主管会投入较多的时间关注可持续性人力资源管理的信息，并且与 HR 部门进行频繁的沟通交流，这会导致高 HR 责任感的主管更加了解组织层次的可持续性人力资源管理，即组织层次的可持续性人力资源管理与员工感知的可持续性人力资源管理之间的差距较小。

因此，本研究提出：

假设 H4-22：主管的 HR 责任感在组织可持续性人力资源对员工感知的可持续性人力资源管理的影响起到正向调节作用。

可持续性人力资源管理政策从制定到实施，必定经过一系列的流程，经由不同层级的管理层和员工传达和执行，此时，不同层级员工之间认识的一致性和信息的连续性至关紧要。在政策公平性和接受程度高的情况下，领导的支持和下属各层部门及员工接收信息较为一致，以及能够增强人力资源管理的可持续性，提高实践计划的有效性，巩固长期效果。程序公平是指事件的处理与决策的过程与程序，对事件利益相关方与当事者都是公平的，包括一致性、准确性等原则。

因此，本研究提出：

假设 H4-23：员工的程序公平感在组织可持续性人力资源对员工感知的可持续性人力资源管理的影响中起正向调节作用。

员工作为组织的重要资产，是组织获取竞争优势的来源，符合组织战略目标要求的员工的能力和行为可为组织创造核心知识，最终实现组织绩效目标[①]，同时也帮助促进组织社会责任、环境管理及员工个体层面目标的实现。员工的能力和行为是可持续性人力资源管理实践效果的重要调节因素，当员工的能力与行为与组织人力资源管理的价值理念不一致的时候，可持续性人力资源管理的效益将会大打折扣。可雇佣性强调员工的就业能力，反馈寻求行为强

---

① 蒋建武，赵曙明. 心理资本与战略人力资源管理[J]. 经济管理，2007（9）：57-60.

调个体是通过观察他人行为，还是通过直接或间接询问来获得信息，两者都有助于提升员工感知可持续性人力资源管理有效性。

因此，本研究提出：

假设 H4-24：员工的可雇佣性在员工感知的可持续性人力资源管理对工作绩效、留任意愿、环保 OCB 的影响中起正向调节作用。

假设 H4-25：员工的反馈寻求行为在员工感知的可持续性人力资源管理对工作绩效、留任意愿、环保 OCB 的影响中起正向调节作用。

基于以上假设，本节研究提出理论模型，如图 4-7 所示。

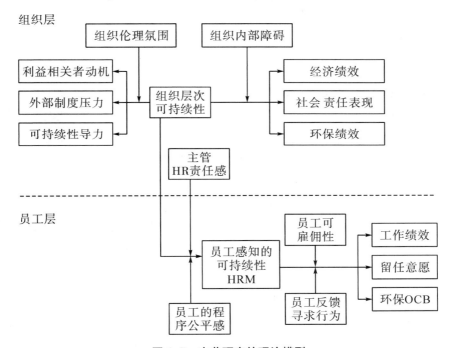

图 4-7　本节研究的理论模型

四、主要创新

1. 研究对象

本节研究聚焦到战略性新兴产业这一研究对象。战略性新兴产业代表着科技创新和产业变革的方向，往往也是知识产权密集区域。战略性新兴产业企业是创新的高地，然而不同战略性新兴产业的发展水平不同。部分战略性新兴产业的发展水平和发展能力已进入国际第一方阵，部分战略性新兴产业还在处于模仿和跟随阶段，影响这种差异的重要因素之一是企业的人力资源管理模式。然而以往研究并没有探讨不同战略性新兴产业企业的可持续性人力资源管理，它的内涵结构是什么？哪些方面影响了战略性新兴产业企业选择可持续性人力资源管理？这种战略性新兴产业企业可持续性人力资源管理又会产生什么影响？这些问题有必要进行深入探讨。

2. 研究内容

本节研究聚焦可持续性人力资源管理这一新兴研究主题。可持续性人力资源管理突破传统战略人力资源管理以组织为中心的视角，致力于平衡组织经济效应和可持续发展之间的分歧，是新的研究动向。现有关于可持续性人力资源管理的内涵结构、实践构成及系统化理论模型尚未明确。本节研究在梳理相关文献基础上，对该领域研究成果的回顾，在企业社会责任、利益相关者等理论的基础上，推导出包含前因变量、过程变量和结果变量在内的理论模型，启示企业以可持续发展理念有效地管理人力资源，以期获得持续竞争优势，实现经济、社会、环境和个人的协调发展。

3. 研究方法

本节研究拟采取多方法研究途径（Multi-method Approach）。相比以往研究，本节研究创新使用了基于事件系统理论的事件研究法、纵向现场调查法等。采用事件研究法，即通过对事件强度（事件新颖性、颠覆性、关键性）、事件时间（事件时机、时长、变化等因素）、事件空间（事件起源、横向与纵向扩散范围、实体与事件的距离等因素）三个主要因素的综合分析，梳理企业可持续性人力资源管理实践形成的关键性事件，为更深入研究可持续性人力资源管理内涵结构、影响因素及作用效果的影响奠定基础。由于可持续性人力资源管理本身就是一个情境式动态变量，因此我们采用纵向现场调研法，选取若干典型企业进行跟踪观察及调研。获取并分析纵向数据以发现可持续性人力资源管理的规律，揭示相关变量间因果关系，提升假设模型解释度和效度。

五、预期目标

第一，构建战略性新兴产业中企业可持续性人力资源管理的内涵结构。本节研究着眼于本土化，聚焦战略新兴产业企业，将通过扎根研究方法，选取战略性新兴产业的典型代表企业作为调研对象，进行半结构化访谈，探索企业中可持续性人力资源管理的内涵结构，并开发出适用于我国不同情境下可持续性人力资源管理的测量量表。

第二，探析战略性新兴产业中企业可持续性人力资源管理的影响因素。依据比尔等在哈佛人力资源管理模型中概述的 HRM 政策的两大影响因素（相关者利益和情景因素），选取可持续性人力资源管理的影响因素：利益相关者动机、外部制度压力和可持续性领导力，以及组织伦理气候，全面分析了企业可持续性人力资源管理的影响因素，有利于战略性新兴产业中的企业兼顾各方面因素，顺利建立可持续性人力资源管理。

第三，优化战略性新兴产业中企业可持续性人力资源管理的作用效果。基于人力资源过程观视角，本节研究探讨组织层次的可持续性人力资源管理如何作用于员工感知的可持续性人力资源管理，进而影响员工的工作绩效、留任意向和环保 OCB，并探讨了主管的 HR 责任感、员工的程序公平感，以及员工可雇佣性和员工反馈寻求行为的调节作用。资源基础观和利益相关者两种视角的研究都揭示出可持续性人力资源管理对组织长期发展的综合影响效应，即组织层次的可持续性人力资源管理对经济绩效、社会责任表现和环保绩效的影响。同时，本节研究基于资源基础观视角，还探讨组织内部障碍在上述关系中的调节作用。

六、科学意义和应用前景

第一，拓展中国时代背景下可持续性人力资源管理的内涵，明晰人力资源管理的未来发展和研究方向。与战略人力资源管理相比，可持续性人力资源管理更强调维持并发展组织的人力资源基础，评估人力资源活动对人力资源基础和来源可能带来的消极影响，致力于平衡组织经济效应和可持续发展之间的分歧。因此，有研究者认为，可持续性人力资源管理是继战略人力资源管理理念后的新研究动向和实践方向。本节研究通过扎根研究方法，选取战略性新兴产业中的典型代表企业作为调研对象，进行半结构化访谈，探索企业中可持续性人力资源管理政策实施和执行现状，并开发出适用于我国不同情境下可持续性人力资源管理的测量量表，以期为拓展中国时代背景下可持续性人力资源管理的内涵，明晰人力资源管理的未来发展和研究方向提供一定参考。

第二，充分倡导企业开展可持续性人力资源管理是发展壮大战略性新兴产业中的企业内外部效益所必需的。本节研究聚焦战略性新兴产业，企业人力资源管理模式是推动战略性新兴产业发展的重要推动力量。以往企业注重战略层面的人力资源管理实践，目标是提高组织绩效，注重组织的经济效益，但过于强调经济合理性，未考虑人力资源政策和实践目标的长远性，从而导致管理的单边效应明显，忽略了员工需求和不同利益相关者的诉求，社会合理性不足。本节研究认为，可持续性人力资源管理对组织产出（经济绩效、社会责任表现、环境绩效），以及个体产出（工作绩效、留任意向、环保 OCB）产生影响。人力资源作为企业最具"能动性"的资源，相比企业的其他资产更具价值创造潜力。可持续性人力资源管理突破了传统人力资源管理理念范围，核心是促进人力资源的维持、再生和发展，其目标不仅关注组织的内部效益（个人绩效、经济绩效），还关注组织外部效益（社会责任表现、环境绩效），与企业的整体可持续性发展战略保持一致，促进企业获取持续竞争优势，从而有利于战略性新兴产业企业的人力资源管理系统可持续运行。

第三，为全面系统化实施可持续性人力资源管理，使可持续性人力资源管理的作用效果最大化提供必需的理论指导和依据。在组织的日常管理实践中，实施全面系统化的可持续性人力资源管理方式仍具备挑战性。一方面，本节研究得出，利益相关者动机、外部制度压力、可持续性领导力及组织伦理气候会影响可持续性人力资源管理。由此，为了在企业内部推行可持续性人力资源管理，企业管理者有必要兼顾利益相关者诉求、外部制度压力，以及加强可持续性领导力的建设，同时在企业内部营造积极的组织伦理气候，保证企业顺利采取可持续性人力资源管理。另一方面，本节研究得出，组织内部障碍的负向调节作用，以及主管的 HR 责任感、员工的程序公平感和员工可雇佣性及反馈寻求行为具有调节作用。由此可以得出，在组织层面，推行可持续性人力资源管理需要扫除组织的内部障碍。在个体层面，首先，企业的管理者应采取一定的措施来提高部门主管的 HR 责任感。企业在设计职位说明书时，可将人力资源实践的实施纳入部门主管的工作职责之内。然后，企业应提升员工的程序公平感知，在推行可持续性人力资源管理时，要注意信息传达的一致性和准确性。最后，企业应特别留意那些可雇佣性高及反馈寻求行为多的个体，他们是推行可持续性人力资源管理中的中坚力量，能帮助企业更加顺利推行可持续性人力资源管理。

第四节　HRM 强度对知识型员工创新绩效影响

一、引言

人力资源管理政策的制定和实施效果不佳已经严重影响到人力资源部门在企业中的地位和声誉。Charan[①] 提出 "是时候分拆人力资源部了"，声称要改组人力资源部门。这些质疑在不少企业已经转变成行动，华为公司人力资源部门干部管理职能被剥离到干部管理部，谷歌（Google）和优步（Uber）等公司已经没有人力资源部，而代之于人力运营部（People Operations），这些科技企业均强调人力资源政策实施效果和人员运营效率。人力资源管理政策的制定和实施已经成为实务界关注的焦点问题。

事实上，学术界也在关注人力资源管理政策的制定与实施。Bowen 等[②]提出 "人力资源管理强度"（以下简称 HRM 强度）来定义组织的人力资源管理政策的执行和实施程度。Frenkel[③] 以及陈岩等[④]学者认为，组织中 HRM 强度

---

① CHARAN R. It's Time to Split HR [J]. Harvard Business Review, 2014, 92 (7-8): 34-34.

② BOWEN D E, OSTROFF C. Understanding HRM-firm performance linkages: the role of the strength of the HRM system[J]. Academy of Management Review, 2004, 29 (2): 203-221.

③ FRENKEL S J, LI M, RESTUBOG S L D. Management, organizational justice and emotional exhaustion among Chinese migrant workers: evidence from two manufacturing firms[J]. British Journal of Industrial Relations, 2012, 50 (1): 121-147.

④ 陈岩, 綦振法, 唐贵瑶. 人力资源管理强度与工作绩效关系的实证研究[J]. 华东经济管理, 2015, 29 (12): 151-157.

会影响员工的工作态度和行为。Alfes[①] 和 Melián-González[②] 等人将员工工作绩效作为实现和保持组织整体绩效的前提，关注 HRM 强度对工作绩效的影响。张建清[③]认为组织承诺、工作满意度与创新行为有关，在 HRM 强度对工作绩效的影响中存在中介效应。孙倩[④]和孙雅磊[⑤]论证了心理契约、员工主导型社会化策略在 HRM 强度与员工工作绩效间的中介作用。但目前对 HRM 强度和员工工作绩效关系的研究还较为粗略，其内在机理尚未被充分揭示[④]。知识型员工具有较高素质、自主性，较多从事创造性活动[⑥]，对于科技企业技术创新具有重要作用。科技企业 HRM 政策特别鼓励知识型员工创新行为，并为创新绩效提供奖励，为知识型员工提供特殊的职业晋升机会。创新绩效是知识型员工工作绩效中最基础，也是最重要的部分。本研究聚焦科技企业 HRM 强度对知识型员工创新绩效的影响机制，旨在进一步探究创新导向人力资源管理政策制定和实施过程与员工创新绩效间的"黑箱"机制。

目前，鲜有研究者从员工反馈寻求行为视角来研究 HRM 强度对创新绩效的影响，而人力资源政策能否得到较好实施，员工自身的反馈寻求行为也是一个关键因素。基于控制理论，反馈在员工表现与组织需要间发挥着重要作用，本研究在 HRM 强度与员工创新绩效间引入员工反馈寻求行为作为中介变量。Ashford[⑦] 等提出的员工反馈寻求行为是组织内员工为迎合组织绩效的需要，观察环境以及组织内其他可参考对象，从其他员工身上收集有关信息，从而有效调整自身工作内容的一种行为。组织内积极的沟通性氛围可以正面影响员工反

① ALFES K, SHANTZ A, TRUSS C. The link between perceived HRM practices, performance and well-being: the moderating effect of trust in the employer[J]. Human Resource Management Journal, 2012, 22 (4): 409-427.

② MELIáN-GONZáLEZ S. An extended model of the interaction between work-related attitudes and job performance[J]. International Journal of Productivity and Performance Management, 2016, 65 (1): 42-57.

③ 张建清. 人力资源管理强度对工作绩效的影响[J]. 科技经济导刊, 2019, 27 (19): 196-197.

④ 孙倩. 人力资源管理强度对员工工作绩效的影响研究：心理契约的中介作用[D]. 济南：山东财经大学, 2018.

⑤ 孙雅磊. 人力资源管理强度与员工工作绩效[D]. 沈阳：东北大学, 2015.

⑥ 严瑞丽, 朱兵. 变革型领导风格对知识型员工的适应性分析[J]. 科技进步与对策, 2011, 28 (15): 150-153.

⑦ ASHFORD S J, TSUI A S. Self-regulation for managerial effectiveness: the role of active feedback seeking[J]. Academy of Management Journal, 1991, 34 (2): 251-280.

馈寻求行为①。朱秀锦②证实 HRM 强度的加强会使组织内气氛变得和谐，进而使员工更多地参与组织内部沟通。反馈寻求行为由于其对个体可以有效调节自身活动的特征，会使员工在工作中去进行更多的互动沟通。相较于以往的研究视角，本研究引入了反馈寻求行为作为中介变量，从员工反馈寻求行为视角入手，来探讨 HRM 强度对员工创新绩效的影响。这可以使组织更好地了解 HRM 强度诱发员工创新绩效的"黑箱"机制。

员工寻求反馈行为在人力资源政策制定、执行各个过程均可进行。在人力资源政策过程中，程序公平是员工关注的焦点之一。程序公平最初是在法学领域提出的，是指在检查和审判程序中所有的行为都应该是公平的，对所有人开放，后来在组织领域被引入，指员工参与到组织政策的制定和执行过程中，并获得在薪酬、晋升方面的平等机会。基于以上分析，本研究引入员工程序公平感作为调节变量。本研究推测员工反馈寻求行为对创新绩效的影响程度会受到员工程序公平感影响，引入程序公平感作为调节变量，可更加清楚地探究程序公平感以及员工反馈寻求行为在人力资源管理政策的实施过程中的重要作用。本研究以高新技术企业中的知识型员工为主要调查对象，从员工反馈寻求行为和程序公平感知视角揭示了 HRM 强度对员工创新绩效的影响机制，探索 HRM 强度作用于员工创新绩效的边界条件，丰富了 HRM 强度作用机制研究，同时也为提升知识型员工创新绩效的人力资源管理政策的制定和实施提供了新的研究视角和可能探索的方向。

二、理论基础与研究假设

1. HRM 强度对员工创新绩效的影响

HRM 强度强调组织应重点关注员工是否可以正确感知到人力资源管理改

① 李敏，刘继红，STEPHEN J F. 人力资源管理强度对员工工作态度的影响研究[J]. 科技管理研究，2011，31（19）：147-150，161.
② 朱秀锦. 人力资源管理强度对企业绩效的影响分析[J]. 商场现代化，2017（13）：134-135.

策制度，以及内部的人力资源管理政策制度是否可以被准确地传达到每位员工①。根据社会影响理论，Bowen 和 Ostrff 认为 HRM 强度包括一致性、独特性和共识性三个维度④。从 HRM 强度的维度可看出其对员工个体创新绩效具有重要影响。首先，一致性维度要求组织保证人力资源管理政策的运行不会偏离原计划，互不冲突。其次，独特性维度注重激发员工的工作兴趣，使员工注意到组织中的人力资源政策的变化，从而采取相应的行动②。再次，HRM 强度的共识性维度要求组织人力资源政策获得员工的支持。因为当员工真正认同组织的人力资源管理政策时，才能最大限度地配合组织开展工作。知识型员工对组织的人力资源政策更为敏感和关注，对于组织中鼓励创新的政策感知会转换成自己的创新行为，从而提升个体的创造力和创新绩效。HRM 强度越高，员工越容易感知到企业的人力资源政策的变化，了解政策的内容，对政策达成共识，从而调整自己的工作行为和态度，提升自己的创新绩效。

基于上述讨论本研究提出：

假设 H4-26：HRM 强度对员工创新绩效有显著的正向影响。

2. 员工反馈寻求行为的中介作用

反馈寻求行为是个人主动监视并寻求有关组织确定和个人持有的目标的反馈信息的行为，体现了反馈作为个人资源的价值③。反馈寻求行为是员工主动发起的，对组织需求和个人表现向上级或相关部门寻求信息反馈，影响其工作行为和创新绩效的关键行为。Ashford④ 指出，对反馈寻求行为的研究视角需要从成就需求的角度进行拓展。控制理论主要考察机械和人类的自我调适系统，反馈是其重要任用机制，认知要素和情感要素有利于描述人类行为。反馈寻求行为是人们对控制理论在工作情境于中的一种应用方式。

HRM 强度的一致性维度要求组织保证它们的人力资源管理政策的运行不

① BOWEN D E, OSTROFF C. Understanding HRM-firm performance linkages: the role of the strength of the HRM system[J]. Academy of Management Review, 2004, 29 (2): 203-221.

② 畅倩红. 人力资源管理强度研究述评与展望[J]. 中国集体经济, 2018 (27): 108-109.

③ ASHFORD S J, CUMMINGS L L. Feedback as an individual resource personal strategies for certain information[J]. Organization Behavior and Human Performance, 1983, 32 (3): 370-389

④ ASHFORD S J. Feedback-seeking in individual adaptation: a resource perspective[J]. Academy of Management Journal, 1986, 29 (3): 465-487.

会偏离原计划，从而使员工更能理解组织的内涵，提高工作热情。独特性会使员工较好识别到人力资源政策的出台，从而去了解政策有关内容。共识性也同样要求员工和组织可以就工作内容、目标等达成一致，此时员工的理解程度较高，更容易与组织协同开展人力资源管理工作。所以，HRM 强度有利于促进组织内成员工作的努力程度，使员工产生对自己工作有利的正面行为。反馈寻求行为本身作为一种积极行为能对个体提升绩效产生重要的作用①，员工进而能够热情参与反馈寻求以改善现有的工作情况。因此，HRM 强度正向影响员工反馈寻求行为。

已有研究证实员工反馈寻求行为可正向影响员工工作绩效②。反馈寻求行为可以降低不确定性，提高下属的角色清晰度，从而带来更高的工作绩效③。反馈寻求行为会影响到员工的创新行为。员工反馈寻求行为越多，越能了解其个人创意与组织需要间的关系，其创新绩效会随之增长。如前所述，HRM 强度增加有利于增加组织内员工反馈寻求行为。员工反馈寻求行为作为一种主动性行为，对员工创新绩效具有正向影响④。基于上述讨论，本研究提出：

假设 H4-27：员工反馈寻求行为在 HRM 强度对员工创新绩效的影响中产生中介效应。

3. 程序公平感的调节作用

Thibaut 和 Walker 提出程序公平理论，强调在程序中所有的行为都应该是公平的，对所有人开放。人们有控制发生在自己身上的事情的需要。只要人们有权控制过程，不管最终的判决结果是否对自己有利，人们的公平感都会大大增强⑤。程序公平感是指个体对决策程序公平程度的知觉，其中包括个体对决策程序的一致性、正确性、无偏见性以及决策程序制定者能否接纳其他不同声

① 樊耘，陈倩倩，吕霄. LMX 对员工反馈寻求行为的影响机制研究：基于分配公平和权力感知的视角[J]. 科学学与科学技术管理，2015，36（10）：158-168.

② 谢俊，储小平，汪林. 效忠主管与员工工作绩效的关系：反馈寻求行为和权力距离的影响[J]. 南开管理评论，2012，15（2）：31-38，58.

③ 张燕红，廖建桥. 组织中的反馈寻求行为研究述评与展望[J]. 外国经济与管理，2014，36（4）：47-56.

④ 张婕，樊耘，张旭. 前摄性行为视角下的员工创新：前摄型人格、反馈寻求与员工创新绩效[J]. 南开管理评论，2014，17（5）：13-23.

⑤ THIBAUT J W，WALKER L. Procedural justice：a psychological analysis[M]. New York：Erlbaum Associates，1975.

音与建议进而进行调整等信息的感知①。

在程序公平感高时，个人会更加信任组织，对组织有更积极的评价②。员工参与薪酬等与自身利益关系密切的人力资源政策的制定和决策过程，有利于更好理解相关政策的出台背景与制定过程，从而能更有针对性地向组织或上级寻求相关反馈。当员工感知到所有人在制度面前平等时，也更容易放下心理负担，向组织或上级寻求反馈。当员工收到高质量的反馈信息时，员工会更加有效地开展创新活动，提升自身创新绩效③。而程序公平感较低的员工，其反馈寻求行为发生的可能也会较低，从而其行为的改进也会较少，其创新绩效相对也较低。

综上所述，当程序公平感较强时，员工的反馈寻求行为对创新绩效的影响较大；当程序正义感较弱时，员工反馈寻求行为对创新绩效的影响较小。基于上述讨论，本研究提出：

假设H4-28：程序公平感在员工反馈寻求行为对员工创新绩效的影响中具有正向调节效应。

综上，本研究的理论模型如图4-8所示。

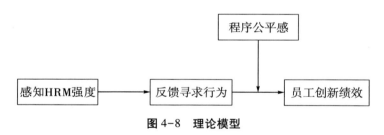

图4-8　理论模型

①　COLQUITT J A, SCOTT B A, RODELL J B, et al. Justice at the millennium, a decade later: a meta-analytic test of social exchange and affect-based perspectives[J]. Journal of Applied Psychology, 2013, 98 (2): 199-236.

②　黄昱方，刘永恒. 高绩效工作系统对员工组织认同的影响：程序公平的中介作用及主管支持的调节作用[J]. 华东经济管理，2016，30 (4): 117-123.

③　ANSEEL F, BEATTY A S, SHEN W, et al. How are we doing after 30 years? A meta-analytic review of the antecedents and outcomes of feedback-seeking behavior[J]. Journal of Management, 2015, 41 (1): 318-348.

三、研究设计

1. 变量测量

（1）感知 HRM 强度。本研究采用 Delmotte 等①开发的量表，该量表有 31 个题项，如"人力资源部开展的工作完全符合我们的需要""高层和人力资源管理人员有一致目标"等。

（2）员工反馈寻求行为。本研究采用 Vande Walle 等②开发的量表，该量表有 5 个题项，如"我经常向直接上司寻求关于我的整体工作绩效的信息""我经常观察哪些行为会受到领导嘉奖，并以此来改进自己的工作"等。

（3）员工程序公平感。本研究采用刘亚等③在 Colquitt 研究的基础上结合中国情境进行修改形成的中国组织公正量表中的程序公正子量表，该量表有 6 个题项，如"我们单位员工能够参与分配制度的制定过程""所有人在分配制度面前都是平等的"等。

（4）员工创新绩效。本研究采用韩翼等④开发的量表，该量表有 8 个题项，如"会为了改善现有状况提供新想法""能主动支持具有创新性的思想"等。

2. 问卷设计与发放

本研究选择成熟量表，所使用英文量表严格遵循"翻译—回译"程序，以保证中文量表表达准确性。李克特 5 分制适用于所有量表，从"非常不同"

---

① DELMOTTE J, DE WINNE S, SELS L. Toward an assessment of perceived HRM system strength: scale development and validation[J]. The International Journal of Human Resource Management, 2012, 23 (7): 1481-1506.

② VANDE WALLE D, GANESAN S, CHALLAGALLA G N, et al. An integrated model of feed-back-seeking behavior: disposition, context, and cognition[J]. Journal of Applied Psychology, 2000, 85 (6): 996-1003.

③ 刘亚, 龙立荣, 李晔. 组织公平感对组织效果变量的影响[J]. 管理世界, 2003 (3): 126-132.

④ 韩翼, 廖建桥, 龙立荣. 雇员工作绩效结构模型构建与实证研究[J]. 管理科学学报, 2007 (5): 62-77.

到"非常一致"共 1~5 分。正式问卷由五部分组成：第一部分是人力资源实践，共 31 个问题，主要衡量 HRM 强度；第二部分是员工行为，由 5 个问题组成，主要衡量员工的反馈寻求行为；第三部分是员工感知，由 6 个问题组成，主要衡量员工的程序公平；第四部分是员工的创新绩效，由 8 个问题组成；第五部分是基本信息，包括性别、年龄、学历和企业性质等 7 个问题。本研究选取位于重庆、成都的 10 家高新技术企业进行问卷发放，这些企业的业务涉及互联网、机器人和 5G 研发等创新性强的产品和服务。在问卷的发放过程中，研究团队先将问卷发放给企业人力资源部，再让员工填答后统一收回。

3. 样本情况

本研究共获得 250 份问卷，其中有效问卷 243 份，回收率为 97.2%。本研究对研究对象的基本信息进行描述性统计分析得到的具体结果如表 4-12 所示。

表 4-12　研究样本信息（$N=243$）

个体特征	选项	频数	百分比/%
性别	男	125	51.4
	女	118	48.6
年龄	21 至 30 岁	103	42.4
	31~40 岁	114	46.9
	41~50 岁	24	9.9
	51 岁以上	3	1.2
学历	大专及以下	42	17.3
	本科	111	45.7
	研究生及以上	90	37.0
职位	普通员工	111	45.7
	基层管理者	82	33.7
	中层管理者	34	13.9
	高层管理者	16	6.5

表4-12（续）

个体特征	选项	频数	百分比/%
工作年限	10 年以下	152	62.6
	10 至 20 年	78	32.1
	21 至 30 年	9	3.7
	30 年以上	4	1.6
所在企业性质	民营企业	121	49.8
	国有企业	62	25.5
	外资企业	60	24.7

四、数据分析与结果

1. 信效度分析

本研究采用 Cronbach's α 系数来检验量表的信度。HRM 强度、员工反馈寻求行为、程序公平感、创新绩效测量量表的 Cronbach's α 分别为 0.725、0.749、0.841、0.777，均大于 0.700，具有良好的内部一致性。

效度检验使用竞争性验证性因子分析模型，按照单因子、二因子（创新绩效、HRM 强度+员工反馈寻求行为+程序公平感）、三因子（创新绩效、HRM 强度、员工反馈寻求行为+程序公平感）和四因子的模型进行整体验证性因子分析（结果见表4-13）。其中，四因子模型具有最佳的模型适配度。

表 4-13　模型适配度的验证性因子分析

模型	χ^2	df	χ^2/df	CFI	GFI	RSMEA
单因子模型	117.402	27	4.348	0.485	0.892	0.118
二因子模型	82.581	26	3.176	0.678	0.924	0.095
三因子模型	78.409	24	3.267	0.690	0.928	0.097
四因子模型	34.042	18	1.891	0.909	0.969	0.061

2. 共同方法偏差检验

在进行实证分析之前，本研究采用 Harman 单因素检验进行共同方法偏差检验。本研究利用 SPSS 24.0 和非旋转主成分分析法，共提取特征值大于 1 的 4 个因子，解释总变异数的 67.778%。其中，第一因素解释了 27.733%，低于 50% 的判断标准，由此可见样本数据的共同方法偏差问题并不严重。同时，本研究采用增加共同方法因子的验证性因子分析，发现增加共同方法因子后，验证性因子分析整体模型不能适配，也显示出共同方法偏差问题不严重。

3. 描述性统计和相关分析

模型中所有变量的均值、标准差和相关系数如表 4-14 所示。HRM 强度与员工创新绩效显著正相关（$r=0.279$，且 $p<0.01$），HRM 强度与员工反馈寻求行为显著正相关（$r=0.363$，且 $p<0.01$）。假设 H4-26 得到了初步验证。接下来，本研究采用层次回归分析进一步检验研究假设。

4. 假设检验

（1）主效应检验。

在控制统计学变量的基础上，本研究将 HRM 强度引入以创新绩效为因变量的回归方程并建立相应模型。层次回归分析结果如表 4-15 所示，HRM 强度对员工创新绩效有显著的正向作用（M_4：$\beta=0.265$，$p<0.001$），假设 H4-26 得到验证。

（2）中介效应检验。

本研究参照温忠麟等[①]和 Baron 和 Kenny[②] 提出的方法分别检验中介效应和调节效应。在控制统计学变量的基础上，本研究将 HRM 强度引入以员工反馈寻求行为为因变量的回归方程并建立相应模型。层次回归分析结果如表 4-15 所示，HRM 强度对员工反馈寻求行为有显著的正向作用（M_2：$\beta=0.360$，$p<$

---

① 温忠麟，侯杰泰，张雷. 调节效应与中介效应的比较与应用[J]. 心理学报，2005，37（2）：268-274.

② BARON R M, KENNY D A. The Moderator-Mediator Variable Distinction in Social Psychological Research：Conceptual，Strategic and Statistical Considerations[J]. Journal of Personality and Social Psychology，1986，51（6）：1173-1182.

表 4-14 变量的均值、标准差和相关系数

变量	Mean	S. D.	1	2	3	4	5	6	7	8	9
1. 性别	1.486	0.501									
2. 年龄	32.794	6.453	-0.221**								
3. 工龄	8.708	7.146	-0.171**	0.878**							
4. 教育程度	2.198	0.712	-0.212**	0.071	0.043						
5. 职位	2.428	1.815	-0.166**	0.160*	0.219**	0.069					
6. 企业性质	2.000	1.276	0.116	-0.046	-0.007	-0.046	0.073				
7. HRM 强度	3.218	1.055	-0.021	-0.018	-0.036	-0.102	-0.094	0.018			
8. 程序公平感	3.119	1.064	-0.008	0.113	0.093	0.051	-0.143*	-0.046	0.582**		
9. 员工创新绩效	4.100	0.590	-0.021	-0.005	-0.016	-0.133*	-0.094	-0.119	0.279**	0.211**	
10. 反馈寻求行为	3.340	0.932	0.079	0.010	0.004	0.101	-0.196**	0.016	0.363**	0.430**	0.278**

注：*和**分别表示在 0.05 在 0.01 水平上（双尾）显著。

0.01）。然后，本研究做将 HRM 强度与员工反馈寻求行为同时引入对因变量创新绩效的回归分析。层次回归分析结果如表 4-14 中 M_5 所示，员工反馈寻求行为对创新绩效有显著的正向影响（M_5：$\beta = 0.246$，$p < 0.001$），同时，HRM 强度对创新绩效的影响仍然显著，但其预测作用明显降低（M_5：$\beta = 0.177$，$p < 0.001$，$0.177 < 0.265$），因此，员工反馈寻求行为在 HRM 强度和员工创新绩效的关系之间起到部分中介作用。为进一步验证中介效应，本研究同时采用偏差校正的非参数百分位 Bootstrap 法对中介效应进行检验[①]。本研究利用 Bootstrap 进行了 2 000 次抽样，结果显示员工反馈寻求行为在 HRM 强度和员工创新绩效之间的中介效应 95% 的置信区间为 [0.031, 0.834]，其中不包括 0，所以中介效应显著（$p < 0.05$），假设 H4-27 得到验证。

（3）调节效应检验。

在控制统计学变量的基础上，本研究分别将员工反馈寻求行为、程序公平感以及交互项（员工反馈寻求行为 * 程序公平感）依次引入以员工创新绩效为因变量的回归方程并分别建立相应模型。层次回归分析结果如表 4-15 所示，其中，程序公平感与反馈寻求行为的交互项对创新绩效有显著的正向影响（M_7：$\beta = 0.128$，$p < 0.001$），假设 H4-28 得到验证。这说明员工程序公平感对员工反馈寻求行为与创新绩效的关系发挥了正向调节效应，也就是说，程序公平感越高，员工反馈寻求行为对员工创新绩效的促进作用越强。

为更直观展现程序公平感的调节作用，根据 Cohen 等[②]的建议，本研究分别以调节变量均值加减一个标准差为基准描绘不同程序公平感知水平程序公平感对员工反馈寻求行为和创新绩效的调节效应图，如图 4-9 所示。

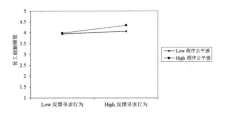

图 4-9　程序公平感的调节效应

---

① 温忠麟，叶宝娟. 中介效应分析：方法和模型发展 [J]. 心理科学进展，2014，22（5）：731-745.

② COHEN J，COHEN P，WEST S G，et al. Applied multiple regression/correlation analysis for the behavioral sciences [M]. New York：Routledge，2013.

表 4-15　层次回归分析结果

项目	员工反馈行为			员工创新绩效				
	M_1	M_2	M_3	M_4	M_5	M_6	M_7	
性别	0.075	0.098	-0.050	-0.033	-0.057	-0.074	-0.057	
年龄	-0.039	-0.051	0.022	0.013	0.025	0.034	0.050	
工龄	0.093	0.112	-0.021	-0.007	-0.035	-0.050	-0.059	
教育程度	0.161	0.196	-0.148	-0.122	-0.170	-0.198	-0.194	
职位	-0.146	-0.120	-0.093	-0.074	-0.044	-0.047	-0.057	
企业性质	0.034	0.022	-0.114	-0.122	-0.127	-0.124	-0.129	
HRM 强度		0.360***		0.265***	0.177***			
反馈寻求行为					0.246***	0.314***	0.242***	
程序公平感							0.127***	
程序公平感 * 反馈寻求行为							0.128***	
拟合指标								
F	3.236	7.991***	1.476	3.642***	4.864***	4.446***	4.290***	
R^2	0.088	0.215	0.042	0.111	0.158	0.132	0.156	
ΔR^2	—	0.127	—	0.069	0.047	0.09	0.015	

注："***""**""*"分别表示在 0.001、0.01 和 0.05 的水平显著。

五、研究结论和管理启示

1. 研究结论

本研究试图在科技企业 HRM 强度与知识型员工创新绩效之间的机制方面做出贡献。人力资源政策如何作用于科技企业中的知识型员工，员工如何感知企业的人力资源强度并采取相应的行为，从而影响其创新绩效，这个问题一直是学界和实务界深感困惑的问题，从组织氛围、员工满意度以及创新行为等多角度展开的研究，但仍未充分破解"黑箱"机制。本实证研究结果表明，在科技企业中 HRM 强度对于员工的创新绩效有显著正向影响，员工反馈寻求行为在 HRM 强度对员工创新绩效的影响中具有部分中介作用，程序公平感在员工反馈寻求行为对员工创新绩效的影响中具有正向调节作用。

2. 研究贡献

本研究理论意义在于以下几点：首先，本研究验证了科技型企业 HRM 强度对知识型员工创新绩效的正向影响作用。本研究从员工心理感受和行为出发，将人力资源政策如何被员工感知，员工如何看待政策，从而采取相应行动影响创新绩效来揭示其中的机制。其次，本研究引入了反馈寻求行为作为中介变量，从员工反馈寻求行为视角入手，来探讨 HRM 强度对员工创新绩效的影响，可以使组织更好地了解 HRM 强度诱发员工创新绩效的"黑箱"机制。再次，过往研究中对 HRM 强度对员工创新绩效影响的边界条件少有进行探索。高新技术企业中的员工多为知识型员工，具有较强的自主性和对程序公平的需求。本研究引入程序公平感作为调节变量，对程序公平感如何在组织员工反馈寻求行为与创新绩效间发挥调节作用进行了揭示，更加明晰程序公平感和员工反馈寻求行为在人力资源管理政策的实施过程中的重要作用，从而丰富了HRM 强度的应用研究，为创新导向的人力资源管理政策的制定和实施提供了理论依据。

3. 管理启示

第一，科技企业高层管理者和人力资源从业者需关注 HRM 强度。组织要在人力资源政策制定时广泛收集各方意见，在高层管理者、中层管理者与普通员工之间达成广泛共识，实现上下目标一致。在人力资源政策的实施方面，组织要广泛宣传，不断跟进，及时修正调整。组织要设立可实时监管人力资源管理政策执行情况的督查部门，倾听各方意见，提高员工满意度，进而提高知识型员工的创新绩效。一方面，组织应根据政策执行情况，不断优化人力资源管理政策，鼓励并延续成功的人力资源管理政策；另一方面，要反思政策制度效果不好的原因，进一步让员工正确理解制度内涵。

第二，科技企业需为员工反馈寻求行为提供平台和机会。企业管理者可主动提供改善反馈机制，为员工创造寻求反馈的机会。首先，组织应建立内部的信息化沟通平台，鼓励员工建言献策，督促人力资源及相关部门及时进行对员工工作结果的评价反馈。组织应结合自身发展水平，鼓励员工多提问。其次，企业管理者应主动与员工交流，用自己的实际行动给组织员工树立良好榜样，使组织内部形成一种热爱沟通的良好风气。最后，组织可以制定员工沟通制度，同时可以根据组织情况做出规定，实行科学的奖惩机制。

第三，科技企业应鼓励员工参与人力资源政策制定、实施以及决策的过程，以提高员工的程序公平感。组织应开设员工在组织内建言献策的渠道，邀请员工代表参与内部政策制定会议。上级应正确清晰地传递政策要求与内涵，确保员工与管理层对所做的决策达成共识。鼓励员工参与政策实施过程的具体措施包括在组织内建立健全公正、开放的组织绩效考核反馈制度，让员工切实了解到自己的工作内涵和组织政策，明确接收工作反馈内容。

4. 研究局限与展望

本研究存在一定局限。首先是研究取样的局限，本研究主要将成都、重庆的高新技术企业中的知识型员工作为主要调查对象，研究结果对其他地区和行业的适用性仍然需要进一步验证。其次是研究层次的局限，本研究主要从员工感知层面探讨 HRM 强度对员工创新绩效的作用机制，今后的研究者可以开展跨层次的研究，考虑加入组织和团队变量，进一步研究组织层面 HRM 强度对员工和团队创新绩效的内在跨层作用机制。最后，本研究将 HRM 强度作为一个整体进行测量，未来可以从创新导向的人力资源管理实践角度来开展研究，明确究竟哪些维度和具体措施有利于促进员工的创新行为。

第五节　可持续性人力资源管理对知识型员工绩效的影响研究

一、引言

在经济转型与全球化战略深化的背景下，企业内外部环境发生剧烈变化①，我国科技企业所面临的全球化竞争压力越来越大②。为应对激烈的竞争环境，不少组织采用雇佣关系短期化、"重"利用"轻"开发人力资本甚至裁员等方式来降低组织的用工成本③，使得员工的工作压力越来越大，尤其是科技企业知识型员工。由于长时间在高压下工作和生活，个体感知到的资源和现实要求之间不平衡而导致个体资源持续消耗，从而引发一种消极的心理与行为症状，如焦虑、情绪耗竭、抑郁以及工作投入下降④。可见，不少人力资源管理措施在有效提高组织短期生存能力的同时，也带来诸多问题，致使组织发展不可持续。事实上，可持续性人力资源管理（sustainable human resource management，以下简称可持续性 HRM）是指组织在较长时间范围内，采用一系列人力资源管理战略和实践，对组织内外产生影响，以实现财务、社会和生态目标⑤。学者一直围绕着可持续性 HRM 如何提升组织的竞争优势进行研究⑥。其

---

① 李晋，刘洪. 转型经济下人力资源管理实践适应性与组织有效性的关系研究[J]. 软科学，2011，25（5）：20-25.

② 周文霞，齐乾. 绩效评价公平感对员工绩效的影响机制研究：以高科技企业知识型员工为例[J]. 科技管理研究，2020（1），126-132.

③ 蒋建武，张凤鸣，林莉莉. 可持续人力资源管理研究：实践体系与理论模型[J]. 中国人力资源开发，2017（10）：16-27.

④ 侯凤妹，李育辉，孙汕珊. 中国知识型员工工作压力与工作投入关系[J]. 中国公共卫生，2012（9），1182-1187.

⑤ EHNERT I, PARSA S, ROPER I, et al. Reporting on sustainability and HRM：a comparative study of sustainability reporting practices by the world's largest companies[J]. International Journal of Human Resource Management，2016，27（1），88-108.

⑥ STANKEVICIUTE Z, SAVANEVICIENE A. Sustainability as a concept for human resource management[J]. Economics and Management，2013，18（4）：837-846.

中，如何提升组织绩效是值得关注的重要方面，而员工绩效一直被视为实现和维持组织整体绩效的前提条件①②。如何进一步提高知识型员工的绩效正逐渐成为高科技企业人力资源管理关注的焦点③。与此同时，基于我国本土情境的可持续性 HRM 研究较为缺乏，仍停留在概念分析层面④。

根据 AMO 理论（ability-motivation-opportunity），旨在提高员工能力、动机和工作机会的人力资源管理实践能够提高员工绩效，最终提高组织绩效。现有可持续性 HRM 研究仅从组织知识共享（动机）和员工授权视角（机会）探讨了可持续性 HRM 对员工绩效的影响⑤⑥。知识共享是指组织内个体可以通过一系列相互转化过程，将转化的知识在成员间进行分享，是组织知识创新的前提⑦，而个体产生知识共享的动机和行为是因为所获得的收益大于共享的成本⑧。员工授权与其积极主动行为呈正相关⑨，一个高度授权的环境会给予知识型员工自主决策的机会，使员工更好地表现积极主动行为⑩。可见，现有研究从组织知识共享（动机）和员工授权视角（机会）进行研究，而忽视了从

---

① ALFES K, SHANTZ A, TRUSS C. The link between perceived HRM practices, performance and well-being: the moderating effect of trust in the employer[J]. Human Resource Management Journal, 2012, 22 (4): 409-427.

② MELIáN GONZáLEZ S. An extended model of the interaction between work-related attitudes and job performance[J]. International Journal of Productivity and Performance Management, 2016, 65 (1): 42-57.

③ 李鸿雁, 吴小节. 基于 SET 理论的知识型员工敬业度、工作能力与绩效关系研究[J]. 科技管理研究, 2014, 34 (7): 222-228.

④ 初可佳, 马俊. 企业社会责任视角下可持续性人力资源管理构架的理论探索[J]. 管理学报, 2015, 12 (6): 847.

⑤ KHALIZANI A M. The role of sustainable HRM in sustaining positive organizational outcomes: An interactional framework[J]. International Journal of Productivity and Performance Management, 2019 (6): 1741-1763.

⑥ TAMAS F L. An examination of sustainable HRM practices on job performance: an appliation of training as a moderator[J]. Sustainability, 2019, 15 (4): 2263-2282.

⑦ MOHSEN S, ALLAMEH, Pool J K, Jaberi A, & Soveini F M. Developing a model for examining the effect of tacit and explicit knowledge sharing on organizational performance based on EFQM approach[J]. Journal of ence & Technology Policy Management, 2014, 5 (3): 265-280.

⑧ KELLY H, THIBAUT J W. Interpersonal relations: a theory of interdependence[M]. New York: Wiley, 1978.

⑨ 李成江, 杨东涛. 员工授权知觉与主动行为关系研究: 独立型伦理氛围的中介作用[J]. 软科学, 2011, 25 (4): 91-95

⑩ 蒿慧杰. 工作焦虑、工作投入与员工创造力关系研究: 员工授权的调节作用[J]. 经济经纬, 2020, 37 (4): 133-141.

能力视角去探讨可持续性 HRM 对员工绩效的影响,而员工能力的发展是可持续性 HRM 关注的重要方面①。其中,员工可雇佣性是员工能力的重要体现,可雇佣性越高的员工通常会在工作方面更加投入,进而带来优异的绩效与生产力②。因此,本研究根据 AMO 理论,从提升知识型员工能力的视角,探讨员工可雇用性是否是可持续性 HRM 对知识型员工绩效作用的重要"黑箱"机制。

此外,组织制定和实施的可持续性 HRM 政策需要来自不同层级的员工和管理层进行传达与执行,这一系列流程离不开组织内部员工的支持③,而各类政策在传达与执行中的感受(程序公平感)会影响员工对人力资源管理措施的解读④,从而影响可持续性 HRM 政策制定与实施的支持度①,进而影响员工绩效。其中,程序公平理论主要是指对于决策制定者使用程序、政策、准则,最终得到的协商结果的公平知觉。因此,本研究根据程序公平理论,从程序公平感的视角,探讨程序公平感是否是科技企业可持续性 HRM 影响知识型员工绩效作用的重要边界条件。本研究有利于科技企业通过可持续性 HRM 提升知识型员工的可雇用性,并在可持续性 HRM 政策制定与实施中关注知识型员工的程序公平感,从而提升员工绩效,进而提升组织的竞争优势。

二、理论基础与研究假设

1. 可持续性 HRM 与知识型员工绩效

知识经济时代,知识型员工在企业中所占比例稳步上升⑤。我国高科技企

① DE VOS A, IJM V. Current thinking on contemporary careers: the key roles of sustainable HRM and sustainability of careers[J]. Current Opinion in Environmental Sustainability, 2017, 28 (7): 41-50.

② DE CUYPER N, RIGOTTI T, DE WITTE H, et al. Balancing psychological contracts: validation of a typology[J]. International Journal of Human Resource Management, 2008, 19 (4): 543-561.

③ 蒋建武,张凤鸣,林莉莉. 可持续人力资源管理研究:实践体系与理论模型[J]. 中国人力资源开发,2017 (10): 16-27.

④ 苗仁涛,周文霞,刘军,等. 高绩效工作系统对员工行为的影响:一个社会交换视角及程序公平的调节作用[J]. 南开管理评论,2013, 16 (5): 38-50.

⑤ 魏华飞,古继宝,张淑林. 授权型领导影响知识型员工创新的信任机制[J]. 科研管理,2020 (4): 103-111.

业所面临的全球化竞争压力也越来越大，尤其体现在所拥有的知识型员工数量和质量之间的竞争。如何进一步提高知识型员工绩效正逐渐成为高科技企业人力资源管理关注的焦点①。知识型员工具有更高层次的需求、更强的独立性与自主性，特别关注公平、包容、权益，工作家庭平衡②③④。可持续性 HRM 实践从个体的心理视角出发，关注创造公平、包容的工作环境，强调平等雇用⑤，维护员工权益⑥。

另外，可持续性 HRM 更加关注知识型员工的工作家庭平衡问题，如制定并实施弹性工作制度。已有研究表明具有灵活性的工作时间和地点有利于维持知识型员工的工作家庭平衡⑦，而工作家庭平衡型人力资源管理实践与知识型员工绩效呈显著正相关⑧。因此，可持续性 HRM 满足了知识型员工的工作家庭平衡的心理需求。依据社会交换理论，员工为了回报组织，也更愿意增加工作投入，进而提升绩效⑨⑩。此外，Lis（2012）的研究证明，可持续性 HRM 将雇员的工作利益以及个人感受纳入考虑范围，致力于打造良好的雇用关系，

① 李鸿雁，吴小节. 基于 SET 理论的知识型员工敬业度、工作能力与绩效关系研究[J]. 科技管理研究，2014，34（7）：222-228.

② 德鲁克. 21 世纪的管理挑战[M]. 北京：机械工业出版社，2009.

③ 王桃林，龙立荣，张军伟，等. 类亲情交换关系对工作家庭冲突的作用研究[J]. 管理评论，2019，31（2）：180-189.

④ 张兰霞，韦彩云，杨钦帅，等. 知识型员工工作家庭冲突对创造力的影响：一个被调节的中介效应模型[J]. 东北大学学报（自然科学版），2020，41（5）：747-760.

⑤ DE PRINS P，VAN BEIRENDONCK L，DE VOS A，et al. Sustainable HRM：bridging theory and practice through the "respect openness continuity（roc）" model[J]. Management Revue，2014，25（4）：263-284.

⑥ GUERCI M，DECRAMER A，VAN WAEYENBERG T，et al. Moving beyond the link between hrm and economic performance：a study on the individual reactions of HR managers and professionals to sustainable hrm[J]. Journal of Business Ethics，2018：1-18.

⑦ ANDERSON A J，KAPLAN S A，VEGA R P. The impact of telework on emotional experience：When，and for whom，does telework improve daily affective well-being？[J]. European Journal of Work and Organizational Psychology，2015，24（6）：882-897.

⑧ 赵富强，陈耘，胡伟. 中国情境下 WFB-HRP 对工作绩效的影响研究：家庭—工作促进与心理资本的作用[J]. 南开管理评论，2019，22（6）：165-175.

⑨ 解进强，付丽茹，隆意. 初创互联网企业工作满意度与工作绩效关系[J]. 企业经济，2019（9）：105-115.

⑩ 董建华，高英. 知识型员工工作投入的影响机制研究：基于组织公平视角[J]. 技术经济与管理研究，2019（2）：67-71.

以此赢得雇主品牌效应，为组织招聘到高质量员工，间接地提高了员工绩效①。

因此，为了更好地适应知识迭代的加速与企业外部环境变化的急剧加快②。科技企业需要通过可持续性 HRM 来满足知识型员工的各类需求，从而提升知识型员工绩效。

基于上述讨论，本研究提出：

假设 H4-29：科技企业可持续性 HRM 对知识型员工绩效有显著的正向影响。

2. 员工可雇用性的中介作用

可雇用性（employability）是指个体获得最初的工作、维持当前的工作和在必要时获取新工作需要具备的能力③，是职业识别能力、知识技能、适应能力和自我发展能力等的综合④。根据 IPO 模型（input-process-output），企业输入技能、知识、能力，经过一系列过程行为输出组织绩效⑤。

在组织背景中，员工绩效是衡量个体及群体员工的最重要的结果变量之一⑥。根据社会交换理论，组织为员工提供平等雇用、维护员工权益等可持续性 HRM 措施。为了回报组织，员工则努力提升绩效，有利于组织更好地发展。因此，IPO 模型可以用来论证可雇用性在可持续性 HRM 与知识型员工绩效之间的中介作用。在输入阶段，实施可持续性 HRM 的组织会高度重视员工的培训与开发，以长期生存为导向，优化并尊重组织内部劳动力，通过系统化的培

---

① LIS B. The relevance of corporate social responsibility for a sustainable human resource management: an analysis of organizational attractiveness as a determinant in employees' selection of a (potential) employer[J]. Management Review- Socio-Economic Studies, 2012, 23 (3): 279-295.

② 周霞，赵冰璐. 晋升机会缺失对知识型员工角色内绩效的影响：内部人身份感知与知识共享氛围的作用[J]. 科技管理研究，2019，39 (6): 142-147.

③ HILLAGE J, POLLARD E, BRITAIN G. Employability: developing a framework for policy analysis[M]. London: DfEE, 1998.

④ 朱朴义，胡蓓. 可雇佣性与员工态度行为的关系研究：工作不安全感的中介作用[J]. 管理评论，2014，26 (11): 129-140.

⑤ HACKMAN R H, GOLDBERG M. Comparative study of some expanding arthropod cuticles: the relation between composition, structure and function[J]. Journal of Insect Physiology, 1987, 33 (1): 39-50.

⑥ 王小予，赵曙明，李智. 员工绩效对人际伤害行为的研究评述与展望[J]. 管理学报，2019 (9): 1415-1422.

训来提高员工的学习能力、工作能力和就业能力，使员工具备相应的技能和能力。与此同时，实施可持续性 HRM 的组织还会指导组织内部员工考取相关的职业资格证书，以此响应劳动力市场的需求，促进员工就业能力的提升①。在过程阶段，知识型员工善于利用自身知识储备和专业技能从事探索性的工作活动②，将上述输入的技能、知识、能力应用到工作情景中，通过不断地内化与修正，提升可雇用性。依据社会交换理论，社会交换是一种利益互惠行为③，知识型员工在输入阶段感受到了来自组织的尊重与支持，以及对员工提升终身可雇用性的需求的重视④，作为回报，员工便会产生更加积极的工作态度与行为。因此，在输出阶段，可雇用性强的知识型员工会对组织产生更高的积极情绪和情感承诺⑤，增加对组织与管理者的信任程度，从而有效促进员工产生积极工作行为⑥⑦。例如，可雇用性越强的员工越能将领导所交付的任务完成好，同时也更愿意承担自身职责以外的额外工作，通常这类员工拥有较高的绩效⑧，从而完成输出阶段。

此外，科技企业是创业创新的重要主体⑨，创新知识增量成为科技企业创

① HIRSIG N, ROGOVSKY N, ELKIN M. Sustainability and human resource management：developing sustainable business organizations[M]. Berlin：Springer Science & Business Media, 2013.

② 宋嘉艺，张兰霞，张靓婷. 知识型员工工作家庭双向冲突对创新行为的影响机制[J]. 管理评论，2020, 32 (3)：215-225

③ 刘小平. 员工组织承诺的形成过程：内部机制和外部影响：基于社会交换理论的实证研究[J]. 管理世界，2011 (11)：92-104.

④ 唐春勇，倪珮玲，赵宜萱. 发展型人力资源管理对员工可雇佣性的影响及其作用机理[J]. 改革，2020 (6)：148-158.

⑤ FUGATE B S, STANK T P, MENTZER J T. Linking improved knowledge management to operational and organizational performance[J]. Journal of Operations Management, 2008, 27 (3)：247-264.

⑥ CUYPER D, WITTE H D. The impact of job insecurity and contract type on attitudes, well-being and behavioural reports：a psychological contract perspective[J]. Journal of Occupational & Organizational Psychology, 2006, 79 (3)：395-409.

⑦ 郝永敬. 地方高校专任教师心理契约对工作绩效的影响[D]. 石家庄：河北工业大学，2013.

⑧ AROCENA P, GARCíA-PRADO A. Accounting for quality in the measurement of hospital performance：evidence from Costa Rica[J]. Health Economics, 2007, 16 (7)：667-685.

⑨ ROJAS F, HUERGO E. Characteristics of entrepreneurs and public support for NTBFs[J]. Small Business Economics, 2016 (3)：22-25.

新的驱动力①，而知识型员工个体的创新过程离不开知识技能的转化和利用②，创新绩效也是员工绩效的重要组成部分。因此，科技企业更需要通过可持续性HRM增强员工的可雇用性，促进知识技能的转化和利用，最终提升知识型员工的绩效。

基于上述讨论，本研究提出：

假设H4-30：员工可雇用性在科技企业可持续性HRM对知识型员工绩效的影响中具有中介效应。

3. 程序公平感的调节作用

从可持续性HRM政策的制定到实施，由不同层级的员工与管理层传达和执行，必须经过一系列的流程，在这一过程中需要得到员工的支持。程序公平理论指出，人们往往根据程序的公平与否来判断所处情境的合理性、正当性的强弱③。因此，程序公平感会影响员工对组织人力资源管理措施的解读。程序公平是指事件处理与决策的过程对当事者与各个利益相关方都是公平的，包括一致性、准确性、无偏性原则④。

科技企业的核心员工大多是知识型员工，具有较强的内部动机，有着更高层次的需求⑤。知识型员工往往更注重自身的发展，更需要被组织认同和尊重，也就更加关注自身是否被组织平等对待。在可持续性HRM实施的过程中，当程序公平感较高时，知识型员工会支持可持续性HRM政策的制定与实施，有利于保持不同层级员工之间的认识一致性和信息连续性，同时提高实践计划的有效性和可持续性，巩固长期效果。程序公平感较高的知识型员工能够分享信息、参与组织决策，提供建言，并获得晋升，从而增加了知识型员工对组织

① 徐言琨，侯克兴. 科技型企业创新网络结构与创新绩效影响关系研究[J]. 工业技术经济，2020，39（4）：36-41.

② 孙锐，李树文. 科技企业组织情绪能力影响研发员工创新的中介机制研究[J]. 中国人力资源开发，2017（6）：14-22.

③ TYLER T R, LIND E A. A Relational Model of Authority in Groups[J]. Advances in Experimental Social Psychology，1992，25：115-191.

④ COLQUITT J A, SCOTT B A, RODELL J B, et al. Justice at the millennium, a decade later: a meta-analytic test of social exchange and affect-based perspectives[J]. Journal of Applied Psychology，2013，98（2）：199-236.

⑤ 黎春燕，李伟铭. 基于心理契约的科技企业核心员工流动管理研究[J]. 企业经济，2012（7）：52-56.

的积极情感①，如信任，即使组织在实施可持续性 HRM 的过程中出现了偏差，知识型员工也相信组织有相应的程序公平机制可以保障自身的利益，而不至于影响工作投入，维持较高绩效。与前者相反，程序公平感较低的知识型员工缺乏对组织的信任，认为获得组织培训与晋升以及参与组织决策是小概率事件，并把注意力从工作转移到对组织决策过程本身是否公平上②。当知识型员工降低了对工作本身的关注度时，就意味着工作投入水平的降低，伴随着较低的绩效③。此外，个体会根据自己在组织中受到公平对待的感知调整自己的工作状态④，当个体程序公平感越低，不相信组织的可持续性人力资源管理可以保障自身的利益，从而会降低工作投入，进而降低员工绩效。

基于上述讨论，本研究提出：

假设 H4-31：程序公平感在科技企业可持续 HRM 对员工绩效的影响中具有正向调节效应。

本研究理论模型框架如图 4-10 所示。

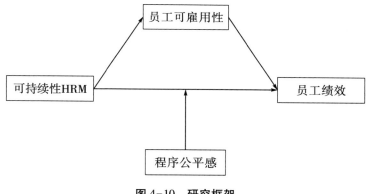

图 4-10　研究框架

① 张弘，赵曙明，方洪波. 雇佣保障、组织承诺与程序公平感知 [J]. 经济管理，2009 (10) 100-105.

② HE H, ZHU W, ZHENG X. Procedural justice and employee engagement: roles of organizational identification and moral identity centrality[J]. Journal of Business Ethics, 2014, 122 (4): 681-695.

③ BAL P M, DE LANGE A H. From flexibility human resource management to employee engagement and perceived job performance across the lifespan: a multisample study[J]. Journal of Occupational and Organizational Psychology, 2015, 88 (1): 126-154.

④ 薛宪方，褚珊珊. 组织公平对员工绩效的影响：以组织承诺为中介的实证研究[J]. 经营与管理，2017 (5): 46-50.

三、研究设计

1. 测量工具

为保证测量工具的信度和效度，本研究采用来自高质量期刊的成熟量表。针对研究中的英文量表，为了保证在准确表达其原始含义的同时适应中国情境，本研究采用翻译—回译的方法将英文原始量表翻译成中文，形成最终的量表，调查问卷采用李克将 5 点评分法。

（1）可持续性 HRM。本研究采用 Miao 等（2020）开发的量表，该量表共有 12 个测量题项，其中典型题项如"我们公司的人力资源管理遵循可持续发展导向"。

（2）员工可雇用性。本研究采用 Rothwell 等（2007）开发的量表，该量表共有 11 个测量题项，其中典型题项如"虽然与我手头的工作不同，我深知自己在公司中的潜在发展机会"[①]。

（3）程序公平感。本研究采用刘亚等（2003）开发的程序公平量表，该量表共有 6 个测量题项，其中典型题项如"我们单位员工能够参与分配制度的制定过程"[②]。

（4）员工绩效。本研究采用韩翼（2008）开发的任务绩效量表，该量表共有 10 个题项，其中典型题项如"履行工作说明书中的职责"[③]。

（5）控制变量。已有研究表明性别、年龄、学历、工作年限这 4 个变量

---

① ROTHWELL A, ARNOLD J. Self－perceived employability：development and validation of a scale[J]. Personnel Review, 2007, 36（1-2）：23-41.

② 刘亚，龙立荣，李晔. 组织公平感对组织效果变量的影响[J]. 管理世界, 2003（3）：126-132.

③ 韩翼. 工作绩效与工作满意度、组织承诺和目标定向的关系[J]. 心理学报, 2008, 40（1）：84-91.

能够解释员工绩效的部分变异①②③，同时，不同职位级别也会对员工绩效产生一定影响④。因此，为了更准确地验证本研究所要探讨的关键变量之间的关系，增加研究的外部效度，本研究选取员工性别、年龄、学历、工作年限、职位以及行业和企业性质作为控制变量。

2. 数据收集与样本描述

本研究以位于重庆、成都的 5 家高新技术企业的知识型员工为调查对象，采用现场发放纸质问卷的形式进行调查。共计发放问卷 250 份，回收有效问卷 243 份，有效回收率为 97.2%。本研究采用 SPSS19.0 和 AMOS24.0 对 243 份有效问卷进行样本特征分析，主要包括被调查者的性别、年龄、学历、工作年限、职位、企业性质、行业。

在调查样本中，男性占比 51.4%，女性占比 48.6%；21 至 30 岁占比 42.4%，31 至 40 岁占比 46.9%，41 至 50 岁占比 9.9%，50 岁以上占比 1.2%；大专及以下占比 17.3%，本科占比 45.7%，研究生及以上占比 37.0%；工作 10 年及以下占比 62.6%，工作 10 至 20 年占比 32.1%，工作 21 至 30 年占比 3.7%，工作 30 年以上占比 1.6%；普通员工占比 45.7%，基层管理者占比 33.7%，中层管理者占比 13.9%，高层管理者占比 6.5%；民营或控股企业占比 49.8%，国有或控股企业占比 25.5%，外资企业占比 24.7%；高新技术业占比 37.9%，传统制造业占比 40.7%，服务业占比 21.4%。

---

① 林艳，王志增. 顾客欺凌、情绪耗竭与员工工作绩效：一个被调节的中介模型[J]. 商业研究，2017（4）：97-104.

② 颜爱民，裴聪. 辱虐管理对工作绩效的影响及自我效能感的中介作用[J]. 管理学报，2013，10（2）：213.

③ 苗仁涛，周文霞，冯喜良. 双向视角下高绩效工作系统对雇佣双方利益的影响：一项本土化研究[J]. 科研管理，2018，39（11）：98-106.

④ 王佳锐，孔春梅，李庆国. 企业员工成就动机与工作绩效关系的实证研究：以自我效能为中介变量[J]. 财经理论研究，2015，（3）：72-83.

四、数据分析及结果

1. 信效度分析

研究采用 Cronbach's α 系数来检验量表的信度。可持续性 HRM、员工可雇用性、程序公平感、员工绩效测量量表在研究中的 Cronbach's α 分别为 0.938、0.781、0.779、0.777，均大于 0.700，具有良好的内部一致性。效度检验使用竞争性验证性因子分析模型，使用 AMOS24.0 软件按照一因子、二因子（可持续人力资源管理、员工可雇用性+程序公平感+员工绩效）、三因子（可持续人力资源管理、员工可雇用性+程序公平感、员工绩效）和四因子的模型进行整体验证性因子分析（结果见表4-16）。其中，四因子模型具有最佳的模型适配度。

表4-16 模型适配度的验证性因子分析

模型	χ^2	df	χ^2/df	CFI	GFI	RSMEA
一因子模型	526.181	136	2.869	0.867	0.816	0.109
二因子模型	469.048	135	3.474	0.888	0.825	0.101
三因子模型	378.619	133	2.847	0.916	0.858	0.087
四因子模型	311.956	129	2.418	0.938	0.881	0.077

2. 共同方法偏差检验

本研究采用 Harman 的单因子检验法进行了共同方法偏差检验，借助 SPSS19.0 采用未旋转的主成分分析法共提取出 4 个特征值大于 1 的因子，解释了总变异量的 66.707%，其中第一个因子解释了 36.106%，低于 50% 的判断标准，可见样本数据的共同方法偏差问题并不严重。本研究使用 AMOS 软件做验证性因子分析，在保留原四因子的基础上，加入共同方法潜因子。由此得到，验证性因子分析模型不成立，这也表明不存在共同方法潜因子。

3. 描述性统计分析

研究模型中各个变量的均值、标准差和相关系数如表4-17所示，可持续

表 4-17 各主要变量的均值、标准差和相关系数（N=243）

变量	Mean	S. D.	1	2	3	4	5	6	7	8	9	10
1. 性别	1.486	0.501										
2. 年龄	32.794	6.453	-0.221**									
3. 工龄	8.708	7.146	-0.171**	0.878**								
4. 教育程度	2.198	0.712	-0.212**	0.071	0.043							
5. 职位	2.428	1.815	-0.166**	0.160**	0.219**	0.069						
6. 组织类型	2.000	1.276	0.116	-0.046	-0.007	-0.046	0.073					
7. 行业	3.140	1.242	-0.096	0.015	0.091	0.184**	0.360**	0.055				
8. 可持续人力资源管理	3.383	0.832	0.021	0.025	-0.013	-0.226**	-0.100	0.020	-0.228**			
9. 员工可雇佣性	3.728	0.674	-0.079	0.033	0.018	0.005	-0.070	-0.036	-0.130*	0.435**		
10. 程序公平感	3.119	1.064	-0.008	0.113	0.093	0.051	-0.143*	-0.046	-0.139*	0.557**	0.422**	
11. 员工绩效	4.100	0.590	-0.021	-0.005	-0.016	-0.133*	-0.094	-0.119	-0.036	0.443**	0.465**	0.211**

注："*"和"**"分别表示在 0.05 在 0.01 水平上（双尾）显著。

性 HRM 与员工绩效显著正相关（$r=0.443$，$\beta<0.01$）；可持续性 HRM 与员工可雇用性显著正相关（$r=0.435$，$\beta<0.01$）；员工可雇用性与员工绩效显著正相关（$r=0.465$，$\beta<0.01$）。上述结果对假设 H4-29 进行了初步验证。接下来，我们采用层次回归分析进一步检验研究假设。

4. 回归分析

（1）主效应检验。

在控制性别、年龄等统计学变量影响的基础上，本研究将可持续性 HRM 引入以知识型员工绩效为因变量的回归方程并建立相应模型。层次回归分析结果如表 4 所示，可持续性 HRM 对知识型员工绩效有显著的正向作用（M_4：$\beta=0.451$，$p<0.001$），假设 H4-29 得到验证。

（2）中介效应检验。

在控制统计学变量影响的基础上，本研究将可持续性 HRM 引入以员工可雇用性为因变量的回归方程并建立相应模型。层次回归分析结果如表 4-18 所示，可持续性 HRM 对员工可雇用性有显著的正向作用（M_2：$\beta=0.449$，$p<0.001$），这说明可持续性 HRM 能够显著地提升员工的可雇用性。然后，本研究分别将可持续性 HRM 与员工可雇用性同时引入对因变量知识型员工绩效的回归分析。层次回归分析结果如表 4-3 所示。员工可雇用性对知识型员工绩效有显著的正向影响（M_5：$\beta=0.297$，$p<0.001$），同时，可持续性 HRM 对知识型员工绩效的影响仍然显著，但其预测作用明显降低（M_5：$\beta=0.297$，$p<0.001$，$0.297<0.449$），因此，假设 H4-30 得到验证。同时，本研究采用 Bootstrap 法对中介效应进行检验[①]，利用 Bootstrap 进行了 5 000 次抽样，结果显示员工可雇用性在可持续人力资源管理和知识型员工绩效之间的中介效应 95% 的置信区间为 [0.091，0.251]，其中不包括 0，所以中介效应显著（$p<0.05$），再次证明中介效应显著。

（3）调节效应检验。

在控制统计学变量影响的基础上，本研究分别将员工可雇用性、程序公平感以及交互项（员工可雇用性×程序公平感）依次引入以员工绩效为因变量的回归方程并分别建立相应模型。层次回归分析结果如表 4-18 所示，交互项对

---

① 温忠麟，叶宝娟. 中介效应分析：方法和模型发展[J]. 心理科学进展，2014，22（5）：731-745.

表4-18 回归分析结果（N=243）

项目	员工可雇佣性			员工绩效		
	M1	M2	M3	M4	M5	M6
性别	-0.091	-0.075	-0.05	-0.036	-0.010	-0.012
年龄	-0.002	-0.069	0.022	-0.040	-0.016	-0.050
工龄	0.025	0.075	-0.021	0.025	-0.001	0.046
教育程度	0.010	0.099	-0.148	-0.065	-0.100	-0.021
职位	-0.045	-0.016	-0.093	-0.066	-0.060	-0.089
组织类型	-0.015	-0.021	-0.114	-0.120	-0.112	-0.151
行业	-0.126	-0.045	0.027	0.102	0.117	0.097
可持续性 HRM		0.449***		0.451***	0.297***	0.497***
员工可雇佣性					0.343***	
程序公平感						-0.059
可持续性 HRM * 程序公平感						0.180***
拟合指标 F	0.951	7.791***	1.476	8.563***	12.132***	8.129***
R^2	0.028	0.210	0.042	0.226	0.319	0.259
ΔR^2	—	0.282	—	0.184	0.093	0.030

注：***、**、* 分别表示在 0.001、0.01 和 0.05 的水平显著。

知识型员工绩效有显著的正向影响（M_6：$\beta = 0.180$，$p < 0.001$），假设 H4-31 得到验证。

为更好地展示调节效果，我们根据 Cohen 等①的建议，分别以调节变量均值加减一个标准差为基准描绘不同水平程序公平感对可持续人力资源管理和知识型员工绩效的调节效应图（如图 4-11 所示），表明在高程序公平感知水平下，可持续人力资源管理对知识型员工绩效的影响更为明显，其斜率远大于低程序感知水平下的情形。

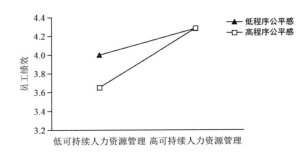

图 4-11　程序公平感的调节效应

五、结论与启示

1. 研究结论

本研究聚焦科技企业可持续人力资源管理对知识型员工绩效的影响，探讨了可持续性 HRM 对知识型员工绩效的影响机制及边界条件。结果表明：可持续性 HRM 正向影响知识型员工绩效，员工可雇用性在可持续性 HRM 与知识型员工绩效之间起部分中介作用，程序公平感正向调节可持续性 HRM 与知识型员工绩效之间的关系。

---

　　① COHEN J，COHEN P，WEST S G. Applied multiple regression/correlation analysis for the behavioral sciences［M］. New York：Routledge，2003.

2. 理论贡献

第一，AMO 理论指出，关注提高员工能力、动机和工作机会的人力资源管理实践能够提高员工绩效，最终提高组织绩效。相比于以往研究从仅从知识共享（动机）、员工授权（机会）视角探讨可持续人力资源管理对知识型员工绩效的影响，本研究提供了一个新的视角，即从员工可雇用性（能力）出发探讨可持续性 HRM 对知识型员工绩效的"黑箱机制"。

其二，组织制定和实施的可持续性 HRM 政策需要来自不同层级的员工和管理层进行传达与执行，这一系列流程离不开组织内部员工的支持。在组织中，程序公平感会影响员工对组织人力资源管理措施的解读，调节员工的情感与行为模式，进而影响员工绩效。而以往研究并未涉及程序公平感在可持续性 HRM 与知识型员工绩效关系中的边界作用，因此本研究选择将程序公平感作为调节变量，在一定程度上丰富了现有可持续性 HRM 的研究成果。

3. 管理建议

首先，组织应多方位实施可持续性 HRM。在员工层面，组织应平等雇用员工，重视员工关怀和权益维护、职业能力培养，给员工足够的鼓励和更多的教育机会。在组织层面，组织应为员工制定全方位、多样化的考核方式和激励机制，选拔、保留和激励符合组织发展需求的人才。在社会层面，组织将可持续发展塑造成组织的文化理念和价值导向，应遵守法律法规和商业道德，积极践行企业应承担的社会责任。在生态层面，组织应将环境导向融入组织文化价值体系，雇用有较强环境保护意识、知识、技能的人才，必要时通过培训使员工具备相应的环保知识和技能。

其次，在实施可持续性 HRM 过程中，组织应注重提升员工的可雇用性。招聘方面，组织应在工作描述中向员工明确传达组织可持续发展的长期战略导向，告知应聘者组织注重员工的职业发展以及能力培养，从而保证招聘到与组织价值观一致的高素质人才。培训方面，组织应针对员工具体实际设计个性化的培训计划，提高员工的职业素养，使他们终身保持学习和进步状态。绩效方面，组织应建立经济、社会和生态效应相平衡的"立体式"绩效评价指标体系，考察员工的学习成长，考核周期不宜过短，同时做好绩效反馈，进而贴合组织可持续发展的价值追求。

最后，在实施可持续性 HRM 的过程中，组织应注重提升程序公平感。一方面，组织管理者应重视决策过程的公平性，并给员工创造参与决策的机会、鼓励其参与决策，进而确保员工的意见与建议能够及时向上级传达，增强知识型员工的公平感知。另一方面，组织要重视及时修正相关的制度体系，完善组织内部的申诉制度，为员工在程序公平方面的维权提供相应的途径，降低员工的负面情绪。

4. 局限性

（1）研究方法的局限性。本研究采用了横截面数据，并使用了被试自我报告调查法。在未来的研究中可使用纵向研究的方法，将自我报告和他人评价的方式相结合收集数据，聚焦于某一特定行业，进一步开展有针对性的深入研究，从而完善可持续性 HRM 的影响机制研究。

（2）研究层次的局限性。本研究主要从员工感知层面探讨了可持续性 HRM 对知识型员工绩效的作用机制。今后的研究者可以考虑开展跨层次的研究，厘清可持续性 HRM 对知识型员工绩效作用的内在机制，丰富现有的研究成果。

第六节　可持续发展背景下人力资源三支柱模式在中国领先企业的应用

一、引言

正如华尔街日报所报道的那样，当今世界正面临三场宏大技术变革：大数据、智能制造和无线网络革命，企业的商业模式不断地向网络化、平台化、无边界发展。人类已经进入了"I 时代"，"I 时代"是一个以 Internet（联网）、Individualism（个体主义）、Innovation（颠覆式创新）为主要特征的时代①。以科技创新为主要驱动力的经济发展模式转型和以自主创新为主要特征的产业升级必将成为影响企业发展的重要外部因素。企业史学家、战略管理领域的奠基

----

① 黄攸立，荣闪闪，刘志迎. 战略人力资源管理与组织战略、企业文化的内外部契合：以腾讯 COE 为例［J］. 中国人力资源开发，2018，35（2）：72-80.

者之一艾尔弗雷德·D·钱德勒（Alfred D. Chandler, Jr.）认为企业战略的制定必须适应市场和技术环境的变化，企业的发展战略决定了企业的组织结构。除此之外，企业内部制度建设还需要与战略管理各重要环节对应并互动，如战略制定要求企业建立相应的公司治理、组织及决策责任制度，战略实施与相应薪酬、人力资源、职能管理相关联①。在这样一个时代，企业内部制度也要着眼于创新。而创新的根基是人才，创新驱动实质上是人才驱动。国家创新驱动战略必然要求企业构建基于创新导向的人力资源管理模式，从而激发人的潜能，使其更好地为企业服务。由此，作为一种高度创新的人力资源管理模式——人力资源三支柱模式应运而生。

戴维·尤里奇（Dave Ulrich）指出人力资源管理的角色经历了四次改变：第一次是强调人事管理；第二次是 HR 工作围绕 HR 六大模块展开；第三次是强调人才、文化和领导力服务于企业战略；第四次是强调 HR 从客户和投资者等外部视角审视 HR 工作。1997 年，戴维·尤里奇基于对这四次改变的认识，首次在《人力资源转型》（*Human Resource Champions*）一书中提出了人力资源三支柱模式②。

随着人力资源三支柱模式的提出和逐步成型，人力资源三支柱模式也越来越受到中国学术界的关注。例如，黄晓等探讨了进行人力资源管理转型，实施人力资源三支柱模式的必要性③；时广军等对人力资源三支柱模式的基础研究、现状、转型中出现的问题和转型的路径做出了综合的阐述④；徐升华等指明了企业如何成功构建、实施人力资源三支柱并有效运用人力资源三支柱这套高绩效人力资源管理体系⑤。

彼得·德鲁克（Peter F. Drucker）说，管理是一种实践，其本质不在于知，而在于行⑥。因此，人力资源三支柱模式也被应用到中国诸多企业中。

---

① 凌峰. 企业管理流程设计研究[D].镇江：江苏大学，2012.

② DAVID U. Human Resource Champions［M］. Boston：Harvard Business Press，1997.

③ 黄晓，刘建定. 电网企业人资管理转型"三支柱模型"探讨[J].中国电力企业管理，2015（21）：86-87.

④ 时广军，朱振东. 国内人力资源三支柱研究：综述与展望[J].中国石油大学学报（社会科学版），2016，32（5）：13-18.

⑤ 徐升华，周文霞. 人力资源三支柱体系构建与发展机制研究[J].现代管理科学，2019（6）：110-112.

⑥ 彼得·德鲁克. 德鲁克书信及其评论[J].外国经济与管理，2017，39（06）：3-11，38.

华为技术有限公司（以下简称华为）的发展非常迅速。在 2019 年，其手机的全球出货量达到了 2.4 亿部，超越苹果位居全球第二，销售收入高达 8 588 亿元，净利润 627 亿元，经营活动现金流 914 亿元，已成为国内通信行业第一。腾讯计算机系统有限公司（以下简称腾讯）获得了 2019 年世界互联网大会全球领先科技成果奖，在 2019 年的营业总收入达到了 3 773 亿元，净利润 959 亿元，截至 2020 年 4 月 9 日，腾讯市值达到了 4 428 亿美元，在中国互联网企业中排名第二。

上述数据表明华为和腾讯已经处于中国领先企业的第一梯队，这与华为和腾讯所采用的人力资源三支柱模式运行良好是分不开的。因此，我们选取它们为代表企业，研究在创新驱动的背景下，中国领先企业的人力资源管理模式如何让人力资源管理部门更好地助力企业业务的发展，实现战略。这对中国准备进行人力资源转型的企业学习经验和借鉴成果有重要意义。

二、人力资源三支柱模式概览

1. 人力资源三支柱模式的概念及与传统人力资源管理模式的区别

人力资源三支柱模式，即 HRCOE（Human Resource Centre of Excellence or Center of Expertise，人力资源专业知识中心或人力资源领域专家）、HRBP（Human Resource Business Partner，人力资源业务合作伙伴）和 HRSSC（Human Resource Shared Service Centre，共享服务中心），也被称为人力资源的"三驾马车"①。人力资源三支柱模式本质上是对企业人力资源组织和管控模式的创新②。

从自身的特点来看，传统的人力资源管理以事为中心③，即将人视为一种"工具"，强调分工、管理和控制，本质是一种事务性的工作，服务于公司，基本和业务无关。托马·斯图尔特（Thomas A. Stewart）、基斯·哈蒙兹

---

① DAVID U. A new mandate for human resources[J]. Howard Bossiness Review，1998（6）：22-27

② 喻兰兰. 基于人力资源三支柱模型对企业人力资源共享服务中心的研究 ——以华为在中国的 HRSSC 为例[J].商场现代化，2019（6）：73-74.

③ 王元元. 大数据时代互联网企业人力资源管理研究[D].北京：中央民族大学，2017.

（Keith H Hammonds）和拉姆·查兰（Ram Charan）认为人力资源缺乏专家和战略属性，无法满足商业发展的需求①，由此，戴维·尤里奇提出了四角色模型（行政专家、战略伙伴、组织变革者、员工后盾），人力资源三支柱模式正是基于这四种角色产生的②。人力资源三支柱模式的 HRCOE 就是战略伙伴变革推动者，HRBP 则有变革推动者、员工后盾及战略伙伴多重身份，HRSSC 为行政专家和员工后盾。人力资源三支柱模式以人为中心，把人视为企业的资源，从战略的角度将人力资源部门角色与职能一分为三，关注战略和客户需求，参与企业管理层的决策。本质是业务细分的概念，为公司战略、业务和员工服务，与业务嵌入程度高。

从部门的设置来看，传统的人力资源管理部主要采用直线职能制的组织结构，围绕人力资源规划、招聘与配置、培训与开发、绩效管理、薪资服务管理、员工关系六大模块展开，注重流程管理，其各个模块相对独立，缺乏人力资源管理系统的整体性。人力资源三支柱模式的 HRCOE 设计方案，HRBP 发现业务部门问题，HRSSC 则对 HR 服务进行交付与执行，形成了一个完整的闭环系统，注重整个人力资源管理系统的协调发展。相比传统的 HR 管理模式人力资源三支柱模式更注重与业务的连接，适用于以客户或业务为导向的企业。

我们从图 4-12 可以看到传统人力资源管理模式和人力资源三支柱模式的不同。

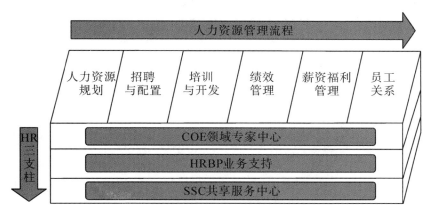

图 4-12　传统人力资源管理模式和人力资源三支柱模式对比

---

① 陈羿男. 基于人力资源三支柱的 A 集团人力资源管理研究［D］. 成都：西南财经大学，2018.

② 戴维·尤里奇. 人力资源教程［M］. 北京：新华出版社，2000.

2. 人力资源三支柱模式模型的运行逻辑

（1）人力资源领域专家（HRCOE）。

HRCOE 提倡专业主义，尊重专业逻辑，发现专业价值①，兼顾管理端和业务端双重需求。其主要职责是向业务单位提供人力资源规划、人事测评、培训需求调查与设计、绩效管理体系设计、薪酬设计与调查等人力资源方面的专业咨询意见，借助专业技能，总结实践经验去制定和完善人力资源管理制度、流程、方案，需要为 HRBP 和 HRSSC 和该领域的业务经理提供专业的技术支持，指导 HRSSC 开展服务活动，在控制策略和流程过程中控制风险。

（2）业务合作伙伴（HRBP）。

HRBP 相当于内部顾问和客户经理，是面向企业内部客户的业务人员。作为最靠近业务的神经中枢，HRBP 需要使用业务知识去制定、执行适合企业的人力资源解决方案，解决问题要专业、有效，为业务单元完善工作流程。HRBP 通过提供咨询和支持帮助企业执行业务战略，挖掘内部客户的需求来进行内部客户的优化，帮助业务部门更好地实现对外业务的拓展，帮助政策落地。HRBP 为了帮助业务单元、维护员工关系，需要全方位掌握人力资源技能，同时还需要利用自身的专业素养发现和解决业务单元中日常出现的较为简单的人力资源管理，将较难的交付给 HRCOE。

（3）人力资源共享服务中心（HRSSC）。

HRSSC 帮助 HRCOE 和 HRBP 的人员聚焦于战略性方面的工作，专注于提高客户满意度，提供 HR 标准化服务及对管理者及员工的问询进行解答②。HRSSC 维护基础设施和流程门户，将企业各业务单元中的员工招聘、薪酬福利核算与发放、人事信息服务管理、新员工培训、员工咨询服务等集中起来，建立一个服务中心来统一进行处理。HRSSC 可以从全球和跨区域的角度优化和监控现有流程，使主管和 HR 从操作性事务中释放出来，提高 HR 整体服务效率。

整个人力资源管理三支柱模型如图 4-13 所示。

---

① 程建岗. 战略合作伙伴该如何担当[J].人力资源，2010（11）：27

② 许洋. 中国人力资源管理发展经历的阶段及未来发展趋势[J].中小企业管理与科技，2009（4）：1

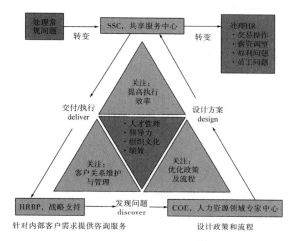

图4-13 人力资源管理三支柱模型

　　HRCOE 进行政策制定与方案设计，对其他企业在人力资源各职能的优秀实践进行研究总结与运用，使用专业能力对企业战略进行解读并创造战略价值，为 HRBP 和 HRSSC 提供方向指引。HRCOE 是 HR 的战略指挥部。在战略的指导下，HRBP 深入业务，成为连接业务的桥梁，发现业务中的管理问题并将其反馈给 HRCOE，通过运用专业方法和工具，为业务提供更合适的问题解决方案或设计更合理的工作流程，帮助业务成功。但 HRCOE 和 HRBP 大多数时间还是在处理基础性事务，缺乏协同，这造成了重复、多标准的问题，因此产生了 SSC，SSC 创造平台价值，成为 HRCOE 和 HRBP 的后台，通过 HR 共享服务进行产品交付，为用户创造价值，将人力资源管理中的基础性事务进行标准化处理，让 HR 从事更具创造价值的工作，提高运行效率。

　　简而言之，就是 HRBP 向 HRCOE 反馈业务部门的需求，寻求专业指导；HRCOE 指导 HRBP 开展工作。HRBP 向 HRSSC 反馈业务部门的人事工作需求，寻求 HRSSC 的服务支持；HRSSC 提供服务，分担 HRBP 的人事工作任务。HRSSC 执行公司的 HR 服务，并寻求 HRCOE 的专业指导。HRCOE 关注优化政策及流程相关工作。HRBP 关注 HR 体系的落地和细化，HRSSC 关注提高人力资源管理工作的效率。这三个部分并不是独立运作的，而是相互配合和沟通、层层递进。

三、人力资源三支柱模式在中国领先企业的应用

1. 中国领先企业之一——华为技术有限公司

（1）华为公司概况及公司发展历程。

华为技术有限公司成立于 1987 年，总部位于广东省深圳市龙岗区，是全球领先的信息与通信技术（information and communications technology，ICT）解决方案供应商。华为产品和解决方案具体包括无线接入、固定接入、核心网、传送网、数据通信、能源与基础设施、业务与软件、操作支持系统（Operation Support Systems，OSS）、安全存储、华为终端十个方面。2013 年，华为首超全球第一大电信设备商爱立信，《财富》世界 500 强第 315 位；2016 年 8 月，位居 "2016 中国民营企业 500 强" 榜单榜首。截至 2019 年年底，华为排名世界 500 强第 61 位。

华为的发展历程如表 4-19 所示。

表 4-19　华为的发展历程

1987—1994	扩大公司的规模和抢占市场是首要任务 组织结构：直线职能制 销售战略：农村包围城市 产品开发战略：由跟随战略到自主开发产品的集中化战略 市场竞争战略：持续开发与生产单一产品
1995—2004	销售战略：农村包围城市 产品开发战略：横向一体化进行产品开发 市场：国内到全球，发展中国家市场到发达国家市场
2005—2013	华为向客户或市场驱动型的电信设备服务商转型 组织结构：以产品线为主导 产品开发战略：纵向一体化、多元化和国际化 市场竞争战略：与合作伙伴共赢
2014—至今	组织结构：基于客户、产品和区域三个纬度，强调为客户满意度，重视建立和维护客户关系来促进有效增长

（2）华为的人力资源管理发展历程及三支柱模式介绍。

华为的人力资源管理发展大致经历了如表 4-20 所示的四个阶段：

表 4-20　华为的人力资源管理发展阶段

人事服务阶段 （1987—1994）	公司规模小，品牌度低，科学管理程度低，管理流程不规范。人力资源管理以有效招聘和基础的人事管理为主
规范化和职能化阶段 （1995—2004）	业务从国内拓展到海外，员工和销售额快速增长，建立人力资源部，以 HR 的六大模块为构建人力资源管理体系，人力资源管理走向了规范化和职能化。HR 开始担任起赋能的责任，华为开始系统思考自己的企业文化，华为基本法逐渐成形
业务伙伴阶段 （2005—2013）	走向海外市场，从单业务逐步发展为多业务，实现全球化运作，人员结构也越来越多元化，搭建起全球范围内的 HR 管理体系。华为公司引入 BLM 方法论，开展人力资源战略规划，人力资源已经开始和业务挂钩，并逐渐参与到业务的战略规划中。完成人力资源三支柱转型，开始重视组织能力以及领导力的建设
战略人力资源阶段 （2014—至今）	华为在业内处于领先位置，强调组织优化，组织能力提升和组织效率，重视有效增长。采用聚焦、针尖战略，让 HR 融入业务，人力资源三支柱模式已经非常成熟

华为从 2006 年到 2008 年建立了 HRBP 运作模式，到了 2011 年，华为 HRSSC 正式出现，并于 2012 年逐步完善 HRCOE，人力资源三支柱模式基本成形。华为的人力资源三支柱由人力资源管理委员会、人力资源管理部与人力资源管理干部部组成。

其中，人力资源管理委员会的职能相当于 HRCOE，负责战略人力资源管理，监督公司级人力资源决策与活动，为业务发展提供支持，同时对人力资源领域的战略问题向经营管理团队（Executive Management Team，EMT）提供建议，支撑公司的增长和战略。

华为在 2018 年 7 月成立了与人力资源管理部责权分离的总干部部。人力资源管理总干部部的职能相当于 HRBP，从管人的角度，为内部客户提供咨询服务和解决方案；负责后备干部的选拔、培养、考核、评定等日常管理工作，强调挖掘内部客户需求，把人力资源部政策、规则与业务部门的实际结合起来，进行差异化匹配。

人力资源管理部的职能相当于 HRSSC，从管理规则的角度建设体系化、专业化的企业人力资源政策与规则，是对传统人力资源的六大模块的细化管理。人力资源管理部负责规则的制定、执行和监督，以员工为中心，解答管理者和员工的问询，工作围绕员工招聘、员工培养和激励、员工发展等相关工作展开。强调服务的满意度和运营的流畅度，助力人力资源管理模式转型。

华为的人力资源部与总干部部分工各有侧重、相互协同。人力资源部与总干部部分离增强了干部部的职权，强化了对各级管理干部的管理。人力资源体系和干部部体系从权力中心变为服务中心，人力资源管理的重心下移，使人力资源管理能够真正深入业务。

华为的人力资源三支柱模式如图 4-14 所示。

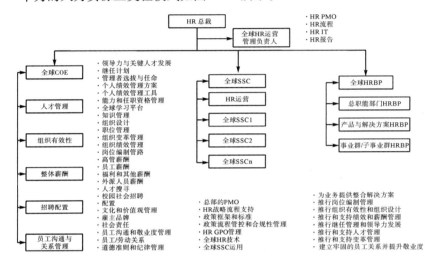

图 4-14　华为人力资源三支柱模式

2. 中国领先企业之一——腾讯计算机系统有限公司

（1）腾讯公司概况及公司发展历程。

深圳市腾讯计算机系统有限公司成立于 1998 年，是中国最大的互联网综合服务提供商之一，也是中国服务用户最多的互联网企业之一。腾讯多元化的服务包括腾讯动漫、腾讯 QQ、腾讯游戏、微信、QQ 空间、腾讯新闻和腾讯视频等。2004 年腾讯在香港联交所主板公开上市，腾讯在 2019《财富》世界 500 强位列 237 位。2019 年，世界未来 50 强榜单公布，腾讯排名第 12。

腾讯的发展历程如表 4-21 所示：

表 4-21　腾讯的发展历程

战略初期至关注生存阶段	马化腾由寻呼业起家。采用密集型战略为主，进行市场渗透和开发，2000 年腾讯成为通讯信业霸主 组织结构：以职能分工为特征的职能式

表4-21（续）

战略初期至关注用户阶段	到2005年，腾讯有效用户数与销售收入同时增长快速，以多元化战略为主，发现并满足客户的特殊需求并与QQ平台对接，占领市场 组织结构：以产品为导向的业务系统制
战略转型期	用户性需求、新技术、新业务模式层出不穷，出现更多竞争对手，腾讯以用户需求为中心，将组织架构升级为事业群制
战略成熟期	即时通信市场的垄断地位；用户规模增速放缓 重视品牌战略，打造雇主品牌，组织结构越来越扁平化，从七大事业群到六大事业群

（2）腾讯的人力资源管理发展历程及三支柱模式介绍。

腾讯的人力资源管理发展历程如表4-22所示。

表4-22　腾讯的人力资源管理发展历程

人力资源管理初建期 （1998—2003）	腾讯刚起步，员工较少，没有独立的人事管理部门，后来形成了面向职能的组织结构；出现了面向客户思想萌芽
人力资源管理发展转型期 （2004—2007）	腾讯的市场和人员扩张，正式成立了人力资源部门且开始重视企业员工，成立了企业文化管理委员会和腾讯学院，帮助新员工融入公司
人力资源管理新型组织结构 （2009年—至今）	随着移动互联网的发展，腾讯业务扩大，人力资源需求多元化和差异化，形成客户价值导向的人力资源组织管理结构，人力资源三支柱开始形成并逐步完善

2008年，腾讯为了贴近业务，先建立了HRBP团队，开始向人力资源三支柱模式转型。随后，腾讯继续抽调人员组成HRCOE，形成战略上的支撑。2010年，腾讯正式构建了人力资源三支柱的组织架构。腾讯通过对HR价值的重新定位，紧贴业务，让人力资源部门发挥人力资源三支柱模式的牵引和体系支撑作用。

①HRCOE：腾讯从集团内部选择人力资源管理专家、高管及资深业务管理者组建专家中心，作为人力资源系统中的专家支持。同时设立人力资源部、腾讯学院、薪酬福利部、企业文化与员工关系部四个部门，根据公司的战略导向，确保人力资源政策与企业战略紧密相连，进行前瞻规划、业务发展和研发，并通过各种HR工具和方法论给予政策上的支持，推动变革，为企业及业务创造价值。

②HRBP：腾讯目前的六大事业群和职能系统的人力资源管理人员组成的HR 中心构成了 HRBP。其主要职责是从员工也就是内部客户的需求出发，满足业务部门发展过程中的业务部门个性化 HR 需求，提供人力资源的专业分析和支持，成为快速诊断业务部门、团队管理问题的顾问，协助业务部门开展人力资源管理工作，推广和落实企业的人力资源管理政策、制度规范，积极主动地发挥人力资源的价值。

③HRSDC：腾讯的 HRSDC 由 HR 信息建设中心、HR 系统开发中心、运营服务中心及四个区域人力资源中心（北京、上海、成都、广州）组成。腾讯HRSDC 以成为"可依赖、可减负、有长效运营机制和支撑能力"的资源共享、能力共享、团队共享交付平台为目的，注重管控标准化流程，提升服务效率和员工满意度，落实专业化整体解决方案，实现对各事业群业务端 HR 共性需求的标准交付，发挥其对 HRCOE 和 HRBP 支撑作用，搭建 HR 业务运营体系和功能管控的统一平台。

腾讯的 HRBP 进行内部的再分工，又嵌套了微型的三支柱，分别为 Function 组、BP 组和助理组。其中，BP 组主要对接业务部门，协助业务部门进行人力资源管理；Function 组主要对接 HRCOE，帮助战略、政策落地；助理组对接 HRSDC，承担一些基础性的工作。这进一步促进了内部的协同，提高了工作效率。

腾讯的人力资源三支柱模式如图 4-15 所示。

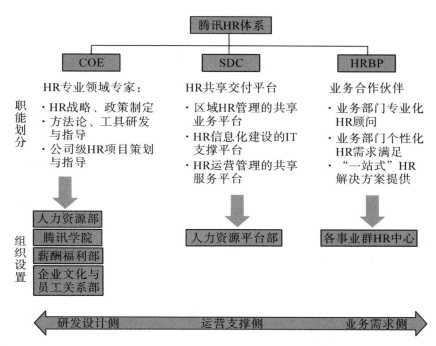

图 4-15　腾讯人力资源三支柱模式

3. 华为和腾讯人力资源三支柱的异同

虽然华为和腾讯都采用的人力资源三支柱模式，但是在实践过程中，华为和腾讯的人力资源三支柱模式各有其侧重的地方。根据肖鸣政定义的人力资源管理模式：对一定的人力资源管理目标、管理过程、管理内容与管理方法等要素的综合概括与高度提炼①，本节研究将从这四个角度来分析华为和腾讯的异同。

（1）人力资源管理目标。

第一，支撑企业战略。华为的战略目标以客户为中心，认为客户服务是华为存在的唯一理由，客户需求是华为发展的原动力。腾讯的战略目标是为用户提供"一站式在线生活服务"，双方都从客户的角度出发，通过人力资源规划、关注适配人才的引进、深入展开培训、重点关注员工的薪酬考核的激励性

---

① 肖鸣政. 人力资源管理模式及其选择因素分析[J]. 中国人民大学学报，2006（5）：135–141.

和公平性等措施来提升企业整体为客户服务的能力，保证战略的有效实施。

第二，助力业务发展。华为和腾讯都以业务为导向，华为的重点关注用户体验，不盲目创新业务的发展战略；腾讯从专注产品转向专注用户业务发展战略，促使其由传统的人力资源管理过渡到人力资源三支柱模式。如今华为市场扩展到全球，内容更聚焦，腾讯市场则主要在国内，业务本身更复杂多变，因此，华为所采用的不稳定的矩阵制和腾讯的事业群制，都很好地贴合了双方业务的需求，双方通过对组织架构与人力资源管理模式的升级与改变来支持业务发展。

第三，成就公司员工。华为坚持受挫折是福，自律和他律相结合及精神激励的用人之道。华为在人才培养上投入了大量资金，创办了华为大学和华为ICT学院，建立了各种人才发展项目和严格的培训制度，促进优秀人才的诞生。

腾讯的用人哲学是"强将精兵"，控制人员规模，基于公司发展做全球优秀人才扫描，围绕业务发展培育人才。腾讯建立了完善的人才培养机制，更多的是对员工职业发展路径的培养，会针对不同类别和不同层级的员工，实现辅助性的培养。腾讯注重培养员工个人能力，鼓励员工与企业共同成长和发展。

（2）人力资源管理过程。

根据 IPO（Imput-Process-Output）模型，企业可以通过输入知识、技能和能力等，然后经过一系列过程提升员工的综合素质，完成组织绩效的输出，这个过程就是人力资源的管理过程。华为和腾讯的 IPO 对比见表 4-23。

表 4-23　华为和腾讯的 IPO 对比

企业	华为	腾讯
输入阶段	华为注重人才的素质、潜能、品格、学历和经验	以完善的工作条件、员工培训计划、职业生涯规划通道助力员工个人展，鼓励员培养自己兴趣和特长
过程阶段	在开发方式上，选择在职培训与脱产培训相结合、自我开发与教育开发相结合，强调开发的持续性	重视企业文化管理，通过营造健康、活泼、透明的企业工作氛围来提高员工满意度
输出阶段	发挥潜能，助力企业绩效	激发员工潜能，追求个人与公司一起成长，以优秀的团队成就个人的优秀

（3）人力资源管理内容。

郑晓明提出的人力资源 5P 模式认为人力资源管理包括识人（perception）、选人（pick）、用人（placement）、育人（professional）、留人（preservation）5项工作[①]，表4-24是华为和腾讯的5P对比。

表 4-24　华为和腾讯的 5P 对比

企业	华为	腾讯
识人	华为坚持主动性、概念思维、影响力、成就导向和坚韧性领军人才的五项素质模型	最看重员工人品
选人	华为偏向于人才的能力和素质，主张企业与人才的双向合适，实现双方共同发展；主导校园招聘和社会招聘；招聘思路因时而变、因地制宜	区域化的人才招聘；注重吸引志同道合的人才；更需求专业化的人才
用人	华为用人六条标准：全力以赴的奋斗激情；客户为先的服务意识；至诚守信的优秀品格；积极进取的开放心态；携手共进的合作精神；扎实的专业知识与技能	实施末尾淘汰制度；鼓励员工创新；通过企业文化管理，实现员工的成长
育人	华为新员工入职培训需要 3~6 个月，分为入职前、入职时和入职后三个阶段；采用"721"法则（70%的能力提升来自实践，20%来自导师的帮助，10%来自课堂的学习）、军事训练、车间实习和市场演习等培训方法；实行全员导师制	进行人才梯队建设；引入外部人才；成立腾讯学院；构建培训体系；通过开放式平台共享成功的经验，共同成长注重培养团队精神，建设高效的创业团队
留人	高薪留人：华为支付高于业内平均水平的报酬给大学生；实行股权激励，引进人才，激励人才，实现人才价值华为实行内部创业机制，让离开的员工成为华为代理商，与华为一起共同取得发展	满足员工的物质需求，提升薪酬竞争力，落实"安居计划"，让员工先安居再乐业；通过扁平的组织结构和电子化沟通平台帮助解决员工问题；老员工激励和股权激励；提供完善的福利

注：根据相关资料进行整理。

（4）人力资源管理方法。

华为采用平级轮岗制、晋升轮岗制和降级轮岗制。这种轮岗制不仅可以帮

---

① 郑晓明. 人力资源管理导论 [M]. 北京：机械工业出版社，2011.

助员工进行换位思考，提升部门的团队协作能力，创造战略型人才，还能防止由复杂的相关利益体产生的腐败现象，降低企业运营风险；帮助实现人岗匹配，培养优秀人才。

华为在海外设立了22个地区部，100多个分支机构、17个研究所和36个培训中心的全球化组织结构来满足客户需求。通过聚集全球的技术、经验和人才来进行产品研究开发，实现技术与全球同步，同时华为提倡技术人员本地化，调动员工的主动性和积极性。

腾讯有较为严格的职级体系，内部员工推荐不同级别的人入职以后，可以获得不同的伯乐积分，积满15分就授予他一个"超级伯乐"的称号，还会获得其他员工福利，这种做法称为"超级伯乐"。腾讯通过这种方式来打造雇主品牌，发现和塑造人才。

腾讯的组织架构由大三层金字塔和小三层金字塔构成，大三层金字塔从上至下为总经理办公室、各个事业群和业务部门。小三层金字塔顶层的腾讯部门由总经理负总责，负责管理几十到几百的队伍；中间是若干个业务中心或岗位中心；底层是负责分工完成具体业务的小组组长及普通员工。

在大三层金字塔组织架构下，腾讯采用的是对业务部门最大限度的授权的管理方式，主要体现在管理、经营、人事、财务和产品研发的充分自由等方面。无论是华为的轮岗制还是腾讯的对员工充分授权，其目的都是激发员工的潜力，对人力资源进行开发，属于开发性的人力资源管理模式。

4. 背后的机理

华为和腾讯同处于信息技术行业，同选择了人力资源三支柱模式，人力资源三支柱的应用情况却不相同。我们可以根据上文提到的人力资源管理模式的影响因素和两个企业的实际情况来分析产生这种差异的原因，分析结果如表4-25所示。

表 4-25 华为和腾讯对比分析

	公司	华为	腾讯
不同点	企业规模	18.8 万人	3.9 万人
	组织结构	动态矩阵式	事业群制
	企业战略	聚焦战略、厚积薄发	聚焦战略、广泛的娱乐战略和双打战略
	组织目标	为客户服务是华为存在的唯一理由；客户需求是华为发展的原动力	为各行各业的数字化助手，为用户提供一站式生活服务
	企业文化	愿景：丰富人们的沟通和生活 使命：聚焦客户关注的挑战和压力，提供有竞争力的通信与信息解决方案和服务，持续为客户创造最大价值 核心价值观：以客户为中心，以奋斗者为本，长期坚持艰苦奋斗 经营理念：聚焦，稳健，创新，和谐	愿景：用户为本，科技向善 使命：互联网服务提升人类生活品质而不断变革转型，寻求自身发展之路 核心价值观：正直，进取，合作，创新 经营理念：一切以用户价值为依归
	企业内部员工结构	研发员工 50%以上，海外员工本地化 75%	研发人员占 60%以上
相同点	所有制	民营	民营
	人力资源管理能力	系统、科学	系统、科学
	人力资源管理重视程度	重视	重视
	重视员工程度	重视	重视
	生命周期	成熟	成熟
	国家	中国	中国
	行业	高新技术	高新技术
	所在区域	深圳	深圳

注：有关工会、信息结构的资料限于材料的收集，所以并未纳入表格。

华为和腾讯作为中国的领先企业，所处的行业、区域、生命周期一致，都有较高的人力资源管理能力，重视人力资源管理和员工管理，但人力资源三支柱模式各有不同，这是因为：

（1）组织目标不同。

华为立足于客户需求，牵引技术持续创新与进步，努力实现最终的交付价值。因此，在推行人力资源三支柱时，华为以增长为导向，采用高投入的成长模式，以便充分发挥人力资源管理对业务发展的支撑作用。腾讯因为员工的个体主义和自我管理的诉求，需要提高人力资源服务水平，但是集中化和标准化与腾讯提倡的"用户体验"是相背离的。在人力资源三支柱模式中，为了满足员工对人力资源事务性的需求，产生了HRSSC，毫无疑问，这是一种被动的反应，而腾讯的HRSDC则是主动对需求进行的挖掘，是一个交付管理。

（2）企业战略不同。

华为主要面向国际市场，腾讯主要面向国内市场，腾讯涉及的领域更为复杂，导致了两方的战略定位不同。华为更偏向于业务导向，华为在全球设有HRCOE、HRBP和HRSSC，华为的HRCOE需要充分快速地掌握情况变化，同时需要业务与HRBP相互协助。腾讯没有HRCOE的实体部门，是人力资源管理若干职能的集合，不同部门、职位对HRCOE叫法不同，HRCOE只是一个统称。

（3）企业文化不同。

华为推崇高绩效的企业文化，所以华为在人力资源三支柱模式上选择了以结果为导向的HRCOE，业务驱动的HRBP及卓越运营的HRSSC，从而进行核心价值观的传承和高绩效文化的落地。腾讯关注员工的体验，HRCOE下设的企业文化与员工关系对员工负责，打造出了具有鲜明文化特色和员工关爱特征的企业氛围。

（4）组织结构不同。

华为面对的区域众多，因此华为所采用的矩阵制不是一个稳定的矩阵网，它可以随环境的变化而变化，确保全球范围内端到端的优质交付。腾讯在探索更适合未来趋势的社交、内容与技术的融合的过程中，选择由七大事业群变为六大事业群，这是腾讯前瞻思考和主动进化的体现，也是对自身"连接"使命和价值观的传承。

四、中国领先企业的人力资源三支柱模式对中国的企业的启示

人力资源三支柱模式有利于提升人力资源管理效能，帮助企业创造更大的价值。华为和腾讯人力资源三支柱模式的成功实践更促使了许多中国企业向人力资源三支柱模式转型，但它并不是适用于中国的每个企业。

1. 在应用人力资源三支柱模式前，需要客观评估企业的自身条件

（1）区域层面的评估。

中国的区域发展不平衡，区域之间的差异会影响企业的人力资源管理政策与实践效果。我国的东部及东南沿海地区经济发展水平高于西部地区，这些地方的开放程度和对外来事物包容程度更高，因此人力资源三支柱模式更容易落地实施。

（2）行业层面的评估。

高新技术产业以知识密集型为特征，人力资源构成以知识劳动者为主；传统制造业主要以劳动密集型为特征，其人力资源构成以体力劳动者为主[①]。不同行业具有不同的行业特征，选择的人力资源管理模式就会存在不同。

国际商业机器公司（International Business Machines Corporation，IBM）是全球最大的信息技术和业务解决方案公司，是全球最早实施人力资源三支柱模式的企业，IBM的业务快速发展离不开其两次人力资源转型的助力。20世纪90年代人力资源三支柱模式进入中国，中国内一些大企业，如华为、腾讯、阿里巴巴、联想等将人力资源三支柱模式与企业发展实际情况相结合，成功实践了人力资源三支柱模式[②]。

但也有选择人力资源管理三支柱模式后遇到极大困难的中国传统企业——海尔。海尔在人力资源三支柱模型基础上进行了再创新，构建了基于客户的S-H-A-R-P（灵敏）模型，才最终成功。这个模型就是由共享平台（Shared

---

① 石俊. 石油企业绿色人力资源管理模式研究［D］. 成都：西南石油大学，2014.
② 吴冬梅，曾丽娜. 人力资源协同管理下的人力资源三支柱构建［J］. 企业经济，2018（4）：110-116.

Service Platform）、创客孵化平台（Hatched Maker Platform）、人才吸引平台（Accessed Talent Platform）、资源创新平台（ResourceInnovation Platform）、领域业务平台（Partner Support Platform）五个平台构成的人力资源管理平台系统。

由上可知，早期进行人力资源三支柱模式实践的企业大多数属于全球型IT 制造企业、新兴科技类企业和新型互联网公司，它们有相应的资源去推动人力资源三支柱模式的建立和实施，可以建立确保业务导向的 HRBP、专业引领的和效率化的 HRSSC。蔡成喜、刘越指出，人力资源三支柱模式在中国的传统行业较少①。人力资源三支柱模式在中国企业并没有普及式的应用，在互联网、金融、IT 制造等快速发展的企业运用得更多。

（3）企业层面的评估。

从企业性质来说，民营企业仍然与国有企业和外资企业享受到的国家部分政策优惠有差距，大多数民营仍采用企业成本控制型人力资源管理模式②。人力资源三支柱模式能够通过 HRSSC 进行信息传递，降低企业沟通成本，提高服务效率和企业运行效率，而国有企业相较于民营企业基本上都与政府有关，外资企业大多具有雄厚的经济实力。因此，我国的民营企业应用人力资源三支柱模式的较多。

从企业规模来说，企业规模小，层级较少，公司组织结构简单，过度细分的人力资源管理模式反而会阻碍企业的发展。当企业成长到一定规模，通过建立 HRSSC 可发挥规模优势，降低运营成本及管理难度，产生规模效益，所以人力资源三支柱模式更适用于规模较大的企业。

从企业战略来说，企业的战略直接影响人力资源管理模式的选择，企业战略的有效实施和企业目标的最终实现依赖于相匹配的人力资源管理模式③。人力资源三支柱模式从战略角度出发，HRCOE 正是根据公司的战略来设计人力资源的政策和制度体系。因此，人力资源三支柱模式更适用于以战略为导向的企业。

---

① 张欣瑞，范正芳，陶晓波. 大数据在人力资源管理中的应用空间与挑战——基于谷歌与腾讯的对比分析[J].中国人力资源开发，2015（22）：52-57，73.

② 赵步同，彭纪生. 民企、国企、外企人力资源管理模式的比较研究[J].科技管理研究，2008（9）：194-197.

③ 蓝洋. 企业战略、文化与人力资源管理模式的选择——以戴尔公司为例[J].企业改革与管理，2015（4）：26.

从企业文化来说，企业文化是软管理，对人力资源管理具有导向作用，完善的企业文化有利于提高人力资源的利用程度①。以人为本的企业文化以战略和组织结构为载体，能够不断传递企业的价值观，深度挖掘员工的潜力，建设企业文化。

从企业组织结构来说，企业的组织结构直接影响企业的人力资源配置。传统的层级制由于组织层次繁多、机构臃肿，已经严重阻碍企业的发展。组织结构扁平化有助于减少管理层次和扩大管理幅度，是当今组织结构发展的一大趋势②。扁平式结构由于管理层次少，上下级沟通距离短，易于密切上下级关系，使员工拥有较高自主性，易于提高员工的积极性，HRCOE、HRBP 和 HRSSC 就能更好地管理和员工的关系。

2. 利用 PDCA 计划是为了达成管理目标

在人力资源三支柱模式中，HRCOE 为 HRBP 提供方案支持，为 SSC 提供制度规范同时，HRSSC 和 HRBP 向 HRCOE 进行问题反馈，SSC 为 HRBP 提供交付服务，HRBP 向 SSC 提交需求反馈。作为一个闭环循环系统，人力资源三支柱模式离不开 PDCA 循环，PDCA 的基本内容包括计划阶段（plan）、执行阶段（do）、检查阶段（check）和行动阶段（action）四个阶段，即为了达成可靠度目标，需要针对品质工作按规划、执行、查核与行动来进行活动，促使品质持续改善，它是企业管理各项工作的一般规律③。PDCA 对质量的强调实际上也是建立在以客户为导向、提升客户满意度的基础上的。PDCA 循环与人力资源三支柱的对应关系如表 4-26 所示。

---

① 李晓莹. 以企业文化为导向的人力资源管理研究[D].成都：西南交通大学，2013：35-37.

② 陈思雅. 基于组织战略与组织结构关系模型的 J 公司组织结构研究[D].广州：暨南大学，2011.

③ 李帅，高宇. 过程方法与 PDCA 循环在质量管理体系中的应用[J].长江大学学报（社会科学版），2007（1）：37-38.

表 4-26　PDCA 循环与人力资源三支柱的对应关系

PDCA 循环	人力资源三支柱
计划阶段	HRCOE
执行阶段	HRBP
检查阶段和处理阶段	HRSSC

在经过专家的评估后，实施人力资源三支柱模式时需要注意以下三个方面：

（1）为了达成管理目标，从计划的角度来说企业要以战略为导向，对人力资源三支柱模式进行应用或者合理的创新，使其更好地服务于公司战略和企业发展。

一方面需要明确战略目标。彭剑锋表示，"在当下，由于机会导向的投机思维，许多企业盲目追捧人力资源三支柱变革。实施人力资源三支柱需要立足于组织核心业务战略和核心竞争力，从组织结构、组织、人员、产品策略等方面对人力资源三大支柱进行战略定位，找出理想与现实差距的差异。人力资源战略就是在这个匹配过程中形成的"①。因此，人力资源三支柱模式在缺乏战略导向的企业难以存活。

另一方面，人力资源三支柱要更贴近业务战略本身，HRCOE 的政策设计和流程管理要以解决实际问题和业务需求为出发点，把 HR 与公司业务联系起来，同时，HRCOE 应避免沦为工具，避免唯经验和业务是从，不能为了解决实际问题而忽视管理上的一些基本规律，注重计划的可行性，要对业务部门进行必要的反馈和指导。

（2）为了更好地控制管理过程，从执行角度来说，要建立人才储备机制和一套相应的执行制度和标准，为人力资源三支柱模式提供更长远的支持。

在人力资源三支柱模式中，HRCOE 人员对其知识和经验的要求很高，必须是能够独当一面的高级专业人员；HRBP 人员作为业务部门和 HR 之间的桥梁，必须既掌握通用的人力资源知识与技能，又能理解和掌握业务知识和技能；SSC 人员需要很强的业务能力，要提供标准化、高效的服务。作为人力资

① 彭剑锋. 中国企业人力资源三支柱的变革挑战与模式重构［J］.中外企业文化，2017（7）：44-51.

源三支柱模式的执行主体，HRCOE、HRBP和HRSSC对人才的综合能力要求也很高，人才的专业能力直接影响人力资源三支柱的执行效率和效益。

因此企业在发展的过程中，需要持续引进优秀人才，借助网络或平台培育人才，把理论学习和实际操作相结合，对员工业务技能和职业素质进行培训。打造精英，为人力资源三支柱提供持续运营的保障。

同时，为了提高人力资源三支柱模式的运行流畅度，企业还需要建立起一套相应的执行制度和标准。这就要求企业根据实际情况对关注业务伙伴沟通有效性的HRBP、关注系统解决方案的质量HRCOE及关注响应速度、服务稳定性的HRSSC的工作建立相应的考核标准，将其他优秀企业的人力资源三支柱模式作为标杆，推动人力资源三支柱模式的有效实施。

（3）从检查和处理的角度来说，在打造HR交付平台时，需要提升交付价值，重视企业文化的导向作用。

信息和智能时代的变化让业务需求更多样化，员工的个性化与自我管理的新需求让企业的人力资源管理更需要关注员工心理。人力资源管理交付平台从实现共性业务的支撑、减少内部矛盾、流程管控到为员工提供一站式和全方位的服务体验，来提升交付价值，支持业务发展，实现企业的有长效运营，促进人力资源管理的体系化和可持续发展。同时，企业也不能忽视企业文化的导向作用，通过建立各种俱乐部或者体验项目等来不断向员工输入企业文化，让员工理解企业文化，引领员工进行自我管理、进行自我驱动、实现自我价值，提升员工满意度，为企业做出更大的贡献。

后　记

　　可持续性人力资源管理是指一系列有利于组织获取可持续竞争优势的人力资源管理实践活动，重在经济绩效、环境绩效、社会绩效三者之间的平衡，以保证组织内外部效益的最大化。本专著从积极心理学四个方面（积极人格、积极体验、积极关系和积极制度）全面探讨可持续性人力资源开发与管理的根本基础、短期、中期和长期效应。在根本基础上，本专著探讨了品格优势对学业投入、创造力、创业意向、生命意义感、志愿行为和工作投入的影响。在短期效应上，本专著探讨了恢复体验的前因、后果及其发挥的调节效应。在中期效应上，本专著探讨了高质量关系（高质量人际关系、高质量联结等）的前因及后果。在长期效应上，本专著探讨了组织社会化策略、可持续性人力资源管理、人力资源管理强度和人力资源三支柱模式的作用效果。

　　值此书稿付梓之际，我要感谢爱人刘毅、爱子余宬岷还有父母对我的理解和支持，家人的鼓励和支持是我继续前进的最大动力。长期以来，我都无法陪伴在他们身边，我的妻子、父亲和母亲承担了很多家里的重担，我时常觉得愧对他们。同时，也感谢"旋风"团队的成员们（李海虹、袁月、罗楠、贺彬、张洁、徐杰、朱世方、冉秋燕、张芸子、司佳乐、曹璐瑶、王俐桦、刘慧玥、康明珠、李豫、郑静、杨昊松、杨翠）做了大量卓有成效的工作，尤其是海虹不辞辛劳地协助我统稿、校对，做了大量细致的工作，还要感谢董甜甜、张明涛、杜红军在相关篇章的贡献。希望这本专著伴随和指引我的家人、我的朋友和学生在今后的生活中发挥品格优势、获得恢复体验、拥有高质量关系，能不断实现人力资源的可持续开发与管理，从而获得人生的幸福。

余璇

2022 年 6 月